舞弊秘档之
FRAUD CASEBOOK

知人知面不知心
Lessons from the Bad Side of Business

[美]约瑟夫·T.威尔斯　主编
孙　坤　郑艳茹　译

大连出版社

图书在版编目(CIP)数据

舞弊秘档之知人知面不知心 /(美)威尔斯主编;孙坤,郑艳茹译. —大连:大连出版社,2010.01
书名原文:Fraud Casebook:Lessons from the Bad Side of Business
ISBN 978-7-80684-839-5

Ⅰ.舞… Ⅱ.①威… ②孙… ③郑… Ⅲ.企业管理:财务管理—案例 Ⅳ.F275

中国版本图书馆 CIP 数据核字(2009)第 228545 号

辽宁省版权局著作权合同登记号:图字 06-2009-20 号

Fraud Casebook:Lessons from the Bad Side of Business by Joseph T. Wells
ISBN 978-0-470-13468-9

出 版 人:刘明辉
策划编辑:毕华书　　责任编辑:毕华书
封面设计:金啸宇　　版式设计:刘振奎
责任校对:于孝锋　　责任印制:阎 骋

幅面尺寸:170mm×240mm　　印　　张:14.25
印　　数:1~4000 册　　字　　数:233 千字
出版时间:2010 年 1 月第 1 版　　印刷时间:2010 年 1 月第 1 次印刷
定　　价:30.00 元　　书　　号:ISBN 978-7-80684-839-5

出版发行者:大连出版社(地址:大连市西岗区长白街 10 号 邮编:116011)
电话:(0411)83621349/83621049 网址:http://www.dl-press.com 电子信箱:cbs@dl.gov.cn
印 刷 者:大连美跃彩色印刷有限公司 经销者:各地新华书店

如有印装质量问题,请与我社营销部联系
购书热线电话:(0411)83621349/83621049

序 言
Preface

正如大家将在本书中所看到的那样，舞弊并非由会计系统或者计算机所致，而是由那些从外表上看起来与你我并无差别的活生生的人类所为。职务舞弊，即发生在工作场所中的违法行为，是极其常见的，几乎每家公司都曾经是或者在将来会成为职务舞弊的受害者。

我们不难得出这样的结论，产生舞弊的真正原因是人们的贪婪和不诚实。然而，贪婪是人类的本性，每个人都有可能撒谎，因此，这种解释并不能使我们预见究竟何人会进行职务舞弊。在大多数情况下，舞弊者看起来无异于常人，而且他们坚信自己只是被卷入了某种特殊的情况。他们常常是诚实、虔诚而又爱国的公民，像其他人一样鄙视犯罪。此外，他们并不认为自己是罪犯，但事实上他们的确是罪犯。

近四十年来，我一直在关注白领罪犯们的动机和道德问题。预防、发现和调查舞弊已成为我毕生的工作，尽管这并非我的初衷。我读的是会计专业，毕业之初是从事审计工作，后来曾担任美联邦调查局特工，以处理大大小小的舞弊案件为生。约 10 年之后，我离开了联邦调查局，成立了自己的咨询公司，专注于白领犯罪问题。在 20 世纪 80 年代后期，我协助建立了舞弊审核师协会（Association of Certified Fraud Examiners，缩写为 ACFE），该组织是世界上规模最大的反舞弊组织，我至今仍担任该协会的主席。

一直以来，我曾为成千上万的反舞弊工作者授课，足迹几乎踏遍了地球的每一个角落。我也曾在得克萨斯大学奥斯汀分校的研究生院任教，同时还围绕舞弊形成的原因问题进行了独立的研究，写下了大量的研究文字。

该书是我的第十三部作品，它收集了来自世界各地的舞弊审核师的亲身经历。在这些实例中,每个舞弊审核师都写下了关于案件的详细情况。尽管文风因人而异,但所有的实例都揭示了一系列全球性的问题。首先,舞弊者在实施舞弊的时候一般都没有周密的计划,相反,他们只是作出了一个又一个错误的决定。其次,舞弊就像流水一样,总是沿着阻力最小的路径行进。也就是说,现实中的舞弊过程从来都不会比舞弊者要实现其违法目的所需要的操作行动更为复杂。因而,你会发现这些阴谋从本质上看多半都是显而易见的。最后,职务舞弊都有着某种确定的模式。我们在 1996 年发布的《ACFE 有关职务舞弊的国家报告》中第一次提出了这个观点。该报告提供了两千多个经过舞弊审核师深入研究的真实案例,迄今已被重印过三次。根据实施舞弊行为所用的不同手段,可将职务舞弊分为三大类,即资产侵占、腐败行为和欺诈性财务报表。此三大类舞弊又可具体表现为许许多多的舞弊形式。

书中每个实例均讨论了四个方面的问题。其中"舞弊为什么会发生"部分揭示了人之本性的一个重要方面,即利益观;"舞弊过程"部分从会计和其他方面对舞弊进行了技术性分析;"经验与教训"告诉我们舞弊发生的症结何在;"防患于未来之建议"部分介绍了如何防止类似的舞弊行为再次发生。读者会注意到,书中案例的结局往往都不好,舞弊者放弃了正义,他们的生活也因此而永远地被改变了。在舞弊审核领域的多年工作经验让我明白,舞弊一旦发生就从来没有赢家,因此,预防舞弊便成为我们的最终目标。当然,要实现该目标应该从教育自己开始。

本书既可以用于在学校教学中向学生展示现实生活中的舞弊行为,也可以作为一些教科书的辅导用书。另外,实务工作者、经营管理人员以及企业所有者也可从该书中学到很多东西。最后,凡是对职务舞弊问题感兴趣的人也会从阅读该书中获益良多。

在此,我首先要感谢撰写这些实例的 ACFE 成员,他们做这件事不是为了钱,该书的收入将用作 ACFE 普通奖学基金,为有资格的学生提供奖学金。从事写作的人都清楚那是一个苦差事,因此他们应当为自己所做出的努力而受到称赞。作者们也深知他们与自己的编辑团队是休戚与共的。ACFE 研究部的成员约翰·吉尔(John Gill)、卡西·安德伍德(Kassi

Underwood)以及安迪·麦克尼尔(Andi McNeal)都极其出色地完成了他们的工作。最后，我十分感谢 John Wiley & Sons 出版有限公司的蒂姆·伯哥德(Tim Burgard)的全力协助，正是他的坚持不懈让我同意完成此书。

舞弊是一个非常严重的问题，其后果不仅表现为经济上的损失，而且让当事人付出了失去工作、加薪机会、公司名誉以及个人尊严的代价。《舞弊秘档》将把一束光亮撒播到政府和商业领域的黑暗角落，令我们有望在未来做到鉴前毖后。

约瑟夫·T·威尔斯(Joseph T. Wells)，注册舞弊审核师、注册会计师

得克萨斯，奥斯汀

2007 年 6 月

目录
Contents

1

高艺术品位，低道德价值观：鉴赏家如何沦为罪犯

High Art, Low Vlue: How a Connoisseur Became a Convict

埃伦·A.费雪

如果有条法律规定每人都得用自己的名字去交换一个形容词的话，劳伦斯·费尔班克斯的形容词将是“无所不通的”。劳伦斯个头较高、略显清瘦，现年45岁，担任伊索大学主管公共关系部的副校长助理——伊索大学中最耀眼部门的最耀眼的职位。在茫茫的学术之海上，劳伦斯所驾驭的航船避开了讲堂、图书馆以及校园里每周举行的“博爱之行”啤酒狂欢。我甚至怀疑他从未见过一个教授，更不用说学生了。相反，他畅游于媒体与公共关系的海洋中。劳伦斯的职责是确保在最近出版的杂志、报刊、小册子上能见到对学校的利好宣传。

主管公共关系部的副校长助理一职对劳伦斯来说是再适合不过了。他是伊索大学从一家知名的杂志出版公司挖过来的。在出版界20年的工作经验为他赢得了许多作家、编辑、摄影师、美术设计员的职业信任感以及对他的人格赞誉，而这些人能够做出让学校屡获殊荣的出版物。

另外，劳伦斯还因精通艺术而魅力非凡。他所拥有的知识和品味远远超过了你在“危险！”（一个美国猜谜节目，回答者往往需要有较深的文化程度）或“棋盘游戏”（游戏涉及一般知识和流行文化问题）中能猜出较出名作品而需拥有的文化知识范围。劳伦斯着迷于20世纪早期的黑白照片，通晓纽约、旧金山、伦敦等地包括非主流在内的重要艺术家所作的原创油画作品及陶瓷作品。他的兴趣还包括古董——各种各样的古董，包括旧书、最早的照相机、药剂师物品、大皮箱以及各类玩具，还喜欢

那些可在博物馆中见到的某个时代的家具。可以说艺术就是劳伦斯的生命。

劳伦斯深受学校公共关系部富有创造精神的工作人员和其下属行政人员的尊重。尽管他精通精英文化，但绝对不是势利眼。他经常向会计人员、行政助理以及前台接待员打招呼，而且能够叫出他们的名字。过圣诞节时，他组织大家参观新开放的博物馆——一个通常需要预约一年才能排得上的活动，还在博物馆安排了正式的午餐，部门里每一个成员都接到了邀请。

由于为人热情随和，劳伦斯不仅深受大学同事的喜爱，还给学术界和艺术界的文人学士和上层人士留下了深刻的印象，他也因此获得了一位聪明可爱的妻子。劳伦斯将近 40 岁才结婚，如今已是 6 岁的鲁西和 3 岁的博比的父亲。在这位热衷艺术的鉴赏家的办公桌上，摆放着他家里的两个小蜡笔画大师的一个个作品，简直就是一个微型画廊，令人十分感动。

劳伦斯的妻子艾莉森是一家中型企业的律师。尽管两人的年收入超过 25 万美元，但他们的生活毫不铺张招摇。在这座繁华的城市中，劳伦斯一家在其他人眼里并不显眼，所在的社区是因为靠近一些著名的文化场所而闻名，并无多少名人居住此地。他们的住宅是一栋二战前的小巧舒适的单层隔板房，有三个卧室、一个浴室。房子对于这个好似来自于《美国梦》剧本中的四口之家来说刚好够用。

然而，劳伦斯的生活不只是围绕着妻子、孩子和他的工作，当然也不只是满足于对艺术品饱饱眼福而已。一般而言，当谈到对于艺术的喜爱时，我们是指此爱好能够使人感到快乐、充实。通常，那些自己最珍爱的作品只会与家人分享。

当然，我们这里说的是通常。

人们常说，最外显的人格往往会遮掩最私密的灵魂。当这个私密灵魂的内心想法常常出现时，对某种物品隐秘的、由羞耻驱动的需要就被称为"痴迷"。包括艾莉森在内，没人知道对于艺术的喜爱会促使劳伦斯在为了获得它、隐藏它，并最终通过欺骗领导和供应商来如愿以偿的路上走了多远。

艺术滋养了劳伦斯那颗不安分的心，他的灵魂却因为饥饿而死亡。

艺术是劳伦斯的生命。

§名校印象§

伊索大学是美国州立大学系统中最大的学校，可以与常春藤联盟的大学并驾齐驱。它建于1871年，由一所州立师范学院演变而来，现已发展成为一个以优异的学术成就、科学研究和社区服务而享誉世界的大学。

毫不夸张地说，这所大学培养出同时也吸引着各个领域的名人。在学生书店中，可以看到印着这所学校标识语——Ominibus Punim（意为“众多的面孔”）的橙色勃艮第运动衫。伊索大家庭中有著名演员，有奥运会运动员，有最高法院法官，还有几个诺贝尔奖得主。该大学的医学院率先研发出对付最恶劣情况的全新治疗方法，它的医生在照看病人时不论贫富一视同仁。

不论你在哪一天统计，伊索大学的在册学生总数都会达到35 000人，包括本科生、研究生和职业学院的学生。为确保如此庞大的教育机构正常运行，学校聘请了25 000多位员工和教师。虽然位于美国三大城市中地价最高的地区，伊索校区面积还是达到了500英亩，而且还拥有自己的邮政区号。伊索大学的足球队——“雷电野牛”常常令这座著名的大学成为11点新闻的焦点。更重要的是，30亿美元的预算为其赢得了在州议会中的永久席位。

在向信息化时代转轨的过程中，该大学的商业和技术专家耐心地指导着这个文化底蕴深厚的高等教育界前辈。如同劝说一位老者将其转盘唱机换成CD播放机，在平稳温和的推动措施下，伊索大学已从使用马尼拉文件夹和缩微胶卷的旧簿记体系时代进入了“交给我来做”的电子计算机时代。

到20世纪90年代中期，伊索大学的采购和应付账款系统已全部计算机化。只要输入登陆ID和密码，授权工作人员便可立即看到学校任何部门的任何一笔财务交易。再摁几个按钮，就可以知道哪位工作人员提出了购买申请，当然，是在其向中心应付账款部提交申请前；你可以看到该大学支票的编号及开出日期，你甚至还可以知道支票已经通过美国邮政局寄给了卖主，还是先送给了提出付款申请的部门。

任何像伊索大学这样拥有如此繁多的运作部门的单位都要保证其支付效率，同时又避免随意性的操作。为此，学校在提高应付账款支付过程的效率的同时也设置了几项安全措施，其中最重要的一项保障措施便是该大学的采购政策，该项政策规定了支出的限额。

伊索的“小额”授权采购政策规定，在未获得中心采购部批准的情况下，一个部门在一个供应商的日开支额有上限规定，超过规定的限额，材料采购和支付系统将会自动拒绝这个部门的采购申请，并将该申请回送到中心采购部。

具体说来，任何与供应商之间发生的超过 2 500 美元（允许少许额外的税收和运费）的交易将会自动受到中心采购部的控制。这样做的好处有很多，比如可以确保这所古老的公立大学在市场上获得最有利的交易，并遵守名目繁多的州及联邦的法律。

人们可以看到这样的情景，中心采购部的采购员们双臂交叉抱在胸前，脸上带着不屑的表情，跺着脚抱怨着挪威诗歌系的那位会计助理是怎么想的，竟然从奥斯陆的堂公司订购价值 2 984.32 美元的斯堪的纳维亚语翻译指南。像这类超过了限额的订购单会立即引发某位满脸不屑的采购员给挪威诗歌系的会计助理的顶头上司寄发一份电子邮件。

你也许会有疑问，一个大学的财务负责部门何以日日都将如此多的资金输送到学校里的几百个部门，其实，这正是大学的小额采购授权政策背后所蕴涵的原理——这个词组明白无误地告诉我们，这所拥有 30 亿美元预算的大学，授予每个部门在一天之内与某一卖家之间的购买交易额只限于 2 500 美元外加少许开支。

对于像伊索大学这样庞大的组织机构来说，这项小额订购授权政策保证了其支付系统的有效运作，不至于被大量的日常采购和特别采购所羁绊。当然，这个政策也会有一定程度的风险，但如果不这样做，将会产生大量的延期支付而使一所名校的信誉受损。

伊索大学的采购政策和自动安全措施的运行效果不错，然而，好景不长。

§设计骗局§

故事得从头说起。一天早上，从一家高傲的家具店“斯奎尔公司”打来了电话。这类家具店名中通常都不带“家具”字样的。该电话是由一名自称是斯奎尔公司财务总监的男子打给伊索大学内部审计部的，他告诉接线员他需要和审计人员通话，他要报告一起舞弊案。

接待员将电话转给了我，遇到此类不常见的电话他通常都这样做。我是伊索大学内部审计部的25名专职审计师之一。由于伊索是本州12所公立大学中最大的，我们审计部总是超负荷的工作。

我们内部审计部专业分工明确，分别负责某些领域的审计工作，如卫生保健领域，像我所负责的就是法务取证方面的业务。我们部门有6个人是舞弊审核师，我担任负责调查的审计经理，主要负责调查那些被指为不正当的财务行为，说白了就是所谓的盗窃行为。

我一如往常地接过电话，报上自己的全名。得知自己与审计人员通上了话，CFO先生非常满意，再次重申他要报告一起舞弊案。CFO先生曾在“八大”会计师事务所之一做过审计，所以他很清楚这是一起舞弊案。

他告诉我他正拿着编号为5432的发票的影印件，上面标有斯奎尔的标识。发票金额是2 664美元，付款摘要上写着“设计与插图服务费”，发票还提到了知名杂志《野牛季刊》，这本杂志上有关于伊索大学的专题文章。

CFO先生接着告诉我，5432号发票附有一张由学校最近开出的相同金额的支票，收款人是斯奎尔公司，由负责监督学校公共关系部的副校长助理劳伦斯·费尔班克斯授权该笔支付。

劳伦斯的签名不仅清晰可辨，而且富有艺术感。付款和递送地址上写着由他的办公室转交。

“等等，”我对CFO先生说，“我可以在我们的系统里查到这张发票。”用了不到90秒钟，我便在材料采购和支付系统中找到了5432号发票的电子版。

“好的，”我说，“公共关系部的5432号发票看起来并无异常。”我疑惑地问CFO先生：“为什么会是一家家具公司打电话和我讨论这张发票？”

真相随之被揭开：

CFO 先生解释道，该家具店的职员开始认为劳伦斯·费尔班克斯只是一般顾客，他们并不知道，也没有注意到他在大学的特殊职位。

附有学校支票的发票复印件上注明的是支付《野牛季刊》的"设计与插图服务费"，而斯奎尔公司的发票联上却写着支付组装一种仅此一款的躺椅费，这把椅子，确切地说，有一个带有预言性的名字——奥菲利亚，莎士比亚悲剧作品《哈姆雷特》中最后精神错乱、落水溺毙的女主人公。

我一时陷入了对高中演出该剧时的诗句的回忆之中，CFO 先生冷冷的声音打断了诗人的吟诵："女士，我对什么杂志一概不知，问题是我要不要做那把躺椅呢？"

§ 给我传真 §

有一点我很确定，大口径的枪必定留下大的弹洞，劳伦斯先生捅了娄子，而且还是大娄子。我让 CFO 先生把他那里关于 5432 号发票的所有凭证都传真给我。片刻之后，便听到了离办公室几码远之外的复印室里传真电话的铃声。

我从传真托盘上拿起尚在微微发热的传真件，首先检查 5432 号发票，金额是 2 664 美元，是劳伦斯附上学校支票的那一联，上面写着"支付《野牛季刊》的设计与插图服务费"。另外还有一张"低值订购单"，金额为 2 400 美元，264 美元的差额是销售税和运费。

最后传真过来的是斯奎尔公司的 5432 号发票联，它与伊索大学的发票联十分相似，整个布局基本一样，付款地址都是"伊索大学公共关系部转交劳伦斯·费尔班克斯"，甚至中央最上方的三维方形标识也是一样的。但关于所购物品的描述却不同。

在斯奎尔公司发票上写的不是"设计与插图服务费"，而是一些对那把"奥菲利亚躺椅"的细节要求，描述详细到织物和颜色——紫红色锦缎。还注明躺椅做好后，斯奎尔公司要直接联系劳伦斯·费尔班克斯。

我的第一反应是把这些棘手之事直接交给审计处长弗兰克·亚当斯。我慢慢走回自己的办公室，吃了根香蕉，然后开始思考，这是这位受人尊敬的大学官员的偶尔一次的轻率之举，还是他长期作弊的冰山一角？

我点击鼠标重新返回材料采购和支付系统，输入公共关系部密码。该部门每年有400万美元的预算，如果要查到更多类似于"斯奎尔型"的事例，我就必须十分谨慎地深入下去。为了确定公共关系部在出版方面的所有费用，我输入了四位密码查看其分类账。

交易清单在计算机屏幕上如瀑布般打开。滚动屏幕，我发现在过去两年多里有许多支出低于2 500美元的交易，许多交易额仅比限额低一美元或两美元。此外，我还注意到在刚过去的两个月至六个月里，有多笔金额相同的款项支付给了一些相同的供应商，金额低于1 000美元的很少见，但没有一笔高于2 499美元。

我详细查看了20笔付款。在线的"低值订购单"和发票上都写着"设计与插图服务费"、"备用照片"、"重印原创艺术作品"、"排版和印刷"等类似描述，而且都与伊索大学的杂志、时事新闻报刊、小册子等有关。

接着，我检查了几个可疑商家的地址，一个在旧金山，一个在纽约，还有一个在芝加哥。虽然我对出版方面的事务一无所知，但也感觉到没有必要将这么多的设计与插图工作交给外地商家来做。于是，我对一家名为"林肯摄影"的公司做了进一步的调查。选择这家公司一方面是因为它位于旧金山，另一方面是因为在材料采购和支付系统中有连续6笔该公司的金额低于"限额"的发票。

我在谷歌上搜索这个地址，不出所料，我找到的不是提供备用照片的林肯摄影公司，而是林肯画廊，一家专营20世纪初期曾让艺术家深深迷恋并欲为之死的黑白照片。

最后，我把这些情况告诉了审计处长弗兰克。了解到我和CFO先生的通话、传真过来的"奥菲利亚躺椅"发票以及给外地艺术画廊的几笔"低额"付款后，弗兰克的嘴里蹦出了一句富有感染力的单音节咒语，随后授权我对此进行全面的调查。

本次调查的主要目的是明确的，即识别假发票、确定伊索大学的损失总额、搜集证据以便向大学警察和地方检察官证明事件的真相。

首先，我按照以下标准分离出相关的付款交易：

(1)对一个商家有一笔或多笔付款；

(2)金额低于2 500美元；

(3)发票的号码连续或相近;

(4)商家的名称只有一个单词;

(5)商家地址不在本城,不在美国,或是在其他任何一个大城市;

(6)商家位于本城的手工艺人聚集区。

考虑到公共关系部本来就从事艺术方面的活动,我想我对虚假交易的初次搜索中肯定包括很多合法的交易,但我必须确信在我行走的石块下面没有毒蛇隐藏。

最后,我搜出三年来与52个商家进行的200笔"低额订单"付款交易,复印了每笔已付款注销支票的正面和反面。

§你可以将支票送存银行§

资料收集到手之后,我开始与学校保存的支票联进行核对,检查其背书与商家的名称是否一致。我发现一些支票的差异非常明显,令人心痛。比如,本应由伊索签发给纽约红山出版社的支票,签收人却是红山古旧书店。支票上收款人名称与真实商家的名称往往非常接近,以至于很难发现其中的细小差别。毕竟,商家最关心的是拿到的支票能否被银行接受——没问题,你完全可以放心地将伊索大学开出的支票送存银行。

俗话说,谨慎即为大勇,不仅如此,只有让调查不露声色地进行,才能避免这位知名大学的知名人物在时机不成熟的时候被过早地曝光。在只掌握了关于那把装饰考究的紫色躺椅的发票的情况下,弗兰克决定仅将此事告诉他的上司和校内的律师。

我接下来要完成的艰巨工作是在不说出实情的前提下要求那52个商家将真实发票的复印件邮寄或传真给我。凡给我们部门打电话的人都会听到一段电话录音:"您所拨叫的是伊索大学审计部。"为了尽量减少对我们部门造成的影响,我想出了一个办法,将我的名字由审计经理埃伦改为可怜的临时簿记员埃莉。当然,使用玛塔·哈莉这个假名更具异国情调,但埃莉这个名字更容易让人记住。

根据不同的时区,我把打电话的时间都安排在每天快下班的时候,这样一来,商家那头接电话的人都会以为可怜的埃莉要工作到很晚。我以高半音的嗓音开始我的每次通话:"嗯,你好。"

接下来的故事情节大致相同：可怜的埃莉正努力检查学校几千笔的付款记录，她需要保证伊索大学各部门近三年的每笔主要应付账款都有相关的发票。但由于某种原因，学校丢失了许多近三年的发票，所以可怜的埃莉要麻烦卖主们帮她弄到复印件。埃莉必须要完成这项任务，否则……

很可怜？当然了，但是的确有效。我拿到了证据。

劳伦斯的手段显而易见。他不仅修改过购货的摘要，还充分运用他的艺术才能以及桌面排版工具来重做商家的标识。在一些交易中，费尔班克斯甚至去掉了像“自 1947 年开始从事古董生意”这样的一些表头标注语，以避免引起公共关系部及负责应付账款的工作人员的怀疑。

在过去的三年里，费尔班克斯总共盗用了伊索大学 475 000 美元，主要用于：平版画、用丝网印制的彩色画、原创油画、照片、古董皮箱、书籍、相机、卡通、雕塑、陶罐、带有瑞典名字的奇形怪状的太空灯、很多装饰浮华的椅子、装在玻璃中的颅骨以及栩栩如生的剥制动物标本。

到了该和这位副校长助理劳伦斯·费尔班克斯谈谈的时候了。弗兰克和我首先与费尔班克斯的上司伦尼·斯科特见了面，向他说明了关于整个事情的一些情况，请求他协助我们同劳伦斯见面。斯科特听到这些情况后既震惊又愤怒，会面之后半小时，就把他发给劳伦斯·费尔班克斯的邮件转发给我们，劳伦斯将在第二天上午十点来学校审计部讨论一些有疑问的交易事项。

§精心布设§

在劳伦斯到来之前，我对会议室做了精心的布置。在白橡木大桌上，我将 52 个商家的资料摆放到五个硬纸盒里，写着厂商名字的文件夹标签便清晰可见。我还请一个私家侦探拍了大概 30 家劳伦斯常光顾的本地画廊和家具店的照片，并把相册翻到斯奎尔店的照片的那一页，放到靠门的桌边。

费尔班克斯肯定看得到。

劳伦斯·费尔班克斯于上午十点准时到达伊索大学审计部的前台。在紧关着门的会议室外面，弗兰克和我一一与其握手，会议室里面是我精心设计的场景。

弗兰克在前边引路，进入会议室后他在一把椅子上坐了下来，我挨着费尔班克斯坐到桌子的另一侧。根据我在舞弊审核师的几次培训研讨会上所学到的知识，我坐在费尔班克斯旁边，再加上一些运气，可使气氛和谐友善，从而打消他的精神顾虑。

弗兰克和我都没有预料到劳伦斯接下来会做什么。他一看到打开的相册和桌上摆放的硬纸盒便立刻转身径直走出了会议室，快速离开了前台，离开了审计部。我甚至没听到电梯的响铃——他走的是楼梯。

弗兰克把我们的有关调查及这次与劳伦斯中断的会面告诉了学校的律师。午后不久弗兰克就接到了学校律师的电话。费尔班克斯离开审计部后，便马不停蹄地去了自己的律师阿诺德·克鲁格的办公室。

克鲁格对学校的律师说，劳伦斯·费尔班克斯一定会在第二天早上去审计部并会好好地配合调查。然而，其中有诈。显然，这位鉴赏家还保留着他非法购买的所有商品，而且准备卖掉这些东西以协助校方弥补由不正当花费带来的损失。克鲁格还试图劝说校方不要以刑事罪起诉费尔班克斯，以使他能够弥补自己学校造成的影响。

克鲁格还说了一个让人同情的原因：劳伦斯·费尔班克斯有精神问题，目前正在接受精神治疗。他不是一个盗窃者，他只是一个病人，而且愿意弥补学校的所有损失。学校律师告诉我们他还是会提起刑事诉讼，但是同意了克鲁格请校方支持费尔班克斯弥补学校的损失的请求。

第二天早上，劳伦斯·费尔班克斯神色黯淡地再次来到了伊索大学的审计办公室，他穿着栗色V领毛衫，留着20世纪60年代摇滚乐队的流行发型，脸色苍白。鉴赏家承认了自己的错误，劳伦斯字斟句酌地叙述了他如何在第一次购货中侥幸逃脱——将一笔价值10 000美元的油画分成四笔符合“低额采购”规定的“设计与插图”服务费。开始的时候，他还会从原来发票上切下不易令人生疑的公司标识，将其粘到另一张纸上，然后影印一下。后来他发现更容易的方法是直接用文字处理软件处理整张发票。说到这儿，他露出一丝自豪的笑容。

“对于支票的付款人是伊索大学而不是你，商家们是什么反应?”我问道。

如我所料，商家根本不关心这一点，劳伦斯也知道他们不会关心这一点。伊索大学经常参与艺术领域的活动，另外，劳伦斯在大学中也很有声望，因此没人会质疑为什么伊索大学会开出这些支票。一些人还以为劳伦斯是在为学校购买这些艺术品和奇特的家具。

“公共关系部中还有人知道你的所作所为吗？”我接着问他。

劳伦斯注视着我，肯定地回答：“没人知道。”

劳伦斯解释说，和大多数高层官员一样，他是不亲自处理那些基本业务的，他有专门的工作人员处理发票——那些经过他精心处理的发票。他甚至知道如何绕开他们部门“制衡体系”中会计主管对每笔交易进行的复查。只要他们部门还有预算，忙碌的会计主管常常因忙于细节而不会对他产生怀疑。

劳伦斯的妻子是否知道他的所为？

谈到他的妻子，劳伦斯十分沮丧，并开始抽泣。他说自己很爱艾莉森，担心他的事会毁了她的生活。艾莉森根本不知道他的这些行为。

§行窃的收藏者§

但是，劳伦斯是怎么瞒过妻子的？他把所购之物带回家了吗？

“没有。”他叹了口气，“那就是我的病之所在。”

劳伦斯开始讲述自己的故事：在萧条的市区中，一个穷苦的孩子透过商店窗户向里凝视。那时，他的人生目标便是接受教育，拥有社会地位，得到世界上能够用钱买到的最好东西。在奋斗的过程中，劳伦斯的兴趣由商店中的一般商品转向了珍贵精美的艺术品和古董。

劳伦斯不仅得到了艺术界的认可，他还觉得自己受到了一种崇高的召唤。他储存人们毫不关心的老得发暗的照片，即使它们已成为收藏家的珍品；他要确保旧书籍、古董以及最奇怪的艺术品永远在世界上受到尊重；他还要为未来创造出像“奥菲利亚躺椅”这样的古董。

这些事情对他来说很重要，他要避免这些东西在公共储存设备中受到损害。在过去的三年里，他在一家“自送，自存”的地方租了三间紧挨着的储藏室。他还向我保证，许多东西现在都还留着原来的包装。

我查了一下，确信伊索大学并没有为这些储藏室付费。

在会面快结束时，劳伦斯说要问我一个问题。我原以为他会像其他人一样关心接下来会发生什么，他会不会进监狱之类的问题。

然而，他的问题令我吃惊："告诉我，这是不是你所见过的最复杂的策划?"

我并无报复之意，很诚实地回答了他："不，劳伦斯，它不是。"

劳伦斯缓缓地走出审计部，他的表情看起来更像是受到了侮辱，而不是悔恨。

警察和地方检察官认为该案件的调查是一个完美的"扣篮"，对劳伦斯的法律判决是：将非法所得资产全部交还学校以及一年的软禁。

在这个美好的战前三居室建筑里，艾莉森、博比、鲁西、还有劳伦斯从他们的"美国梦"中惊醒。艾莉森和劳伦斯离了婚，并且迁到了另外一个州。在软禁结束后，劳伦斯也搬到了那个城市，为的是靠孩子们近些。他现在是一名以艺术文化为主题的自由撰稿人。

§经验与教训§

先不说劳伦斯自己所供认的作案细节，就是我们的调查结果也无可争议地显示，他给伊索大学在财务上至少造成了 475 000 美元的损失。但是，我们都认为，劳伦斯要是早些时候放火烧掉他的贮藏物或是将它们全部丢到河里，我们的工作会简单很多。

我们可以决定如何开展调查工作，但阿诺德·克鲁格与学校律师所达成协议我们就无法控制了。直觉告诉我们，即使将劳伦斯的所有藏品都卖掉，也不能弥补学校的全部损失，至少不会像劳伦斯所作的乐观估计那样，他还能帮学校赚一笔。但是现在，保管和处置那三间储藏室中的商品却变成了学校的责任。

作为审计人员，弗兰克和我当然不会亲自处理这些物品，我们聘请了专家。在 11 月份一个潮湿沉闷的早上，我穿着蓝色牛仔裤、旧运动鞋，跟随两名来自伊索大学艺术博物馆的管理员，与拿着钥匙的劳伦斯·费尔班克斯汇合。

我拿着包括所有商家真实发票的 Excel 表格来到贮藏地点。表上列有物品的名称、外形描述、贮存要求、艺术家或画廊的序列号。

两位管理员带来两个照相机、羊皮手套、泡沫包装物以及一辆学校的卡车。我们要用卡车将这些藏品运到伊索大学行政办公楼里的一间安全室里,该安全室配备了双保险锁。每个管理员一把钥匙,负责安全室的前台处留着备用钥匙。我们这样安排是为了保证在两个“无关的”的管理员必须都在场的情况下,估价人和买主才能进入。

作为审计人员,弗兰克和我不必负责保管这些讨厌的资产,但是,我们要保证伊索大学不会因违反律师间的协议或是因丢失或损害一件藏品,或妥协处理刑事案件而受到起诉。

劳伦斯·费尔班克斯打开了其中一间储藏室,里面堆满了物品。他说的是真的,大多数物品尚未打开包装。

一整天里,管理员都在一步一步地打开包装、搬走储藏室的物品。我们一起对物品进行逐一的辨认。在我逐个核对之后,两个管理员、劳伦斯和我分别在 Excel 表格上该物品后面签上自己名字。

按照我之前给这些物品指定的编号,管理员在每件物品贴上存货编号,两人同时拍照,确保至少有一张照片可用。

接着,管理员把物品装到泡沫包装里,并在包装上也贴上存货编号,然后搬到一个小推车上。推车装满后,劳伦斯·费尔班克斯将门锁上,和我们中的一个人共同护送小推车到卡车。卡车司机是伊索博物馆里一名有经验的员工,他会在劳伦斯的监督下,小心翼翼地把东西搬上车。

我们既要确保劳伦斯有人陪同,也要确保储藏室和卡车货厢不能同时开着。全部工作完成后,包括卡车司机在内的每个人都要在存货清单上签名。存货清单由我带回伊索大学审计部,并立即将其用传真发给所有在场人员以及阿诺德·克鲁格和学校的律师。

劳伦斯软禁期满后的几个月,由于那份律师间达成的协议,学校公共关系部不得不花费大量的时间来保持对这些物品的记录。那些拍卖行未拍卖成功的价值 100 000 美元的东西还得被分批运回伊索大学,的确是一个不小的负担。

听管理员说过一件令人好奇的“草丛中的松鼠”的事,本州是不允许出售动物剥制标本的。我没再问他这件物品后来怎么样了。

整个案件给我最大的经验教训是:有些时候,调查人员会失去对整个案件的控制。即使学校律师和被告律师之间的协议会带来比调查工作本身还要多的工作任务,但作为审计人员,我们无权取消他们之间的协议。

但是，通过采取灵活的态度，运用我们在簿记、安全保障和管理责任方面的专业知识，我们还是能够按照自己的方式应对预料之外的复杂情况。

§防患于未来之建议§

1. 分离相关的会计职务，在全体工作人员中贯彻执行采购的二级审核制度

作为副校长助理的劳伦斯，正是由于他在伊索大学公共关系部中拥有特殊的职权和大家对他的信任，才能得以实施其严重的舞弊行为。以前，诸如会计职务分离、采购的二级审核等控制制度，仅限于对下级工作人员的控制，而高层官员则可以免于接受严格的审查，正是这一点使得费尔班克斯可以通过作弊捞取大笔的钞票。会计职务分离制度和采购二级审核制度必须应用于全体工作人员，不论职位高低，这一点非常重要。

2. 监控可疑的活动

在一个大学里，应当聘用一位高级财务人员对全校的财务活动进行监督，系级或学校所属部门一级的会计人员不宜承担这一职务。这位监控者应当时刻注意有无可疑迹象出现，如：向同一个商家多次付款；付款额度刚好低于“限额”；发票上卖方的名称和地址与本单位系统中该笔费用的有关描述不一致。一旦发现了可疑或异样的财务活动，应立即上报。

3. 重新界定岗位职责，确保工作人员诚实正直

人力资源管理专业人员应不断审查会计主管的职务说明书，适时做出必要的修正。会计主管人必须清楚地知道自己对账簿记录和经核准的付款的真实性负有直接的责任。

有一次，伊索大学公共关系部的会计主管偶然拿到了由旧金山林肯画廊寄来的一个大包裹，她立即意识到自己以前批准的很多发票上的地址是林肯摄影。会计主管回忆说，当她拿到那个包裹的时候感觉很不好，但她没有找费尔班克斯问个究竟，倒不是害怕他会生气，而是担心这样做会对她的这位上司的名声引起不必要的负面影响。

作为一名负责人，这位会计主管对自己的监督职责缺乏正确的认识，她所注意的只是每笔“印刷费”是否计入了正确的分类账户，金额有没有

超过规定的限额。如果她的职责说明书上清楚地说明了她的检查责任，她就有可能进一步检查那个包裹,及时地制止一系列的舞弊行为。

4. 开通举报热线

尽管不是这个案件的直接结果,伊索大学还是开通了供匿名投诉的24 小时举报热线。如果这条热线在费尔班克斯开始作弊收集艺术品的时候就已经存在,也许在他扒走一间储藏室的藏品时就被发现了。

2

野心勃勃的工资经理

The Ambitious Payroll Manager

约翰·托斯克

德娜·布伦纳走到哪里都会成为焦点。明亮的蓝眼睛、披肩金发，时髦昂贵的衣服衬着她苗条的身材，恰到好处的化妆、适量的珠宝首饰，使她看上去绝不像是一位已经有了三个女儿的37岁的母亲。

德娜六年前获得了副学士学位（美国大学修满二年课程之肄业证书）。她毕业后在苏尔格罗斯种子公司的工资管理部门工作，该公司是俄亥俄州的一家家族企业。三年后，实力雄厚的国际农业种子公司，即IAS（International Agricultural Seed）公司收购了苏尔格罗斯公司。德娜很快便引起了新公司的董事们的注意，并被任命为公司的工资经理。为了工作方便，德娜一家搬到了西海岸。她的工作地点位于公司总部，也是公司高层管理者的办公地点。她上任不久便成为公司高管人员的爱将。德娜体贴周到、开朗活泼、举止俏皮，对管理层有求必应。公司CEO对她十分看重，积极维护她在公司的利益，提升她的职业能力。如果你向IAS公司的任何一个人提起德娜，他们都会十分确定地告诉你，她前途无量。

德娜的丈夫罗恩与他圆滑、职业型的妻子形成了鲜明的对比。他身材高大魁梧，性格安静，为人坦率，成年后一直都在一家乳制品企业从事基层的工作。罗恩和德娜结婚15年了，有三个漂亮的女儿。和其他舞弊案件一样，真实情况往往与表面现象差之甚远。德娜虽然深受上司的喜爱，但却没有得到许多同事和下属的信任，在他们的眼里，她不是一个魅力四射的问题解决者，相反，她骄傲自大、为人冷淡，还常常带着优越感。更不能令他们容忍的是德娜对待自己丈夫的方式。由于在新家所在地找不到工作，罗恩进入大学做了一名全日制学生。不上课的时候，他负责照顾女儿,是家里的厨师、司机和管家,甚至是家里的仆人,他对德娜唯命是从。

在大多数人看来,德娜就像是罗恩的工头,一丁点的违背都会让她大发雷霆。她对自己的女儿会好一些,但是与对待其他财产并无区别。她们虽然得到了关爱,但就像是德娜的附属品。

还有一件事情令德娜的同事感到困惑:她的生活方式。当然,她的收入颇丰,可是能过上如此奢侈的生活还是令人费解。她穿漂亮的衣服、戴漂亮的首饰。德娜一家还住在本地最好社区中一个宽敞的五居室房子里,家里陈放着华丽雅致的家具和艺术品。德娜和罗恩每人一辆新车,三个女儿都在私立学校读书。更令人吃惊的是,她还有两匹马,她对这两匹马的喜爱甚至超过了女儿。每当有人问她何以买得起这些东西,德娜会毫不犹豫地回答说是因为自己得到了一笔遗产和成功的投资。

苏尔格罗斯公司成立于1865年。那时美国内战刚刚结束,国家恢复了统一,百废待兴。当时美国有一多半人是农民,公司抓住了最有利的时机,开始经销农作物种子。随着美国的繁荣复兴,公司也越来越强大。作为该行业的先驱,苏尔格罗斯公司提供高质高产、抗虫抗旱的种子。

新千年伊始,美国农业的规模前所未有,同时也发生了巨大的变化。该行业已被几家大公司控制,个体农场发挥的作用越来越小。此时,国际农业种子公司(IAS)已经通过一系列的合并成为一家全球性公司,在其力争逐步成为市场主导者的计划中,苏尔格罗斯公司也被列入其并购名单。IAS在全球拥有数千名员工和数千家公司,内部运作十分复杂,这为野心勃勃的德娜·布伦纳提供了绝佳的条件。

§一笔可疑的转账§

克劳斯·迪特尔在IAS欧洲公司已经工作了十二年多了。他大约三十四五岁,英俊潇洒、金发碧眼、体格健壮,是天生的管理人才。他的英语说得几近完美,只有他的名字和轻微的德国口音才会暴露出他是德国人。克劳斯以对公司的经营活动了如指掌为豪,这种性格令他在公司中很快得到晋升,大家都断定他迟早有一天会成为公司的最高领导人。

克劳斯来到公司总部时,德娜担任工资经理已将近三年,正是她在管理层最受宠的时期。这个时候,德娜已经对部门的运作具有相当的影响力了,在取得了 CEO 及其他高管人员的支持后,她将薪酬核算转到了人力资源经理的管理之下。"本来就该归那里管,"她自信满满地说。其实,人力资源经理与 CEO 一样,也是德娜的好朋友和拥护者。除了改变了汇报关系,她还采用了新的薪酬系统。以新采用的薪酬系统太复杂为由,她辞去了该部门所有的长期雇员,以自己亲手挑选的职员取而代之。

就像克劳斯特别重视掌握公司经营活动的方方面面一样,德娜的心思主要花在如何取悦于所有的高层经理,但克劳斯却好像并不为之所动。不知什么缘故,德娜使出浑身解数也没能打动他。以他不变的热情及事必躬亲的作风,克劳斯走上了公司财务主管的位置。要让公司正常运营并不断发展壮大,克劳斯必须确保公司有充足的资金,也就是说要密切关注现金流。担任财务主管第二个月,克劳斯便注意到了一个异常的数字。公司通常每两周支付一次工资,金额大约是 400 万美元,波动的幅度很小,但最近一次工资结算金额却是 470 万美元。克劳斯对如此大额的增幅感到吃惊,于是打电话询问正在芝加哥出差的德娜。

"工资额为什么增加了这么多呢?"他问道。

"我现在不能确定,"德娜回答,"不过我会尽快查明原因的。"第二天,她便返回了办公室,70 万美元也已被汇到了公司的银行账户。"问题解决了,"德娜解释说,"是银行方面出了点差错。"

这个解释听上去是合理的,款项也马上安全地转到了公司的账户,要是其他人遇到这种情况,多半不会再去追究了,而且德娜还会由于迅速解决问题而得到他们的赞赏。但这不是克劳斯的办事风格,况且 70 万美元也不是一笔小数目。如果真是银行的错误,不应该有人来解释一下原因吗?德娜的反应也令克劳斯感到困扰,虽然她对高管人员的要求一贯是给予积极的回应,但这次立刻从外地返回也未免有点太过火了,她不能通过电话来解决问题吗?

带着对此事的怀疑,克劳斯给我的同事打了电话。说明情况后,他问这件事是否能讲得通。

"钱是从哪里转回来的?"我们问道。

"我不知道。"克劳斯回答。

"为什么不给银行打个电话询问一下,也许能得到答案。"这是我们的建议。他很快就得到了令他十分气愤的答案:那笔钱是从德娜的个人银行账户汇过来的。

§ 记忆缺失 §

克劳斯感到既懊恼又生气,于是自己做了一些初步的调查。他了解到所涉及的70万美元与三笔工资支付有关,这三笔款项都被转到了德娜的银行账户,但是所用的名字却是齐越。齐越是IAS公司以前的一个员工,离开公司已经有两年多了。于是,克劳斯委托我们事务所进行调查。

第二天,我的同事嘉丽·莱恩来到了IAS公司总部的董事会议室。会议室中央是一张大的黑色大理石会议桌,周围摆着高背皮椅。浅灰色的墙壁、贵重的艺术品、厚厚的灰色地毯,使透过窗户照进来的明媚阳光也显得十分柔和,这与即将走进这个会议室的人的心情形成了巨大的反差。

德娜·布伦纳不安地走进了会议室,她的穿着无可挑剔,但有些心神不宁。后面跟着她的老板,主管人力资源的副总裁丹·雷德芬。嘉丽作了简单的介绍,并告诉德娜她正试图弄清楚那次银行错误是怎么发生的。

"以后对任何事情如果没有绝对的把握,我是决不会轻举妄动的。"德娜说。前一天她还说只是简单的银行错误,现在听起来问题变得有些复杂了。"阿曼达·萨拉查时不时地就会给我发电子邮件,要求发给员工一些特殊的薪酬。因为邮件是阿曼达发的,我从来都不会怀疑,这么处理已经很多年了。"德娜解释说。阿曼达·萨拉查是人力资源部的经理,也是丹的下属。

"这些款项已经支付了将近一个月了,你是怎样让银行将这些款项转回的?"嘉丽反问。

"只要找对人就可以。"德娜解释。但当嘉丽询问她在银行联系人的姓名时,她却拒绝提供。"我想她做了不该做的事情,所以我不想让她惹上麻烦。"她说。

"你知道齐越这个名字吗?"嘉丽问。

"不知道。"她回答。

"这几笔转账金额都很大,你不觉得不正常吗?"

“没有。”德娜没底气地说。嘉丽给她看了这几笔付款汇入的账户号码，她称自己不认识这个账号。最后，嘉丽拿出银行发来的传真，证实这个银行账户属于德娜和她的丈夫罗恩。

德娜的脸色灰白。几分钟后，她说：“我已经退还了……”。话未说完她便止住了话头。

“你把钱还回去了?”嘉丽问。

“不，”德娜说，“我从没拿过。”沉默了很长时间，她说：“我感觉不太舒服，不知道自己会发生什么事。”她开始哭泣，问道：“我会被起诉吗?如果你们能保证不起诉我，我就把什么都告诉你们。”

嘉丽不能给她任何承诺。她鼓励德娜从头说起。“你以前认识齐越吗?”她问。

“我只是碰巧选中了他。”德娜沉着脸说，“我不记得当时有什么原因，也许是因为他已经解除了合同吧。”德娜的第一次偷窃行为发生在一年前，她重新激活了齐越在工资管理系统中的账户，并用她的银行账号替换了齐越的账号，汇入了4万美元。然后又把账号改了回去，并将其变成不活动账户。在德娜交代的过程中，嘉丽开始将她贪污的数字加总，共计120万美元。

“这些钱还在。”德娜无力地说道，“我一分也没有花，有的存在我的支票账户和储蓄账户里，有的投资到货币资金市场了，还有一部分存在我孩子们的银行账户里。我马上就能拿出这些钱，今天就可以全部交给你。”

“你还有没有侵占其他资产?”嘉丽问。

“没有，”德娜说，“我可以对圣经发誓。”随后，她填写并签署了认罪声明书，同意返还所有赃款，并协助公司为这些交易提供书面证明。

德娜由治安防卫人员护送出门。过了一会儿，她拿着一张以公司为收款人、金额为50万美元的银行本票回到了公司。她同意第二天到公司附近的一家快餐店与嘉丽和我见面。第二天，我和嘉丽如期来到饭店，都目不转睛地盯着窗外等候德娜的到来。一辆崭新闪亮的黑色SUV准时停在了停车处。德娜走下车，穿着褪色的牛仔裤和运动衫。她没有化妆，眼睛周围有明显的黑眼圈，看来她度过了一个漫长的夜晚。嘉丽为我们做了介绍。

“我知道这过去的24小时对你来说非常艰难，”我说，“但我必须再问你一些问题。除了你已经告诉我们的那些事，你还占有了公司的其他东西没有？”我问。

“绝对没有。”她说。

“现在是你该说实话的时候，”我说，“因为我们还要继续调查下去。”德娜脸上露出奇怪的表情，问道：“你们还要查多久？”我忍住笑回答：“可能需要几个星期吧。”

之后我和德娜在快餐厅又见了一次面，她说继续调查绝对是在浪费时间。她告诉我，她侵占的全部款项都是采用同一种方式：利用工资支付系统和齐越这个名字。她还说她的行为与IAS的其他任何人都无关，“连我丈夫都是在我被送回家那天才知道的。”她说。

我们将德娜的电脑硬盘做了备份，下载了IAS公司的电子工资表。我和嘉丽对德娜的同事进行了面询，并检查了一些书面文件。询问的结果似乎证实了德娜的说法，偷窃由她一人所为。但是，我们对书面文件的审查却提供了一条线索：每份工资表都缺了一页。在随后的调查中我们得知，这些缺失页上的款项都被汇到了德娜的账户。我们起初对德娜的电脑硬盘的审查没有发现什么问题，但通过审查工资表却得到了这个重大的发现。我们根据银行账号将工资表做了分类，发现德娜还使用了另外三个已解约雇员的名字，将大约十多笔款项转到了德娜的银行账户，总额达70万美元。第二天，我和嘉丽坐在咖啡厅里一个安静的隔间里，对面坐着德娜和她的丈夫罗恩。这是我俩第一次见到罗恩。

“德娜，我们又查出了70万美元。”我说。德娜沮丧地看着我说：“不是我做的。”她垂下头，凝视着膝盖，一言不发。

“我就知道你们这些人会这么做！”罗恩生气地吼道。“你们把她根本没做过的事情也归咎于她。”

我向罗恩保证我们没有理由那么做。在接下来的半个小时里，我又把我们的判断重复了几次，但德娜坚持予以否认。在这几句简短的对话之后大家都陷入沉默。最后，罗恩终于忍不住了，“那些钱到底是不是你拿的？”他问妻子。

“是的，是我拿的。”德娜说。

“那么半小时前你为什么说自己没拿？”他气愤地说。

“我刚刚忘了。”德娜低声说。

多年来罗恩一直被动听从德娜的吩咐，此刻他好像有了力量，“对不起，我们能离开一会吗?”他问。“没问题。”我说。罗恩拽着德娜的胳膊把她拉了出去。透过咖啡店的窗户，嘉丽和我可以看到他们两人在激烈地交谈。几分钟后，罗恩又拖着妻子快步返回隔间。

“你知道我们在密歇根的那处房产吧。”他说。虽然我们在对他们的资产进行调查，但也没有想到要去密歇根查一查。“当然，我们知道。”我说。

是啊，我们现在的确知道了。

“它大概能值40万美元，”罗恩说，“我们付现金购买的，你们可以把它拿走。”

§法律获胜§

调查结束后，IAS公司开始关心如何挽回损失的问题。德娜已归还了120万美元。由于我们后来又发现了几笔盗转的款项，她还需要再拿出70万美元。德娜再也拿不出钱了，无法继续合作。IAS随后提起了民事诉讼，要求德娜归还所有赃款并支付本次的调查费用。面对高昂的诉讼费用和无可争辩的犯罪证据，德娜要求庭外和解。

她同意交出她在密歇根的房产、她的住宅、汽车、珠宝、家具及艺术品，以偿还她欠IAS的剩余债务。德娜在向我们描述她将要放弃的资产时一直很平静，但当她说到那两匹马时，泪水涌出了她的眼眶。“请务必给它们找到好的归宿，它们是我的宝贝。”她呜咽着说。即使在说出要放弃她女儿们的个人物品的时候，她都没有如此动容。

事情到此还未结束。IAS不仅要求德娜赔偿损失，还要让她受到法律的严惩。迫于克劳斯的压力，公司对她提起了刑事诉讼，并请求我给予协助。我将在调查过程中收集到的证据进行了整理，交给了当地检察院白领犯罪处的负责人德里克·汤普森，我们花了几个小时的时间对该案进行了研究。我整理的证据文档中包括经德娜签字的供词及其行窃事实和手段的详细描述，还包括证明她非法转账的原始凭证和计算机文档。“在我们所接触的案子中，证据准备得如此充分的还真不多见。”德里克说。“可能还需要一些时间，不过我想我们马上就可以开始了。”他指派检察院的调查员保罗·科尔负责处理该案件。

这次会面之后几个月很快就过去了，这期间保罗做了几次询问，除此之外好像没有多少事情发生，德娜也没有被捕。酷夏的一天，气温超过了华氏100度，德娜的邻居却发现她家的烟囱在冒烟，因为无法想象谁会在盛夏使用壁炉，便报告了消防队。消防人员到达后时，发现德娜正在壁炉里烧毁一些文件。从那之后，IAS公司一天比一天担心德娜是否会被免予起诉，但不久这份担忧便消除了。

德娜和罗恩从他们漂亮的房子里搬了出来，这房子现在已不再属于他们了。他们的大部分财产都卖掉了，一家人正准备返回俄亥俄州。当他们把最后一点仅剩的物品搬上租来的拖车时，保罗拿着逮捕证沿着车道向德娜走来。“我不会在孩子面前给你戴上手铐，”他说，“但你必须跟我走。”他们走到马路上之后，德娜被戴上手铐押入警车。罗恩把孩子们留在家里，自己跑出来打开车窗对他妻子淡淡地说：“我还是打算带着孩子们回俄亥俄去，但我已经提交了离婚申请。”说完便头也不回地转身朝自家的私有车道走去。保罗开车把德娜带走了，今天她将要度过她狱中的第一个晚上了。

德娜被控犯有多起盗窃罪、洗钱罪、逃税罪，数罪并罚足以让她在监狱里待上几十年。德里克给她提出了一个交换条件，如果德娜愿意认罪，他将建议判她九年徒刑。德娜震惊不已，九年后她的孩子们都将长大成人了。她从来没想过自己会来到监狱，更不用说服这么长的一个刑期了。她拒绝了这个提议，要求参加有陪审团的审判。

德里克以传票索取了德娜的银行对账单并交给保罗，保罗立即过来找我。“约翰，我不知道从哪下手，你能帮我吗?”我同意了。德娜曾给过我一些她的银行对账单复印件，但我没有见过保罗拿来的这些。我发现其中有好多笔金额在4 000到50 000美元之间的大额存款，看来德娜的问题比我们已知的还要严重。我请保罗利用传票从银行取得更多的详细资料。

作为工资经理，德娜还要负责填报公司的纳税申报表。几年来，她一直向州及联邦的各种税务机关超额纳税，提交了申报单并支付税款后，她便申请退税。那些寄给IAS公司的退税支票都直接到了德娜的手里。她只需在支票上背书:“支付给德娜”,然后便存入她的支票账户。她截留退税款共35万美元。

德里克将这次新发现的盗窃罪连同之前发现的多起伪造和计算机诈骗罪一起对德娜起诉。如果按每项罪名的最大刑期计算,德娜可能要在监狱里度过她的后半生了。

德里克要求我在德娜的刑事审判中做原告证人。截至我作证的那一天,德娜已经被监禁了将近一年的时间。当她走进法庭时,其变化令我震惊。她穿着监狱发的深蓝色连衣裤工作服和白色网球鞋,腰部和脚踝都戴着镣铐,所以只能拖着脚走路。她没有化妆,一头金发也失去往日的光泽,从发根起很长一截都变成了灰白色,第一次见面时的那位年轻时髦女性的影子荡然无存。听完我的证词并审查了我们调查中所收集的证据之后,陪审团认为德娜的所有罪名成立。德娜被判在州监狱服刑15年。

§经验与教训§

对德娜·布伦纳的调查在很多方面都做得很成功,其中两个方面尤为突出。首先,IAS迅速意识到公司需要帮助。发现问题后,公司立即给外部的专家打电话并接受了我们的建议。公司的内部调查人员一般都缺乏必要的设备、培训及经验,所以常常会把事情搞得更糟糕。他们常常在没有获得足够证据的时候就与嫌疑人开始了面对面的交锋,从而使嫌疑人有机会隐藏或销毁证据,给其他的同伙通风报信。他们也常会忽略或者不当地处理一些重要证据,致使证据失去了法律效力。正是由于IAS首先给有经验的调查员打了电话,我们才能条理清晰地收集德娜的舞弊事实和舞弊手段的证据,这对于使嫌疑人认罪并赢得诉讼的胜利是至关重要的。

其次,有序的调查也可以给受害组织带来最大的利益。通过彻底的调查,公司收集到提起民事诉讼所需要的证据和信息,从而节约了时间并最大限度地降低了成本。同时,在提起刑事诉讼时,公司也帮助地方检察官完成了很多工作,政府就不必浪费有限的资源去进行复杂的调查,案件就可以得到及早的审理。另外,原告也会有清晰的思路来提交整个案件,使审判变得容易一些。

§防患于未来之建议§

在本案例中,是公司的环境给德娜·布伦纳造成了职务舞弊的机会,类似情况也极为常见。为此,我们推荐以下几个改革措施。

1. 监督性审查

工资管理系统的文档里包括员工的姓名、地址、社会保险号码、工资标准以及银行账号,这些信息都不经常或根本不发生变化。德娜是IAS公司唯一能够接触这些文件的员工,而且不需经任何人批准便有权进行变更。她不仅可以更改已有的记录,还可以随意增加或删除员工的名单。我们建议,工资管理系统的文件变更必须要经过管理层的审查批准,由指定的监督者负责审查批准,可以确保这些信息的变更经过合理授权和恰当的处理。

工资表上显示对每个员工每笔工资支付的详细情况,德娜为了掩饰其偷窃行为,在工资支付完毕后便立即将显示其舞弊行为的那一页删除,IAS公司里除了她谁也不会看这张表,所以她才可以这样做。

2. 将工资业务自动过入总账

另一个帮助德娜掩饰其舞弊行为的控制弱点在于工资系统本身。这个系统本来具有在每个工资结算期末将工资业务自动过入总账的功能,但德娜担心这样更容易暴露其偷窃行为,所以她不让系统自动过账。"这个系统有缺陷,我不相信它。"她对高管人员如是说。每次工资结算的时候她都会准备一套"手工日记账",将她进行的欺诈性工资支付分配到各部门大量的各种费用账户中。通过将款项分成小额并分摊给不同的账户,就是有谁查看工资表,也很难发现德娜的舞弊行为。

3. 定期核对工资账户

在开始进行欺诈性转账之前,德娜首先测试了系统,以确定是否会被发现。德娜没有使用电子转账,而是开了两张虚假的工资支付支票,但从未将其兑现。一旦有人注意到此事,她会说是工作出现了失误,可惜的是没有人发现这一情况,因为公司在银行开设的工资支付账户已经两年多没有进行核对了。在德娜的舞弊行为被发现的时候,包括德娜测试系统时使用的那两张支票在内,工资账户共有500多张未兑现支票,金额达70

万美元。我们建议,总会计师办公室应按月对工资账户进行核对,指定督导人员对其进行审查和核准。

4. 职务分离

IAS 没有设立内部审计部门。我们建议公司安排一名不参与工资支付结算的人员来监督工资的支付并审阅损益表。这样做可以确保不会再有"齐越"出现在工资表中。

在开始使用工资系统舞弊很久以前,德娜就已经在通过超额支付税款、然后申请退款的手法把公司的资金攫为己有。她之所以能够得手,一方面是因为她负责编制纳税申报表而无人审核其准确性,另一方面是因为退税的支票直接寄给了德娜。因此,我们建议由工资结算制表人以外的人来对工资的支付进行审查核准。另外,我们还建议退税支票应直接寄到公司在银行设置的安全信箱。

3

可悲的“内线”

The Insider

克雷格·R.西纳蒙

20岁的斯黛芬妮·莱德在摩杰斯蒂克银行就职后不久便成为行里最受欢迎的柜员。她高挑的身材,略带红色的金发,褐色的眼睛,笑起来足以让一个小镇熠熠生辉。斯黛芬妮出生在宾夕法尼亚州摩根城的乡下,母亲叫辛迪,父亲是萨姆,都属于蓝领阶层,家里有四个孩子。

父亲萨姆经营着一家本地的家具店,这家店也是他的骄傲和欢乐之源。当一些大型连锁商店进入该地后,家具店的收益便开始下降,但他和辛迪一直尽力让家里的收支平衡。

斯黛芬妮在18岁那年高中毕业,被费城的圣约瑟夫大学录取。她马上就爱上了这所大学,恳求父亲让自己去上学。但萨姆如何才能付得起各种费用,送女儿去梦寐以求的校园?家里可以申请一些财政援助,但远远不够支付女儿的学费、住宿费、餐费和书费。萨姆和辛迪最后决定抵押他们那间已经住了27年的普通公寓,为斯黛芬妮取得了学生贷款以弥补余下的开支。

斯黛芬妮十分喜爱大学生活。她学的是传媒专业,在前两年的学习中都获得了十分优异的成绩。九月份她升入了三年级,大学生活依然完美。但随后却发生了一些意外。

飓风“伊万”的余威席卷了摩根城,给该地区造成了重大损失。在短短的两天里,降雨量超过了八英尺,萨姆家具店附近的河流随之泛滥。尽管他竭尽全力地与不断上升的洪水抗争,但一切都是徒劳。暴雨在几小时之内便摧毁了家具店及店里的全部家具。最为糟糕的是,它也摧垮了萨姆。为了节约开支让斯黛芬妮上大学,萨姆中断了费用昂贵的洪水保险。所以，他的生意现在彻底毁了，一切都要从头做起。

为了给家里出一份力量，斯黛芬妮暂时放弃了读完大学的梦想回到了家乡。她在摩杰斯蒂克银行找到了一份柜员的工作。她所在的分行经理莉娜·桑塔纳对斯黛芬妮很了解。莉娜还记得几年前斯黛芬妮每天都陪着萨姆来银行存款时，通过"免下车"服务窗口将钱递给自己的情景。斯黛芬妮早已熟悉镇里的很多客户，她还具备胜任这份工作的必要品质。

摩杰斯蒂克银行是总部位于匹兹堡的一家大型地区性银行，拥有近1 100亿美元的资产，9 500名员工，有850家社区银行办事处，服务网络北起缅因州，南至弗吉尼亚州南部。该行创建于17年前，是由宾夕法尼亚西部小镇的四家分行逐步发展壮大起来的。公司文化强调同事间的和谐及企业家精神，行里的员工被称为团队成员。

摩杰斯蒂克银行在预防损失和安全防护方面（Loss Prevention and Security，简称LP&S）投入了大量的人力和物力。LP&S被划分为两个主要领域——损失预防控制和舞弊调查。损失预防控制部门在网络中心站点雇用了许多训练有素的分析师，由他们组成的大型团队负责维护和评审用于发现及减少舞弊损失的应用软件。舞弊调查团队人数较少，由专业人员组成，他们分别被精心地安置于银行的各个地方。他们中有些人是退休的执法侦探，还有一些和我一样是银行专业人员。加入该行的舞弊调查团队之前，我曾从事过两年的零售银行业务，做过七年内部审计工作。

§你们把我的钱弄到哪里去了？§

卡罗林·萨瑟和我属于一个团队，也是一名银行专业人员，她和另外几个调查员共同负责发生在大费城地区的各种银行舞弊案件。夏天的一个下午，天气潮湿，她坐在位于宾州罗斯蒙特的狭小的办公室里，审查着一起看似平常的支票伪造案件。该案件的受害者是托马斯·怀特，一名退役的二战空军飞行员，十多年前就在该行开了一个账户。一天，他在去杂货店购物时想顺道去费城切斯纳特·希尔的摩杰斯蒂克银行取款100美元。他把取款凭条交给银行柜员后，马上被告知他的账户已经透支，这令他大吃一惊。

"这怎么可能?"他问道,"难道我的社保存款在上周五没打进我的账户吗?"

银行柜员很礼貌地回答:"是,已经打进您的账户了,但您昨天晚上在这个账户上开出了三张支票。"

"绝对不可能!我要立即和吉娜谈谈。"他提出要求。

吉娜·史蒂文斯是切斯纳特·希尔分行的经理,当时是她为怀特先生开立了账户,两人的关系很好,但现在怀特先生却十分恼火。吉娜还没来得及跟他打招呼,他便不客气地说:"你们银行到底是怎么回事?"

吉娜耐心倾听了怀特先生的问题。在她看来,这是一起支票伪造案件。她再三向他保证:"怀特先生,我们一定会对您负责的。"填写了一些必要的文件后,吉娜为怀特重新开了一个账户。摩杰斯蒂克银行赔偿了他的所有损失,但鉴于安全考虑,怀特先生几天后还是同这家银行断绝了关系。

卡罗林检查了怀特先生案卷中的支票。伪造者所使用的支票让卡罗林想起了之前的一些案件。"我最近是不是见过类似的伪造支票?"她大声问自己。她检查了一下支票的背面,看到了新泽西州王国银行的盖章。"王国银行?我最近不是一直在和那家银行的安全部门进行沟通吗?"她惊讶地说。

对怀特先生的案卷进行了几分钟的研究之后,卡罗林意识到这不是一起普通的支票伪造案件,所幸她十分热衷于将案卷井井有条地整理出来。她很快就找出了其他几个类似的个案并与怀特先生的个案进行了对比。这几个案件涉及的金额都比较小(均低于4 500美元),于是,卡罗林暂时把金额问题搁置一边而去查找更大的问题。她发现每个案子里的受害者都是在案发后不久便发现了问题。她还发现了另外三起有相似特征的案件——每张支票的金额都小于1 500美元,相同的支票,相似的笔迹,都在新泽西的王国银行兑现。卡罗林给王国银行的安全人员提姆·卡特打电话询问此事。"这些支票不只是存入了我们银行,而且都是通过我们在特伦顿一家分行的同一台ATM机存入的,然后,这四位客户便立刻从同一台ATM机中取走了账户里所有的钱。"

显而易见,这些看似不大的案件是由同一个支票舞弊团伙所为。卡罗林知道,LP&S部门可能还存在更多的问题。于是她立刻给新泽西州费里霍尔德的舞弊调查员玛丽·麦克法登打电话,看看她那边是否也存在类似问题。

玛丽一边听卡罗林描述案件细节,一边不停地做笔记。

"稍等一下,"玛丽突然打断卡罗林,"你刚说的那个账号是多少?"

卡罗林刚才所说的账号是怀特先生的。玛丽一边查看案件档案,一边说:"卡罗林,那是个存折储蓄账户。我刚接到的一个案件是将支票转进储蓄账户,支票怎么可能存入储蓄账户呢?"

"你知道吗?我这边的受害人名叫汤姆·怀特。让我看一下支票背面……没错,是王国银行。卡罗林,你猜我还发现了什么?"玛丽继续说道。"我这里受害人的名字都是一些很大众化的名字,如:汤姆·怀特、詹姆士·怀特、马克·威廉姆斯、汤姆·琼斯、迈克尔·史密斯。看来作案者并不像拾荒者那样漫无目的地活动,这些受害者是系统作案的目标群。"

卡罗林同意玛丽的观点,"你说的对。我猜这可能是一起内部舞弊案件。我们马上给凯西和克雷格打电话。"

§顺藤摸瓜§

午饭后,我刚回到办公室准备细查桌上堆积如山的文件,电话铃便响了。是我的上司凯西·巴克曼打来的。她是摩杰斯蒂克银行主管内部舞弊的经理,手下有五名分析师、三名调查员,这个团队主要负责识别及调查各种内部舞弊案件,像分行的现金挪用、薪酬舞弊、总账舞弊等。我是三个调查员之一,对凯西负责。

"克雷格,你马上过来一下。"她用命令的口吻说。

"什么事?"我问。

"你先过来,我再向你解释。"她回答。

凯西和我的办公室相隔四个门,我匆忙赶去。"怎么了?"

"卡罗林和玛丽正在与我通话,"她回答。她们向我说明了她们之前发现的一些情况。

"喔,看来是行里的某个员工侵犯了这些受害者的账户。"我说。

"克雷格,你去查下'足迹报告',看看在伪造支票兑现之前是否有同一个员工查询过受害者的账户信息。"凯西指示。

几年前,凯西怀疑行里有人窃取客户的账户信息,但由于当时银行不能监视员工的查询行为,所以她无法证明自己的推测。随后,她要求摩杰斯蒂克银行的IT部创建了"足迹报告"系统。"足迹报告"可以记录下员工在银行主机系统上对客户资料/账户的查询行为。员工必须使用个人的用户ID和密码进入系统,当在主机系统上查询客户资料/账户信息时,"足迹报告"便会记录下该项活动及相关用户的ID。

我审查了五位受害者客户相关账户的银行对账单,找出了两个存出活动最少的账户先展开调查。"通过对这两个账户进行调查,可以很容易识别普通用户的ID,找到嫌疑人。因为如果客户的账户存出业务不多,柜员进行的查询活动便会少些。"我如此推断。我首先在"足迹报告"中搜索受害者汤姆·怀特的信息。怀特先生账户的存款活动只有每月直接存入的社保款,他一般都是开支票支付每月的账单,偶尔去当地摩杰斯蒂克银行的柜台提取现金。我注意到第一张伪造支票于7月9号过入他的账户,便开始搜索7月1号到7月8号之间银行员工的查询活动,很快便搜到了几个员工的查询活动。我将查询者的用户ID号和查询日期及时间列成表格,然后采用相同的方法在"足迹报告"中搜索下一位受害者马克·威廉姆斯的信息,也将相关的查询结果一一列出。"哈!成功了!"我高兴地说。在伪造支票过入怀特先生和威廉姆斯先生账户之前两周内的查询活动中,我发现了同一个用户ID。

我在系统中搜索到了该用户ID的所有者,是摩根城分行的斯黛芬妮·莱德。为什么一个宾州农村地区的柜员想知道住在离她有一个半小时路程之外的费城客户的详细信息?我重新检查了怀特先生的账户,注意到斯黛芬妮是在6月30号中午12:05在主机系统上查询他的名字和账号的。随后,我进一步发现在这个时间她在主机系统不仅查询了怀特先生的客户资料和账号,还查询了另外几个相当大众化的名字。所有的操作都是在短短几分钟内完成的,有些查询之间仅仅相隔几秒钟。她看起来是在漫无目标地搜索客户。

随即,我从其他三个客户的账户资料中也查到了斯黛芬妮的用户ID。她查询后两周之内伪造支票便会被过记到相关的账户。凑巧的是,五位受害者都住在大费城地区或是新泽西州,那儿的分行都离斯黛芬妮所在的摩根城分行有几个小时的路程。很明显,她就是这起侵权案件的焦点人物。我立刻给凯西打电话。“我想我们找到嫌疑人了。”我告诉她。我们了解到,在本周接下来的几天中,斯黛芬妮要休假回俄亥俄州的家中探亲,下周一返回。

“太棒了!”凯西说,“这样我们就有机会做进一步的调查,确定她作案的范围,可能还有更多的受害者。斯黛芬妮休假一回来我们便可与她会面,给她来个出其不意,不给她机会为自己的行为捏造故事。但是,为防万一,我们还是应该立即取消她进入系统的权限。你去请分析师来协助我们展开全面调查,我们需要尽快找到现有的和可能的受害者,可能会需要他们的帮助。周末前把你的调查结果报告给我。”她说。

“我需要赶快准备好这些材料!”我一边大声说,一边赶回办公室准备和分析师们开个电话会议。

凯西的团队和我耗费了大量的时间来查找斯黛芬妮查询过的并受到伪造支票侵害的客户账户。截止到周末,我们共找到了18位伪造支票的受害者,银行损失总额超过54 000美元。这项违法活动开始于几个月前,受害者遍布缅因州至弗吉尼亚州一带,共同点是名字都很大众化。每张伪造支票都在王国银行兑现,支票很显然来源于同一本支票簿,支票上的笔迹也都十分相似。摩杰斯蒂克银行已确认受害者大都在王国银行开户,这说明犯罪团伙在王国银行中有内线。我们后来发现斯黛芬妮还查询了大量的客户信息,说明这些客户都受到了她的侵害。之后,分析师密切观察着这些账户,同时,银行区域管理人员和凯西紧锣密鼓地制定了适当的应对计划,包括联系客户、冻结客户账户、提供免费的客户身份保护服务。

调查中我们还得知斯黛芬妮在摩杰斯蒂克银行有个员工支票账户。我对她的账户进行了检查,发现其中有几笔存款不是工资款,金额在400美元至1 000美元之间,在过去的几个月里共存入10 000多美元。我向凯西做了回报,她随后将这一调查结果报告给了区域管理负责人。随后,我们与斯黛芬妮所在部门的经理莉娜取得了联系,但并未向她透露我们的调查性质,我们需要在与斯黛芬妮见面之前获取一些背景资料。莉娜向我们说明了斯黛芬妮一家最近遭遇的不幸,她认为斯黛芬妮是他们部门最优秀的员工,深受团队成员和摩根城的银行客户的喜爱。

"如果她做错了什么,我保证她一定有合理的理由,"莉娜坚决地说,"她是个可爱的姑娘,我以我的名誉担保。"

"你为什么会觉得她做错了什么事情?"凯西问道。

"噢,一般来说,一旦预防损失部打来电话就说明有人有麻烦了。"莉娜回答。

"不是这样的,"凯西说,"我们只是认为斯黛芬妮能为我们正在进行的调查提供一些信息。请你告诉她周一来上班时立即到行政办公楼找克雷格。"

现在是周一早上9:30,从这一时刻开始对我们来说将是收获颇多的一周。斯黛芬妮·莱德心神不宁地来到了我们的办公室。在我准备做自我介绍时,意外地发现与斯黛芬妮一同前来的还有一位年老的绅士,他说自己是斯黛芬妮的父亲萨姆·莱德,想要和女儿一起来参加这次会面。我告诉他这个会面涉及银行的保密性信息,他不便参加。萨姆显然非常地焦虑不安,但他还是默默地走到休息室里等待着。

进入会议室后,我把斯黛芬妮介绍给了摩杰斯蒂克银行的雇员关系代表特蕾西·布拉特纳,并示意她坐到会议室中央的椅子上。桌子已提前被移到一旁,这样在我们之间便没有什么障碍物了。特蕾西坐在我们几英尺后来见证此次会谈。斯黛芬妮的紧张是明显的,她两臂交叉,双手紧握手袋搭在膝盖上,低着头,犹疑的双眼透过红色刘海偷偷地看着我。为了营造一个和睦的气氛,我开始问她一些关于教育背景、工作职责以及家庭生活等方面的基本背景问题,她坐在椅子上微微地前后摇晃着。随着对斯黛芬妮的进一步了解,我感觉到她变得越来越焦虑,她显得很胆怯,说话声音小得几乎听不到。

还没等我开始询问关于本案的情况,斯黛芬妮便开始低声啜泣。我把记事簿推向一边,将椅子拉近她,问:"你想说些什么吗?你好像承受了很大的压力,我愿意尽我所能来帮你。"

"我觉得您帮不了我。"她回答,泪水顺着她的脸流下。

§灰暗的前景§

我花了半个多小时才让斯黛芬妮安静下来,有条理地跟我谈话,她终于承认自己把银行客户的身份和账户信息卖给了费城外的一个犯罪团伙。

斯黛芬妮在大学附近的酒吧做女招待时认识了一个叫巴克的年轻人,他是酒吧的常客,斯黛芬妮在那里工作没多久,他便开始热心地照顾她。巴克性情急躁,为人轻佻,梳着黑色锃亮的大背头,挺着麻秆似的身板。没人知道他靠什么谋生,但他看上去很有钱,开着崭新的进口车,穿着打扮极为入时,给小费也比别的顾客出手大方。他从酒吧老板的嘴里听说了斯黛芬妮要退学回家帮助家里渡过危机的事情,也听说了斯黛芬妮已经在摩杰斯蒂克银行找到了一份全职柜员的工作,他开始打斯黛芬妮的主意。

他找到斯黛芬妮。"我听说了你家里的情况,好像很糟糕,我很难过。听说你要到银行工作,是吗?"巴克问。

"我要帮家里付账,要支付自己的信用卡账单,我得挣饭吃——至少得等到情况变得好些。要离开学校我也很伤心,但我没有别的选择。"

巴克坐了下来。"听着,我想我能帮上你们家的忙,也能让你立刻返校,但你要为我做些事情。"他说,"你接受银行的那份工作,给我提供客户的账户信息,连同他们的社保号、地址、生日、电话号码等一切你能获得的信息,一条客户信息我给你 200 美元。"

"那不是违法吗?你到底要用那些信息做什么?"她问。

巴克向她解释说,他的朋友们要利用这些信息制作并兑现伪造支票,利用客户的身份开设银行账户、获取信用额度。

"我不懂……"斯黛芬妮犹豫地说。

巴克打断她,说:"你想帮助你的家庭,对吧?你想回到学校继续学习,对吧?你要是拒绝了我,可能永远也别想回学校了。再说,这样做也没人会受到伤害。银行有数百万的资产,肯定会赔偿客户的损失。"

"那如果我们被发现了怎么办?"斯黛芬妮问。

"你听我说,"巴克说,"你换班后我带你去我的朋友家,告诉你我们的计划。就这么定了?"他劝诱地问道。斯黛芬妮勉强同意了。

她早上 2:30 下班后,在宿舍外与巴克碰了头。巴克开车带她来到了费城北部一排排年久失修的房子当中的一间。巴克有意在复杂的小道和黑暗的小巷中间穿来穿去,斯黛芬妮根本不可能记住房子的确切位置。

他们从后门进了屋子，沿着漆黑的楼梯来到了地下室，在那里见到了一位自称是“塔兹”的男子。塔兹看上去年龄比巴克大些，体格魁梧，安着一条假腿，是非洲裔美国人。

“这就是要加入我们团队的那个女孩。”巴克冲下地下室后对那个人说。斯黛芬妮呆立在最后一阶楼梯，非常害怕。塔兹龇牙一笑，示意她进去。当她走近那两人时，被眼前的景象震住了，屋子里有笔记本电脑、数码相机、成堆的空白支票和信用卡，还有层压设备，简直就是一间现代化的工作室。“我们就是在这里完成一切工作的。”塔兹得意地说。

塔兹和巴克告诉斯黛芬妮，她提供的信息将被用来伪造支票和假身份证。塔兹将把这些伪造的证件交给一群“外勤人员”，他们用伪造的证件在银行开设账户，兑现伪造的支票。

“我们还会让那些‘外勤人员’用你提供给我们的身份申请贷款。”塔兹接着说。他的一个同伙专门负责征募无家可归者。“他们为了几块钱什么事都能干。”他说。“斯黛芬妮，我们挣的钱会多得超乎你的想象。”塔兹信誓旦旦地说。“你要做的事很简单，只有那些‘外勤人员’才有被抓的危险。”

他们没有费多大的劲便说服了斯黛芬妮，她同意参与他们策划的阴谋。现在，只要能离开那间屋子，她可什么都愿意做！

巴克把斯黛芬妮送回宿舍。他告诉斯黛芬妮：“我会在几星期后给你电话，告诉你我们的行动计划。”

两个月后，斯黛芬妮已成为摩根城分行最受欢迎的柜员。一天的午休时间，她的电话响了，是巴克打来的。

“斯黛芬妮，我们需要几个客户的信息，我可以给你 600 美元。”他直截了当地说。她很清楚他的意思。“明天银行关门后在汉堡王饭店见我。不要把常去你们附近的银行的客户作为目标，那样做会太明显。”

斯黛芬妮回到了她的工作岗位，她迅速意识到，在银行的主机系统查询常见姓名的客户是最简单易行的办法。

最后，斯黛芬妮承认她总共窃取了摩杰斯蒂克银行 55 名存款人的身份信息。她说自己与巴克每周会面一次，用打印出来的客户信息换取现金。

在声明书上签字后，她低声自言自语地说：“我现在还不相信自己竟然做了这样的事。”

“你把这件事跟你爸爸说了吗?”我问。

“早上行里通知我到这里时我才告诉他。”她回答,“今天早上在我来这里的路上,巴克给我打了电话,不然我还不会告诉我爸爸。巴克明确地告诉我不要和你们合作。之后我立刻就给爸爸打了电话,把所有的事情都告诉了他,所以他就和我一起来了。他不清楚我都做了些什么,以为我只是因为跨行销售银行产品而拿了一些额外的佣金,他恳求我与你合作,但直到你开始向我提问之前我还犹豫不定。”

我们的面谈结束了,她的书面声明被妥善地保管起来。特蕾西告诉斯黛芬妮她已被摩杰斯蒂克银行解雇了。斯黛芬妮把柜员的现金抽屉的钥匙交给了我。随后,我把这位身心疲惫的姑娘送出了会议室,看着她走向她的父亲,瘫倒在他的怀里。

后来,斯黛芬妮向执法机构提供了许多宝贵的线索。根据她提供的情报,执法机构逮捕了几名罪犯,粉碎了活动于费城外的一个有组织的犯罪团伙。鉴于她在起诉这些罪犯的过程中所提供的协助,她免于入狱服刑,但被判五年缓刑并赔偿摩杰斯蒂克银行66 000美元的损失。

这个曾经充满活力、聪明伶俐的年轻姑娘,自她决定加入这个盗窃他人身份、伪造支票的地下犯罪团伙的那一刻起,她光明的前途就此永远地被改变了,今后她每次申请工作都会想起这段不堪的往事。

§经验与教训§

通过这个案例和其他一些发生在摩杰斯蒂克银行客户身上的身份盗窃案件,我学到了很多。

1. 信息安全——限制和监督

在如今的社会环境下,每个组织机构都有必要在其内部建立并实施各种预防措施,防止来自外部或内部人员对其信息技术环境的攻击。摩杰斯蒂克银行已经意识到了内部人员攻击其信息技术环境的风险,仅允许有工作需要的员工接触高度机密的信息。目前,其管理层正在考虑实施的另一个对策是采用生物识别技术。一旦采用了生物识别技术,银行再无需要求客户提供很容易被伪造的驾驶执照和其他身份证明,而只需扫描一下指尖便可识别客户身份。

组织机构对员工接触公司高度机密数据的活动进行监督也是不容忽视的。拿摩杰斯蒂克银行来说,"足迹报告"系统就是一个相对先进的管理工具,它帮助我们找出了损害客户信息安全的工作人员。虽然这个工具只能在舞弊行为发生后帮助我们找出嫌疑人,但对于加强对员工行为的监督还是发挥了很好的作用。摩杰斯蒂克银行在此基础上还使用了商业智能软件,以便通过了解柜员所做的异常查询活动来对公司员工接触高度机密数据的活动进行有效的监督。银行工作人员异常的查询活动包括:

(1)对银行柜员处理系统中没有发生交易的账户的查询;

(2)对居住在银行柜员预定地域范围之外的客户进行查询;

(3)与其历史的查询记录相比,某个柜员在某段时间的查询量异常增大;

(4)银行柜员查询了异常多的普通姓名的客户,如"史密斯"、"琼斯"等等。

2. 员工援助计划

摩杰斯蒂克银行与一家外部组织进行了合作,这组织可为银行员工提供各种各样的援助服务,帮助员工解决各种生活问题,包括财务危机、儿童保育、老人照顾等等。在本案例中,由于莉娜·桑塔纳事前未能充分体察到斯黛芬妮的困窘状况,所以未能指导她寻求员工援助计划的帮助。斯黛芬妮本来可以在参与邪恶活动之前得到员工援助计划的帮助。

3. 留住客户——身份盗窃援助中心

LP&S 和银行零售业务的管理层与遭遇身份盗窃的受害者未能很好地沟通与协调。由于银行缺少标准化的操作程序,造成职责分工的混乱,使银行不能充分利用其资源对客户的需求做出有序、及时的回应。不过 LP&S 很快认识到,要留住客户,就需要为受害者提供专门的沟通服务。于是,LP&S 建立了身份盗窃援助中心,由五名训练有素的队员组成,负责处理身份盗窃受害者的需求。

4. LP&S 案例管理

卡罗林和玛丽利用多年的调查经验以及开放式的交流,通过对多起舞弊案件(即支票舞弊案件)的分析找出存在的共同原因。在一个组织内,公开交流和对话的重要性再怎么强调也不为过。很多组织单位在日常工作中往往会不知不觉地采取了“各自为政”的工作方式。现在,摩杰斯蒂克银行正在努力培育各团队成员之间开展开放、诚实的对话的氛围。

5. 举报热线

斯黛芬妮在偷窃客户身份信息时十分隐秘,但也有很多内部工作人员不像她那么谨慎。摩杰斯蒂克银行为所有的团队成员开通了内部匿名热线,用于向 LP&S 举报异常或可疑的活动。但不足的是,银行只安排了一个人员从早上 8:00 到下午 5:00 负责接听热线,使得很多举报者不得不在电话录音上留言,很难提供充分的有助于提起诉讼的情报。甚至有时电话线路不够通畅,致使有些信息无法听清。LP&S 建议管理层将这项工作外包给专业公司,由经过培训的工作人员提供每周七天、每天二十四小时的服务,以便掌握举报者提供的详细信息,同时保证百分百的机密性。

§ 防患于未来之建议 §

1. 信息安全

所有的公司,包括金融机构在内,当务之急是弄清他们 IT 基础设施所面临的威胁,认真考虑采用科技手段来预防来自外部或内部对信息系统的攻击。

2. 背景调查

各组织机构要实施全面的应聘者筛选程序,包括犯罪记录检查和信用检查,对于那些要处理大量的现金业务和接触公司机密信息的工作职位尤其如此。

3. 零容忍政策

摩杰斯蒂克银行的高管层对其团队成员的舞弊行为持反对的立场。他们坚持让每个新加盟的员工在“行为守则和职业道德书”上签名。另外,在进行年度业绩审核时,所有的团队成员都必须对照检查自己的行为和道德表现,并在相关文件上签名予以确认,文件中清楚地指出了员工的受托责任,要求其远离不正当交易和行为,并将可能的舞弊行为上报给相关人员。同时,该守则也明确地表明了银行对舞弊行为的立场,即“零容忍与追究违反者"。这个文件能够起到抑制舞弊的作用,从最高领导层开始为银行确立恰当的氛围。

4. 客户教育

摩杰斯蒂克银行利用所有可能的沟通渠道教育客户防止遭到身份盗窃,银行的网站专门为客户设置了一个醒目的园地讨论这方面的问题,各个分行都设置了醒目的提示语,提醒客户防范身份被窃的风险。同时,为了让客户了解这些风险,各分行都摆放了各种宣传小册子,定期将宣传册连同对账单一同寄给客户,广播中心也不断地用语音提醒等待中的客户注意身份被窃的危险、留心银行的安全提示标志。

该银行还大力宣传并提供一种连接三大信用咨询公司的软件产品,客户可以利用该软件即时访问其信用档案、自动监控信用档案的变化或对信用档案进行查询,从而提醒客户警惕自己的姓名被非法用于开立账户的行为。

5. 员工培训

金融机构应当在身份盗窃方面对其员工进行持续的培训,至少要建立管理客户信息披露的书面政策和程序,并将其作为培训员工的基础。经过培训后,员工应当能够识别企图窃取客户信息的舞弊行为,能够采取必要的防范技术来保护客户信息免受外部或内部的威胁。比如,粉碎含有公司或客户高度机密信息的文件,杜绝未经授权进入电脑系统,限制某些通讯方式的信息提供,如电子邮件、电话等方式。摩杰斯蒂克银行的LP&S 部和法律部还提供现场和网络培训,培训内容包括客户信息安全、相关隐私保护规则以及其他各方面的论题。

4

别了，夏威夷

Aloha, Hawaii!

多米尼克·A. 德奥拉齐奥

马林·詹森似乎该有的都有了。他自称是一位“居家男人”，有漂亮的朱莉娅为妻，还有两个年幼的孩子。妻子在家中照顾孩子们的起居生活，马林在美国后勤局工作，是大家眼里的模范员工。从表面上看他们的生活非常完美。

詹森家住在东北部一个较富裕的社区，坐落于一条绿树成荫的小街的尽头。詹森夫妇花了近400 000美元才买到这栋殖民时期建筑风格、占地两英亩、有着美丽景观设计的两层楼房。没有出口的街道上少了川流不息的车辆，最适合孩子们活动了。街区附近有一个州立公园，用于举办各种运动比赛，公园与一个农场接壤，农场的生活使人好像看到了工业时代以前的日子。居住在这个州立公园附近的另一个好处在于：傍晚可以骑着自行车在公园里兜风，有时还可见到漫步于居民庭院里的小鹿。

乍一看来人们都会有这样的猜想，住在这里的人在其职业生涯中的大部分时间都在拼命地向上爬，不会有人想到一个中层的政府公务员也会住在这样的社区里。中层公务员住在这样的社区里当然也不是什么罪过，他们可以通过其他途径来积累财富购置这样的房产。但是，如果一个人的收入与其生活方式极不匹配，自然就会引起人们的怀疑。

在这个富有的社区里，马林的家虽然相对来说比较朴素，但还是具有一切喜欢舒适环境的家庭所共有的特征——后院有运动场、游泳池，四周种满了鲜花和灌木，安静祥和的环境很容易使人进入冥想状态。和邻居们一样，詹森家也雇佣了庭院设计师来修割草坪、修剪灌木和打理庭院。

让马林引以为傲的有两件事，一是训练孩子们的运动队，二是担任家里的出租车司机，送孩子们去参加各自的体育运动及课外活动。大多数家庭现在都拥有自家的小型货车，但詹森家却使用着早期的家庭运输工具:旅行汽车。

在美国后勤局工作了几年之后，马林被晋升为高级物流管理专家。他深受大家的喜爱，好几个项目经理都想要找他帮忙。有一年，公司的工作和两个客户已经让他忙得不可开交，又有一个客户来找他帮忙。马林的上司说他已经用完了当年的工时，这个找上门的客户于是就提议，如果马林同意为他工作，他愿意支付加班服务费，马林遂同意在正常工作时间以外的时间为其工作。完成了该客户的工作后，马林便开始为开销问题伤脑筋了，因为他已经习惯了有额外收入的生活。房产税也提高了，他需要有工资之外的收入来满足消费之需。

美国后勤局隶属于联邦政府，位于美国东北地区。作为一个综合性机构，它负责开发、应用和维护基地的指挥控制、情报、监视和侦察系统，同时还为海外驻军作战研发、管理并分发各种装备。公司在全球拥有约10 000 名员工，数千名承包商。

与美国后勤局一起坐落于面积1 000 英亩的一流地块上的还有其他联邦政府机构，但美国后勤局自成系统，有自己的消防和警察部门，邮局、超市、加油站、教堂、托儿中心、酒品店、旧货店、信用合作社和车辆调配场一应俱全，还有一些户外娱乐设施，包括三个游泳池、一个健身中心、网球场、垒球场、保龄中心、高尔夫球场、运动中心以及野餐区。

同其他典型的联邦政府机构一样，美国后勤局除了有研究人员、采购人员、物流管理师以外，还聘有律师、内部审计师、刑事调查员，以及资源管理办公人员和人事管理办公人员，后两个部门的责任是保证该机构的资金来源和人员配制。

美国后勤局是全国最大的雇主之一，每年能为国家提供34 亿美元的收入。

§ 伪造凭证 §

马林·詹森的上司阿瑟·基利对马林的工作从来没有过不满意，但情况在一个星期一发生了变化。马林在复印最近的旅行通知单时，不小心把单据落在了复印机里。基利先生最先发现了那张旅行通知单，仔细一看，他发现先前的签名被剪了下来，继而贴上了新的签名。

“马林，我想知道你为什么把这个签名粘到你的旅行通知单上?”基利先生问道。

马林回答说他只是想让签名的颜色变得深一些，因为在把旅行通知单传真给售票处的时候签名的颜色会变淡。

当天的晚些时候，基利先生再次询问马林在旅行通知单上粘贴签名的事，马林还是向他保证，自己“只是为了确保签名的颜色足够深，好让售票处容易辨认。”基利并未就此罢休，他威胁马林如果不把情况说清楚的话，他就要检查他以前所有的差旅费报销记录。

直到那天下班的时候马林也没有承认自己干过坏事。基利先生决定做一些调查，他很快便找到了一些证据。在检查马林的垃圾桶时，他找到了一张挖掉签名的旅行通知单、一些付款存根副本、还有一些以首字母“J”签名的旅行通知单，是马林伪造的签名，“J”代表的是基利的上司詹姆斯·海沃德，他负责批准马林的旅行通知单及随后的旅行凭证报销。

基利先生首先与美国后勤局法律事务处的工作人员萨缪尔·麦扎卡提取得了联系，要求对方提供帮助。得知这起可能的舞弊后，麦扎卡提马上联系了刑事调查员。他接着又给我们内部审查评估部打来了电话，确定了开会审查证据的时间。麦扎卡提要求我们检查马林的旅行凭证，确定有多少凭证是伪造的。

在此期间，基利先生拿到了一些马林的差旅费结算凭证，核对他的计划旅行日期与实际旅行日期。这些结算凭证随后被移交到我们内部审查评估部。

我们就此事向国防财务会计服务处做了汇报，并向其索取马林的所有付款凭证副本。我们花了好几个星期的时间才拿到了所有的副本，因为我们索要的是前五年的相关凭证，国防财务会计服务处必须在档案中找到这些凭证，然后复印并寄给我们。

接着，我们联系了负责政府部门旅行卡项目的大众银行。所有政府部门的旅行者都要用政府部门旅行卡支付所有公务旅行的相关费用，包括酒店、汽车出租、豪华轿车、飞机票、火车票等方面的开支。

因为我们部门有三名员工可以帮助检查这些凭证，我决定将这项工作分为三个部分，每人完成一年半时间的检查任务。

§如意计划已作好，又一次旅行即将开始§

在审查马林的差旅凭证和收据的时候我们注意到，他在去弗吉尼亚州斯普林菲尔德市出差时，住在一家大家都不熟悉的连锁酒店。我们在网上找到了这家酒店的办公室电话并与之取得了联系。酒店的工作人员肯定地说，该酒店在弗吉尼亚州的四个城市有分店，但在斯普林菲尔德市没有分店。

我们先假定马林是清白的。随后我们与弗吉尼亚州办事处的评估师约瑟夫·萨默斯取得了联系，请他到斯普林菲尔德市核实一下收据上所显示的地址是否是一家酒店，也许是马林不小心写错了酒店的名称。约瑟夫找到了那个地点，没有看见什么酒店，连当地人都不知道这个地方有酒店。原来收据上的那家酒店根本就不存在。

第二天，约瑟夫打来电话报告了调查的结果。为了防止约瑟夫的调查结果有误，我们又按照那个地址寄去了一封挂号信，几个星期后，信件被退回，信封上注着“查无此地”的字样，到此时我们真的开始不安起来。要戳穿马林的诡计，我们需要检查相关记录，“决不放过任何一个疑点”，这是我们的领导马丁·戴斯的指示。换句话讲，戴斯先生要求我们检查每一张收据、联系所有的卖方单位、找到相关公司开具的合法收据。此外，还要向卖方单位询问，马丁旅行中住过的酒店、租用的汽车是否与其差旅凭证一致。

马林的一些差旅费报销单的确存在疑点，他本来是用政府部门旅行卡向一个公司（河润租车公司）支付租车费，但其差旅凭证上显示的却是另一家公司：阿拉莫租车公司。他报销的河润租车公司的租车费总是高于他用政府部门旅行卡支付的实际金额。另外，我们在检查差旅凭证所附的河润租车开具的收据时发现，收据总是印在信纸规格纸张的同一位置，这说明马林在电脑里存着模板，在他需要为各种旅行提供“证据”时可以随时打印。我们联系了河润租车总部，询问马林出差时是否在他们单位租用汽车，对方的主管人员告诉我们，他们的数据库记录显示马林从来没有在他们公司租用过汽车。他还将公司的有效收据样本传真给了我们，与马林打印的收据对比后，我们发现唯一的区别在于有效收据的底端有 5 位编码，该编码能识别交易的经办人或具体的河润公司办事处。

我们将马林的差旅费报销单与其政府部门旅行卡的费用支付进行了对比，发现他是用政府部门旅行卡在离飞机场最近的火车站买的火车票，但在差旅费报销单上，他总是申报自己乘豪华轿车往返于住处和飞机场，车费一般都低于 75 美元，这样他就不需要向公司的财务处提交车费的收据。于是，他本来付了 11 美元的费用（火车票费用）却报销了 74 美元（豪华轿车费用），这样一来，马林每个单程都会净赚 63 美元。

还有一张旅行凭证，上面显示他去了宾夕法尼亚州东北部的一个地方，但政府部门旅行卡的交易记录却显示他当时在新泽西州东南部的大西洋城赌场赌博，难道马林分身有术，在同一时间出现在两个地方？

在对马林的差旅凭证进行了仔细的审查之后，我们发现他报销的差旅费逐年增长。在对政府部门旅行卡的交易记录进行检查时，我们看到了马林的名字，事由是他使用政府部门旅行卡在住所附近的餐馆消费，这属于滥用旅行卡的行为，在本地餐馆吃饭不是为了公务。检查结束后，我们把滥用旅行卡者的名单交给了所属部门的主管人员，由他们与人事处联手进行处理。在马林被告知他滥用了旅行卡时，他也许还在庆幸自己伪造凭证的行为不为人知，因为他在受到行政处分后，还准备报销在弗吉尼亚州斯普林菲尔德市那家虚构的酒店的每晚 18 美元的停车费，他还在继续下着赌注。

在检查马林的差旅凭证时，我们注意到了他一贯使用的手法：总是比预定日期提前几天离开，或者晚几天返回。把他所有的差旅凭证连贯起来看，在三个月的时间里，马林几乎所有的时间都在出差的途中。比如，差旅凭证上显示，他周一离开，周四返回，第二天（周五）又动身出发，下周二返回。紧接着，第二天（周三）启程，下周一返回，等等。我开玩笑地对我的员工们说，他根本都不用打开行李。显然，他是否所有时间真的都在出差是非常值得怀疑的。

马林的一张差旅费报销单显示他曾去弗吉尼亚州开一个会。我们联系了那次会议的主办方。对方告诉我们，当时马林提前给他们打了电话，说他的汽车半路抛锚了，他们于是取消了当天的会议，重新确定了一个日期。此次出差马林并非一直待在弗吉尼亚，但他的报销凭证却显示他在那儿待了三天。

在审查中我们还发现，马林在2月份（就在几个月前）安排了一次旅行。他先通过政府票务处订了一张去佐治亚州萨凡纳市的机票。在动身去萨凡纳的那天，他来到三角航空公司（Delta Airlines）的柜台前，用政府部门旅行卡买了去萨凡纳的往返票，然后又到大陆航空公司（Continental Airlines）的柜台，用政府核发的往返票换了一张从洛杉矶返回的私人旅行单程票。从萨凡纳回来几周过后，他又给大陆航空公司打电话，把从洛杉矶返回的单程票换成7月15号去夏威夷的往返票。现在还未到7月15号，我们知道马林在筹划着一次度假。我们必须加快审查的速度。

§此次休假无终期§

在我们的调查期间，马林被剥夺了阅览机密文件的权力，这意味着他不能从事任何保密性的工作，他相当于被降级使用，做一些不重要的、不需要机密工作许可权的事务性工作。随后，马林的电脑也被拿走，法务调查员可以从中追查他全部的电子邮件以及保存于硬盘的文档。

失去了机密工作许可权和电脑，马林甚至连那些次要的工作也无法完成。他在4月11日给基利先生发了一封电子邮件，说鉴于自己已经无法完成工作，除了从美国后勤局辞职没有别的选择。他离开的那一天是4月15日。我们必须赶在马林去夏威夷之前把所有的书面材料提交给检察官。

法务调查员在检查马林电脑里的文件时，查出了马林伪造的酒店费用报销单和汽车出租报销单，这也正是我们内部评估师一直在怀疑的事情。此外，法务调查员还发现了马林和妻子之间的电子邮件，邮件中他妻子直截了当地问他下一张旅行支票何时能到手，他们需要那笔收入支付当月的抵押借款。詹森夫妇作案达到了疯狂的程度。

在这次调查的初期，我们主要是与刑事调查员斯通·亨廷顿特工和托马斯·哈特特工合作，期间我们得知美联邦检察院办公室只受理高于特定金额的案件。我们经过计算得出，马林涉嫌贪污的金额超过100 000美元，特工亨廷顿和哈特便把案子提交到了美联邦检察院办公室。助理检察官乔瓦尼·法尔科内审阅了我们提供的证据，要求我们复查和整理马林所有的报销凭证，剔除马林应享受的合法报销部分。为此我们必须将马林的差旅费报销单和政府部门旅行卡付费记录进行核对，这对马林来说极为不利，他肯定没意识到自己每次使用政府旅行卡都会给我们留下一条审查的线索。

法尔科内要求调查小组在30天内完成实地调查工作，这样他就可以在7月15号之前拿到逮捕令，在马林去夏威夷之前将其逮捕。

7月14日上午5时左右，亨廷顿特工和哈特特工带着逮捕令，随同几名当地的警官来到了马林的家。马林被带上了手铐。在他将要走出家门时，他的妻子跑下楼梯，问："马林，我们的夏威夷之行怎么办？"

特工亨廷顿和哈特向马林告知了他的米兰达权利。随后两个人将马林送到了监狱，今晚他就要在那里过夜了。在去监狱的路上，两名特工问马林为什么要策划舞弊欺骗联邦政府，他回答说自己比联邦政府的绝大多数人都更卖力地工作，但却未得到应有的报酬。

第二天，两名特工又将马林送到位于州首府的联邦法院。在联邦法官传讯马林之前，他的律师询问马林是否可以和家人一起去夏威夷，因为那天是他们计划出发的日子，但法官只允许马林待在他家所在的州。他的妻子只好一个人带着孩子到夏威夷度假一周。

最后，马林被控犯有电脑欺诈罪，涉及150多张伪造的报销凭证，金额超过150 000美元。他被判有罪，要向联邦政府赔款151 460美元，弥补因伪造费用报销单造成的损失。他还要在联邦监狱服刑20个月，刑满获释后还有三年的监外监督期。根据联邦法院保存的正式文本，马林五年来所获的赃款都用在了支付不断增加的信用卡债务上。

§经验与教训§

我们与负责审核马林是否按照旅行通知单完成了出差任务、履行了自己的职责的相关人员进行了交流，发现没有一个人能够肯定自己了解马林是否恰当地履行了自己的职责。看来他的行为没有受到任何约束，他成功地瞒过了所有人的耳目。如果他在执行基利交代的任务，他会告诉客户A和B他正在为其顶头上司办差。在做其他工作的时候，不管他人在哪里，他都会跟基利说自己正在为客户A或B提供服务。基利对詹森并没有什么约束，也没有向客户A或B求证过詹森是否真的是在为他们出差，基利先生在复印机里发现那张粘贴签名的旅行通知单纯属侥幸，是马林太愚蠢了。

在马林如法炮制不断作弊期间，曾多次出现过"警示信号"，可惜没有人做过调查。例如，在一个人花光了其差旅费账户的全部备用金时，预算分析员却没有询问开支的去向。负责审核批准差旅费报销单的工作人员应该对凭证的准确性和合法性进行严格的审核。

§防患于未来之建议§

1. 实施电子旅行通知单和差旅费报销制度

马林的欺诈行为败露后，美国后勤局启用了全新的电子旅行通知单及差旅费报销制度，设置了控制措施，以预防马林这类可能操纵系统的人作弊。值得强调的是，负责审批差旅费报销的人应严格审查凭证的准确性和合法性。

2. 要求出差人提供适当的书面凭证供检查核对

出差人在报销差旅费时，要提交有效的凭证（即开支超过75美元的收据），否则应将报销单退回，出差人必须提供支持报销单的原始凭证。

3. 利用常识

首先要利用一些常识对差旅费报销单进行初步的审查，尤其是在出差人列出了报销项目的时候。例如，酒店一般都会把顾客的停车费用加到宿费中，一并显示在开出的收据上。如果出差人申请报销停车费，而收据上却没有显示停车费，审批人应该对这笔报销申请进行深入的调查。

4. 在组织内部建立并使用跨部门沟通系统

所有的业务负责人员都应认真审核报销单的真实性和准确性，为此，组织内部应建立一个系统，保证在发现任何虚假的报销申请时，所有的部门都会接到通知并迅速作出反应，采取适当的措施把损失降低到最小，并查明舞弊者。对员工负有监督职责的部门领导也应参与报销单的审核过程，他们可以为雇员的出差情况起到证实的作用。

5. 让出差者知悉虚假报销的严重后果，对虚假报销时刻保持警觉

首先要让出差人了解虚假报销的严重后果以及可能受到的处罚。其次，要实施定期审查程序，直接与被抽查的出差人面对面地交谈，逐项审查报销的费用。

5

皮特这个人怎么样？
What About Pete?

迈克尔·戈德曼

这是一个关于失败的合伙、失败的婚姻以及猖狂的破产欺诈的故事。一家曾经看似成功的企业在申请破产后资金被洗劫一空。在该案中，关联方交易、虚构的薪酬支付支票、福利项目扣除、做假账、抵押贷款欺诈、电信及邮政欺诈、洗钱、欺诈性破产财务报告等各种罪行一应俱全。事情还没有处理完，涉及民事判决的金额已超过500万美元，有五家无辜的银行为此支付了赔款。

事情还得从戈弗设计公司的所有者弗雷德·摩根讲起。弗雷德40多岁，他为人圆滑，一贯穿着考究，具有过人的魅力。他身材修长，略显纤弱，非常讨女人的喜欢。但他看上去绝不是那种能适应监狱生活的人。见过弗雷德的人会有两种截然不同的反应，大多数人会立刻喜欢他、信任他，但也有少数人在与他握手后想立刻检查一下衣兜看丢了东西没有，然后赶快去冲个澡把手洗干净。

摩根夫人的外表不像她丈夫那么有魅力，但优越的家庭背景也足以令她成功。她父亲建立了一个非常成功的商业帝国，创造的财富足以让子孙后代几辈人过上舒适的生活。她的父母似乎不是特别喜欢她的丈夫，但是，不论哪一个家庭成员需要钱，他们总是伸出热情的援手打开支票簿。跟一个如此富裕的女子结了婚，弗雷德似乎没有理由做偷窃的勾当。

弗雷德的副手皮特·史洛文斯基与弗雷德是截然不同的人。弗雷德能把冰块卖给爱斯基摩人，而皮特好像不讨任何人的喜欢。他粗鲁、强悍、脾气暴躁，体型又矮又胖，肌肉发达，脸平得好像在发育期被人用铁锹拍过一样。他那无知而困惑的眼神与弗雷德的无所不知形成了鲜明的对比。

如果问认识弗雷德的人他是否会舞弊，他们的回答是，弗雷德又聪明又勇敢，确实有能力舞弊，但他没有理由那么做。他妻子的家族富裕得超乎想象，他可以按照自己的愿望分享那些财富。如果把相同的问题放到皮特身上，大家的答案不约而同：他根本没有骗人的智商，他只会奉命行事。

两人的区别甚至延伸到各自对女人的选择。摩根夫人是名副其实的"悍妇"，她到公司去的时候，员工们会胆战心惊的。她举止招摇、脾气暴躁、令人反感。有传言说弗雷德在意大利有个意籍女友，他常前去与之会面。皮特的妻子安静温和，公司里的人都喜欢她，大家都为她感到不平，因为皮特跟公司运输部的一名相貌平平、毫不起眼的女职员有染。

戈弗设计公司十多年来一直都是个成功的书画刻印艺术公司，其客户包括许多大型的广告公司、世界 500 强公司、当地的旅馆以及非盈利机构。9·11 事件后，服务业疲软、税法变动引起的慈善捐赠模式的巨大变化，再加上接踵而至的灾难——一些是天灾，一些是人祸，使得广告宣传的力度下降，戈弗设计公司因而受到了一定的冲击。技术进步改变了设计工作的工序，同时也改变了客户们曾需花费大量资金传播信息的方式。尽管这样，戈弗设计公司并没有像其他的竞争对手那样陷入财务困境。

弗雷德和他的合伙人自共同开办了戈弗设计公司后一直是共同经营着这家公司，但最终还是不欢而散。这位合伙人离开戈弗后向州法院起诉了弗雷德并胜诉，法院判决弗雷德继续经营公司，但要出资 100 多万美元赎回前合伙人的所有股份。弗雷德没有付钱赎回股份，而是根据破产法第 11 章申请了破产保护。

戈弗的破产程序进展得似乎很正常，但速度非常缓慢。戈弗公司的债权人的开户银行曾多次怀疑戈弗开具空头支票补空，但后来只能证明属于现金管理的疏忽。由于银行行长本人受到了弗雷德及其家庭所拥有的其他公司的起诉，没有人敢对弗雷德进行深入的调查。破产法庭最后批准了一项方案：戈弗公司全额还清所有抵押债务，申请保护之前的其他债务按 33% 的比例偿还。大家都期待着戈弗公司在破产程序结束后能够重整旗鼓，健康地发展。

法院监管期满后，戈弗公司并没有成为破产后成功发展的模范，而是即刻土崩瓦解。破产后的戈弗现金匮乏，流动性极差。美国信托公司立即介入，重新启动了戈弗的破产程序，委派了一位破产企业资产管理人对戈弗公司进行调查。

§一个电话,任务来了§

我正在魁北克中部的一座山下度假,那名破产企业管理人突然给我打来电话,他做了自我介绍后,告诉我美国信托公司推荐我来帮助他调查戈弗公司。我曾多次做过破产申请之前或之后的舞弊调查,因此美国信托对我的工作领域比较熟悉。他接着说,破产公司一点钱也没有,所以接下这个案子很可能得不到任何报酬。我当时一定是被山区的新鲜空气、令人叫绝的美景、与家人共处的快乐冲晕了头,竟然一口答应下来。

度假回来的第一天,我同弗雷德及破产企业管理公司的律师约好在戈弗公司外面见面。我们到达戈弗公司的时候,弗雷德正异常激动地来回踱步——提供安全服务的公司已经中止了服务,有人非法闯入了公司大楼,盗走了大部分精密的计算机设备。弗雷德带着我们进了公司,指给我们看非法闯入的地点。令人啼笑皆非的是,从门上残留的玻璃判断,门是从里面被人踢开的。很久之后我们才找到一些"失盗"的电脑,原来这些电脑是被弗雷德用来抵偿了对员工的欠款。

我请弗雷德领着我们到公司各处查看一下。我们最先看到的是他的办公室,里面除了已经向破产法庭提交过的月度财务报告之外什么也没有。弗雷德说自己只是公司的挂名首脑,公司的一切事务都是由皮特·史洛文斯基处理的。在谈到公司的财务报告时,他说自己对那些东西一窍不通,一看到数字和会计方面的东西脑子就发晕,他只是在会计人员提供的文件上签名而已。

我们走过办公区的一个个小隔间。看到一套又一套悬挂的电线,想起曾摆在那里的电脑设备,弗雷德变得越来越抓狂。他不清楚公司的业务记录放在哪里,不知道如何与以前的会计人员取得联系,他什么忙也帮不上。他不停地埋怨自己,要是自己以前能多介入一些公司的事务,也许情况不至于如此糟糕。毕竟,他所失去的比任何一位债权人都多——他的生活、他的名声、他的个人价值都随戈弗一起一去不复返了。

弗雷德对我们的调查能提供的唯一帮助就是告诉我们每个办公间以前的主人是谁。他称自己对公司业务的其他方面一无所知。档案柜紧锁着,他也不知道钥匙放在哪里。皮特的办公室里杂乱不堪——到处都是文件和纸张。在这个堆满易燃物品的办公室里,唯一有用的东西就是一整套外卖餐馆的菜单,几乎囊括了方圆五英里内的所有餐馆。从菜单上的油污来看,它们显然不是作为不同设计风格的代表物出现在这里的。

与会计师邻近的一个隔间一直都空着,办公桌下尽是积满灰尘的箱子。我打开箱子后,找到了一些批处理报告的文件夹,上面列示着会计系统的输入数据(如开给客户的账单、购货发票、应付的佣金),及一些输出数据(如支付应付账款的支票)。在我将这些箱子搬到车里时,心中不免有些害怕。这个调查如此开头的确令人头疼心烦。这堆箱子让我明白了为什么每当国内收入总署对我所做的税收抵减提出质疑时,会计师便需要一辆商务卡车。

几天后,弗雷德到美国信托公司参加了一个会议。因为届时当事人要发誓讲真话,所以对于破产调查人来说,这是一个向当事人询问与案件相关问题的绝佳机会。遗憾的是,我们目前掌握的情况太少,不知道该从哪里问起。眼下我们唯一找到的资料只是银行提供的已注销支票以及弗雷德提交的月度财务报告而已。他说他非常愿意帮助我们,但真的什么都不知道。

后来我们了解到,其实弗雷德非常熟悉公司的财务报告。他夸口说自己在申请破产几个月后他就没有再从公司领取薪水,因为自己知道公司已经发不出工资了,而他希望公司能够继续维持下去。在随后的问询中,弗雷德承认公司曾用他个人的信用卡支付了几笔大额账单,这是因为公司的信用额度已经用完,他愿意先用自己的钱为公司付账。他还承认曾用公司的资金偿还他的个人贷款,但他认为那是公平的,因为他为公司所做的一切都没有得到报酬。他的话自相矛盾,案情更加扑朔迷离。

§从细节中寻找蛛丝马迹§

回到办公室后,我不得不好好合计一下如何处理那些可装满三卡车的箱子里的报告。我最初的感觉是,因为销售人员对弗雷德的评价都很高,所以他应该没有掠夺他们的佣金。如果将用来计算佣金的销售额与总账中记录的销售额及应收账款系统中的销售额进行对比,就可以发现其中的差异,证明销售额是否被篡改。两个星期后,我放弃了这项审查工作,因为我所查看的每项记录都能追溯到适当的相关凭证。

我拜访了那位不幸成为戈弗公司的贷款银行的行长。他认为弗雷德一直在开空头支票。他又给我提供了几箱子的资料,里面装着 28 个月来的银行对账单和已注销支票。我花费了一个星期的时间对银行账户的存入和支出项目进行图表分析,查找空头支票,结果是一无所获。

在对银行账户进行审查时,我倒是发现了一件很奇怪的事情,即弗雷德在许多家银行为他个人和他控制的公司开立了账户,但我还不知道这意味着什么、该怎么处理。我是在检查戈弗公司账户的存款及由戈弗公司开给弗雷德的支票背书上发现这一点的。

我带着困惑再次检查了月度财务报告。报告上所有主要银行账户的记录与银行对账单都能够核对一致,所有其他银行账户的记录也能够与银行对账单核对一致。但如果事情真是那样的话,公司理应有更多的现金,而现在公司却一点现金也没有,这是讲不通的。看来我需要审查财务报告和会计批处理报告的背后有什么名堂。

我再次回到戈弗公司的办公室,弓着身子在办公桌底下寻找。我在人力资源管理的办公区又找到了几箱文件,这些东西很有价值,包括原始存款凭单、客户汇款支票副本、注明客户付款内容的汇款通知单。

这些原始单据发挥的作用可是太大了。我发现,有几个月份的附有原始单据的批处理报告与月度财务报告无法核对相符。“这怎么可能呢?”我感到很奇怪,因为之前我已经将大多批处理报告与财务报告核对一致了。我重复实施了已做过的步骤,答案立刻显现出来:相同的交易有两套不同的批处理报告。

情况是这样的。当客户向戈弗公司付款后,会计系统将记录该笔付款,然后生成相应的批处理报告。尔后有人进入系统,将批处理报告上的交易时间、金额、甚至客户名称都进行了修改。他为什么要这么做呢?

我又一次在细节中发现了问题。原始批处理报告后附的存款凭单显示的是另外八个银行账户,用了四个不同的户名,这八个账户都未经破产法庭授权、都不属于戈弗公司的财产,但存入的都是戈弗公司客户的付款支票。

有了证明戈弗公司的资金被存入了非公司账户的凭据,破产调查员便有权向银行索取我查到的所有账户的银行记录，还有弗雷德本人、他的妻子、子女以及他名下其他公司的账户。谜底渐渐显露出来。

弗雷德将客户付款转到了他的个人账户或他名下的其他公司的账户，甚至还转入了他那个尚处于青春期的儿子名下的公司。在戈弗公司需要钱的时候，弗雷德就会转回一些资金（但不是全部）。

比如，客户 BL 出版社向戈弗公司支付了 150 000 美元，弗雷德将其存入了非法的银行账户，随后又将其中的 130 000 美元存到了戈弗公司的银行账户。批处理报告上显示 BL 出版社的付款是 115 000 美元，其余的 15 000 美元是另外三家客户的付款。

接下来弗雷德可能从公司的一个账户将 20 000 美元转到另一个账户，这笔转账会被正确地记录为一笔公司账户之间的内部转账，但是，这第二个账户将被记录为收到 BL 出版社的付款。这样一来，仍然表现为对方欠款而实际上是被转入非法账户的资金就得到了清欠。结果是，戈弗公司实际收到了 130 000 美元现金，弗雷德拿到了 20 000 美元现金，破产企业的 150 000 美元应收账款将显示为“已收讫”。

这些发现解释了为什么公司的有些资金不知去向，也解释了银行行长为什么怀疑戈弗公司开具空头支票。每当戈弗公司开出的支票因存款余额不足被退回时，弗雷德便会从另一个账户转入一笔款项来弥补公司银行账户的亏空。弗雷德用他非法转走款项的一部分来补充公司存款账户的短缺，看似开具空头支票，但实际上不是。

值得注意的是，被非法转走的资金都被转入了只有弗雷德才能使用的账户，谁是舞弊者便一目了然。会计人员在许多原始存款单据上注着“按照弗雷德的要求”或“按照 FM（弗雷德 · 摩根）的要求”的字样来标注款项存入的账户，进一步证明了他的违法行为，这些存款大都是弗雷德要求做的，他的首字母签名几乎天天出现在原始单据上，他再也不能继续谎称自己没有介入会计处理、对会计一窍不通了。

§ 直接存入个人账户 §

在弗雷德非法转走现金时皮特在干什么？他成为局外人实在令人费解。在检查所有的箱子以及里面的文件时，我未发现任何一笔客户的付款被转给了皮特，甚至没有任何证据表明他的存在。在检查弗雷德的个人账户时，我发现皮特曾向弗雷德开过一张 50 000 美元的支票，那张支票被退票，但没有再重开一张支票。皮特为什么要向弗雷德付款 50 000 美元？他如果真的欠了债，为什么支票被拒付后没有重新开具支票？这些问题困扰着我。

我走访了戈弗公司的一些供应商，他们得知被弗雷德欺骗后大感恼火。还有人告诉我，他们的一些应收账款是由一家远在 1 600 英里之外的一个州的银行支付的。假如我不知道是弗雷德在使用那个账户的话，我也许不会了解这一条信息的价值。还有，这些供应商都认为皮特只是弗雷德的傀儡而已。

我还走访了一些戈弗公司的前雇员，他们也都因为遭到弗雷德的欺骗而愤怒。他们当中有的人提供了经过宣誓的证词，指证弗雷德指使他们将戈弗公司的现金收入转存到不属于公司的账户，他们还提供了一些关于那家州外银行账户的使用情况。他们还提到弗雷德有一位意大利女友，但我一直没有找到相关的证据，也没有找到任何关于皮特的线索。

我在检查破产处理过程中公司开出的所有已注销支票的背面时，注意到有一名雇员在工资支票上使用的签名有 6 个之多，使用了六个不同的银行账户，他实际得到的工资是按照公司工资支付期计算的工资的两倍。我猜想它一定是皮特捏造出来的虚假身份，从公司冒领了额外的工资，但没有找到证据。情况即使真的如此，与公司丢失的款项总额相比，这实在有点微不足道。

表面笨头笨脑的皮特·史洛文斯基曾试图从公司的翻船事件中偷偷溜走，不惊动任何人，不留下任何蛛丝马迹。他几乎做到了，但百密一疏，他惹怒了自己的妻子。

皮特·史洛文斯基最近刚和妻子离婚。我约见了他的前妻，她说她的前夫已经与新的女友搬进了一栋昂贵的房子。她还透露自己曾接到一个银行打来的奇怪电话，说戈弗公司存入银行的一张支票由于背书不当而被拒收，她一直没有明白那个电话是什么意思，因为皮特从来不插手公司的财务问题，而且她也从没听说是谁在使用那个银行账户。

我们之前的调查之所以没有注意到那栋新房子的存在，也没有注意到那个奇怪的银行账户，是因为它们都是列在皮特的女友名下。联邦调查局的调查员在做进一步调查时，检查了那栋房子的抵押贷款申请，她发现申请人申报的收入大大超过了她的工资记录，这个抵押贷款欺诈行为为我们向银行索取皮特女友的银行记录提供了充足的理由，我们很快便从中发现了皮特从公司转走的资金。

弗雷德是将收到的债务人的付款转到了个人账户，皮特则技高一筹。他在为客户提供了服务之后，根本不通过公司的会计系统给客户开发票，而是让客户直接将款项寄到自己在银行开设的邮政信箱，这笔销售收入便不会出现在戈弗公司的会计记录中，谁也不会想到去查找这些资金的去向。

§调查结果§

多达三英尺厚的证据将弗雷德送上了破产法庭。在法庭上，弗雷德一改开始声称对财务会计一无所知的态度，以自己是搞财务和投资出身的、经常处理债务人相关事务为理由，说服法官允许他充当自己的辩护人。他出色地为自己做了辩护。他的申辩结束后，法官判决对其罚款500多万美元，还下令破产调查人对弗雷德提起刑事诉讼。

被弗雷德盗走的钱并没有全部追回，有几十万美元被他转给了家人，几十万美元付给了律师。我并没有发现那些律师为弗雷德打过大官司的任何记录，但在“为客户保密规则”的庇护下，律师那里成了暂时寄放钱财的好地方。

摩根夫妇协议离婚，并就一大笔儿童抚养费达成了共识，这样，弗雷德的子女对日后追回的赃款就享有第一索取权。在离婚判决生效后的六个月里，弗雷德一直都和妻子及儿女住在一起，这不得不令人怀疑他们的离婚原本就是一场闹剧。我们推测，他的那个所谓的意大利女友根本不存在，是他为了一旦需要离婚而事先设计的一个借口而已。

弗雷德申请了个人破产，但由于他的罪行与舞弊相关，所以判决是不可撤销的。与此同时，针对他的刑事诉讼也在进展之中。

皮特盗走的资金完全花在了新买的房子上。除了从破产公司窃取资金的罪名之外，皮特和其女友还被指犯有抵押贷款欺诈罪、洗钱罪、电信及邮政欺诈罪。

有六家银行曾经承兑过支付给戈弗公司的支票，并允许戈弗公司将款项存入不属于公司的账户。其中两家银行辩解说，弗雷德作为公司的高层管理者，有权为公司的支票背书。但是，按照破产程序，他没有权力开设秘密的银行账户。这六家银行中的五家已经为破产企业支付了赔款，其余那一家银行正准备起诉破产企业管理人。

§经验与教训§

弗雷德和皮特都是坏人，但他们各有长处和短处。他们的长处足以让其在舞弊后免于受罚，但最终他们还是被自己的短处所出卖。

弗雷德狂妄自大，自以为比任何人都聪明。他将自己名字改变首个字母后用作虚构公司的名称。他认为自己的策划如此精密，根本用不着去彻底地销毁证据。在越来越多的证据面前，他仍能继续为自己圆谎。他在最后向破产法官做总结陈述时，还热情激昂地说像他那样聪明的人，如果真干了什么坏事，也肯定不会留下任何证据。当然，正如在开始时没人相信他对自己的工作一无所知，在结案时也没人会相信他因太过聪明而不会犯罪。

皮特才真的是老奸巨猾。要不是那张 50 000 美元的支票引起了我的怀疑，他便会神不知鬼不觉地逃之夭夭。和弗雷德不同，他作案不留任何痕迹，他不需要保留战利品或记分卡来纪念自己作案得逞，所以不会留下任何证据。我一直都觉得，那 50 000 美元是因为弗雷德允许皮特偷窃而获得的回扣。

事后想来，我猜想皮特当时正预谋离婚，因此想对妻子隐瞒那笔钱。如果他将那笔钱作为婚姻共同财产分给妻子一半，我便不会想到去约见他的妻子，也便没机会听她谈起退回的存款以及丈夫的新房子，也就没有将皮特移交至联邦调查局的理由了。

在舞弊调查中，你需要跟着感觉走。如果你感到有什么不对劲，那就一定有问题，即使你说不出原因。舞弊审核师要善于将所有疑点联系起来。

只有通过调查大量的细节，才能最终查明舞弊。在本案中，财务报表和会计记录都是伪造的，如果不追溯审查原始凭证，我就不能发现虚假的报表和会计记录，如果我一开始就审查原始凭证并将其与会计账簿进行核对，我也不会发现这起舞弊，因为公司有两套账，一套是根据原始凭证记录的，另一套是根据弗雷德的需要伪造的凭证记录的，目的是编制出好看的财务报表。要想查出舞弊，唯一的办法是从会计核算过程的一头开始一直追查到另一端，在本案中，就是从破产财务报告开始，一直追溯到原始凭证。

查清了弗雷德的舞弊行为并将案情资料整理完毕后，我已经用完了调查时间，差一点就让皮特逃脱了。如果我还有时间的话，我会从联邦快递的原始运送单据查起，从会计记录查到破产财务报表，一定能揭露皮特的舞弊行为。

回头来看弗雷德和皮特留给人们的印象以及人们对两人的评价，我不得不提醒大家：舞弊就是欺骗。当我们怀疑有舞弊发生时，不能先作出主观假设，不能被假象蒙骗，因为越成功的舞弊会越容易欺骗大家。不管是人工编制的还是计算机生成的报表，和真实情况都可能大相径庭。

§防患于未来之建议§

1. 所有者舞弊问题

故事叙述到此，我本该就如何预防所有者舞弊提出建议，遗憾的是我提不出什么建议。发生在公司中的串通舞弊可以打败所有的控制措施，尤其是公司高管人员之间的合谋。

戈弗设计公司中的串通舞弊已经持续了多年。我也曾多次目睹公司的所有者将公司的资产攫为己有的行为，这就是所谓的纳税舞弊。这种舞弊除非被税务机关发现，否则一般不会有其他的受害者对舞弊者进行投诉。

一般说来，人们往往毁于自身的贪婪。舞弊者对不劳而获的外快会变得不能自拔，他们会越贪越想贪，直至被发现。我处理过兄弟之间的、夫妻之间的、合伙人之间的各类案件，几乎在所有的案件中，开始的时候都是双方串通舞弊。当一方的所得多于另一方时，问题便出现了，分赃较少的那一方便开始争夺应属于自己的“公平的份额”。说到本案，也许正是因为弗雷德分赃多于他的合伙人，导致戈弗公司遭到起诉，最终破产。

2. 检查性措施

所有者舞弊虽然无法预防，却是可以通过检查发现的。常用的检查方法包括对当事人的生活方式进行审查,或者是仔细比较企业的投入和产出。记住“罪行隐藏于细节之中”。以自助洗衣店为例,如果其一个季度所耗用的水和电相对于收入来讲过量了,那么有可能是洗衣机的工作效率过低,也可能是所有者每天晚上下班的时候都把收入的现金拿回了家。

3. 彻查破产财务报告

在本案中,如果一开始就对破产公司的财务报表进行了彻底的分析,也许能更早地侦破舞弊行为。每张明细报表都有会计系统输出的数据作为佐证资料,使这些明细表看似准确,但各个明细表之间却不能核对相符。例如,现金支付明细表上列示的现金支出总额与银行账户汇总表上的支出总额不相等。有些明细表自身是平衡的,但在不同的月份却不能核对一致。这些报表的使用者众多,但拿到报表的各方从未对报表给予充分的重视,直到公司被盗空。

在戈弗进入破产程序的前几个月里,弗雷德表现得非常勤奋。他多半是想赢得监督各方的信任,同时他也掌握了系统的运作方式。经过几个月的良好表现后,他似乎进入了两个月的试验阶段——提交的财务报告所依据的会计数据存在小额差异和虚假数字,这些轻微的异常没有引起人们的注意。在后来的两三个月里,不断发生小额现金被转出公司之事,如果这些盗窃之举被及时发现并归还窃取的现金,这种小打小闹还可以被原谅。然而,这种情况并没有发生。

4. 关注细节

在这个自动化、预算削减、时间不足、信息冗余的社会环境下,专注细节、关注偶尔暴露的细微矛盾比在任何时代都更为重要。预防重大舞弊发生的最好方式之一便是将舞弊消灭在萌芽阶段。

6

请张开警惕的双眼

Check, Please

彼得·帕里劳

每个工作日都会有数百万人在破晓时分醒来,然后冲澡、穿戴整齐去上班,朱莉·里佐也不例外。她每天早晨6点15分从公寓出发,赶上6点20分从布鲁克林到曼哈顿的公车。到站后,她就到第五大道第45街街角处那家卖咖啡早点的小摊买一份早餐:一大杯咖啡、有一层薄薄奶油芝士的微甜面包圈。她匆匆将早餐装进牛皮纸袋,继续沿街往前走,进入办公大楼,乘电梯到五楼,7点准时到达办公室,每天都像钟表一样精确。进了办公室后在办公桌边坐下来,边喝咖啡边吃面包圈。之后,一天的工作就开始了。她的日常工作包括核对银行对账单、审核发票、检查库存水平、下订单、接电话、开支票等。

朱莉在记账方面很有天分,高中时便很擅长簿记学。高中最后一年时,她决定不再接着上大学,而是选择毕业后立即工作。但由于缺少实践经验,她知道自己很难找到工作,便找到做珠宝批发生意的叔叔多米尼克,问他是否需要人帮忙记账。恰巧多米尼克不善于记账,正准备雇一名值得信任的人来帮他。机缘巧合,朱莉一毕业便到叔叔的公司做记账工作,在那个岗位上一做就是十多年。

如果你见到朱莉,一定看不出她是个能犯罪的人,她看上去就是一名每天勤奋工作以维持家计的普通女人。她与丈夫结婚15年了,有两个孩子,过着幸福完美的生活——至少看起来是这样。

古德黄金批发店位于曼哈顿中心,它的规模虽小,但在珠宝批发方面做得十分成功。多米尼克进口最好最纯的黄金,客户是许多知名的零售商。公司每年的毛利大约为1 000万美元。金店共有8名专职雇员,节假日出货量增大时会再雇10名兼职人员。在8名专职雇员中有6名都是亲戚,包括朱莉。公司在业界非常受尊敬,有很长的经营历史,是珠宝区最信得过的批发商。20世纪60年代,多米尼克的父亲创办了这个公司。在那个年代,人们做生意十分注重信誉,名声要重于利益,一次握手便等于立下合同。多米尼克信任自己的员工,相信他们在工作中会尽心尽力,诚实正直。

§杂乱泄露天机§

我大学毕业后便到曼哈顿的一家小型会计事务所工作,这家事务所主要为企业提供会计服务,这份工作使我获得了丰富的经验。事务所位于中城大厦,从22层的办公室向外俯瞰,美景尽收眼底。这家事务所虽小,却拥有不少知名的客户,因为它们可以得到事务所的特别关照和优先及时的服务。事务所也有一些小客户,包括几家小型珠宝批发商。

古德黄金批发店是我最早接触的客户之一。第一次见到多米尼克时,我感觉到他的握手坚定有力,一看就知道是一位诚实的生意人。朱莉非常安静,只在你问她问题的时候才说话,她好像是在默默地琢磨着我,分析我的业务能力。我看得出来,她很聪明。

我每次到古德黄金工作,朱莉都会在一旁帮忙。有一个月,由于时间安排方面发生了冲突,我需要提前一周完成古德黄金的工作,朱莉做事很利索,我相信她肯定能准备好我需要的资料。我给她的办公室打电话,却立刻被转到了语音信箱。她留言说要出去两周,如果事情紧急,请联系多米尼克。我把这一情况告诉了我的经理,他说这样的情况很少见,朱莉每次休假一般不会超过两天。我给多米尼克打电话,问他我能否去公司拿需要的资料。

“过来拿吧,不过她的桌面乱糟糟的。”他说。

到达古德黄金后,我按下门铃。我走进古德黄金店,身后的防盗门立刻关上了。多米尼克在里面等着我。他把我带到朱莉的办公桌前,转身笑嘻嘻地对我说:“祝你好运!”

多米尼克说得没错。她的桌子上的确很乱,满桌子都是文件和纸张,还有几杯没有喝完的咖啡。朱莉的一个堂兄在国外要结婚了,多米尼克不仅给她买好了去参加婚礼的机票，还准许她在那边多呆几天，算是送给她的意外惊喜。

幸好我知道自己需要的资料放在哪里。可当我开始寻找资料时，才知道并不像原来想的那么容易。我于是决定先将桌上的文件整理归档，心里想着朱莉一定会为此感谢我的。在筛选资料的时候，我用朱莉的笔为各种文件做上标记，有时把名字写错了，就用笔头上的橡皮擦掉重写，对此我并未多想。我整理完发票后，就开始整理银行对账单。我打开一个由银行寄来的信封，有几打支票掉了出来，对此我也没多加考虑。在检查已注销支票时，我注意到有两笔给美国运通公司的付款，还有几家我不熟悉的供应商公司。我再仔细查看了一下支票，在备忘栏发现有两个信用卡号，我以为是多米尼克开的两个账户。但在向多米尼克求证时，他却说："没有啊，我为什么要开两个账户？管理一个已经够麻烦了。"我当时没告诉他我的发现，觉得还是先做些调查比较好。

§难以察觉的涂改§

收拾好朱莉的办公桌后，我把需要的资料装进了公文包。对于我的发现，我努力说服自己一定会找到合理的解释，自己现在只是反应过度。朱莉已为人妻，还是两个孩子的母亲，怎么可能窃取自己亲叔叔的钱？我瞥了一眼日历，我还有四天的时间来找出答案。

我回到事务所后就直接去了复印室。我复印了从朱莉桌上拿回的全部资料，并从发票开始检查分析。许多付款项目都是为支付天然气费、电费、保险费、运费、专业费等而发生，还有几笔其他杂费支出，如运输途中及保管存货时使用的塑料袋。一切都看似正常。

我接着审查银行对账单和已付款支票。总共有30多张支票，因为美国运通公司的那几张支票有些异常，我先把它们暂时放在一边，继续检查其他支票。其中有些供应商我很熟悉，是几家出售家居装饰用品的目录邮购服务公司，我想也许是多米尼克在那些公司订购了一些东西。不过为了谨慎起见，我还是将此疑问列入了问题清单。我继续检查其余的支票，发现支付电话费和电费的支票各有两张，而且开给电话公司的支票备忘栏里有两个账号。

我整理出本月的已付款发票，找出了电话记录，电话费与其中的一张支票相吻合，电话费已经全额支付了。我给电话公司的客服部打电话，耐心地听着电话里的彩铃音乐等待对方接电话。

"您好！我是特蕾西。请问您的账号是？"

我一边支吾着一边手忙脚乱地找支票，"请问您的账号是？"她再次问。我读了支票底端的号码。

"米勒先生，请问我能帮您什么忙？"她问。

"我想确认一下你们记录的地址对不对，不知道是什么原因，发票一个月比一个月到得晚。"

"我正在看您的账户，您的付款总是很及时。是不是因为换了新的邮递员？"她说。

"也许吧，但我没见到那位邮递员，所以也不确定。"我回答。

我开始回忆以前与朱莉的交谈。我们都在布鲁克林长大，她还曾说过她家住在班森大道。

我问接线员："你确定地址是对的吗？是班森大道吗？"

接线员轻扣键盘，片刻后回答："没错，是班森大道 2551 号。"我放下了话筒，心里清楚这是一个敏感的问题。要想证明朱莉到底在做什么，我还需要搜集更多的证据。

我把所有的支票信息都填入了 Excel 表格，包括支票号码、收款人、金额、备忘栏信息、对应的发票号码。我将有问题的支票做了标记，然后将这些支票的全部信息在我的硬盘中做了备份。因为我只有四天的时间查清事实，我得再去一次古德黄金。我将资料的原件和复印件装入公文包，离开了办公室。在我走进古德黄金店的时候，开始思索该怎么和多米尼克说。我心里明白，在没拿到足够的证据的时候，还不能向他透露太多的信息。防盗门再次在我的身后关上。我知道，如果我沿着这个思路做下去，结果又是错的，自己很可能被解雇。当多米尼克从我身边走过时，我说我刚才忘了拿一些资料，问他是否知道朱莉将那些资料放在哪里。"你到她的抽屉里找找吧，我可不想再到她那里找东西了。有一次我用了一下她的笔，她老是爱用那些该死的可擦掉笔迹的笔，写下的字总会变得模糊。你可以随便去翻她的抽屉，如果能再整理一下，就算是给她做了一件好事。"

我坐到了朱莉的办公桌前。我打开了第一个抽屉，看到的是一些私人用品：一双正装皮鞋、一些护发品、各类杂志。我把这些东西从抽屉里拿了出来，我注意到一些杂志的名称和支票上的名称一样。在我差不多把抽屉里的东西都清理出来的时候，看到抽屉后面有几个文件夹，我解开了一个重要的谜底：一沓空白发票，多家供应商的发票，包括出售办公用品、修理服务、清洁服务、信差服务、虫害防治等各类公司。我第一次找到了有力的证据。

遗憾的是，我只能找到七个月的资料。公司其他年份的所有资料由多米尼克保管。我列出了所有的供应商，并注明支付给各家的款额。我惊讶地发现，在过去7个月里，朱莉窃取的现金可能达到32 000美元，我不知道她这样干了多久。我将这些资料放进了我的公文包，我知道我可以向经理汇报了。我对多米尼克说我准备回家，并问他第二天有没有时间见个面。

"当然了。什么事？"他问。我告诉他有几笔交易可能有问题，但我还需要再研究一下。第二天早晨，我乘坐早班车赶到曼哈顿，六点钟到达办公室，办公室还空无一人。我打开灯，为自己冲了一杯热咖啡，将搜集的资料印了几份，等着经理罗布的到来。经理来到办公室后，我告诉他古德黄金出了一些问题。他叫来洛丽复查我整理好的资料。洛丽是高级合伙人，在舞弊调查方面富有经验。我对洛丽做了一些解释，朱莉收到银行的注销支票后，就擦掉原先的供应商名称，填上虚假供应商名称。洛丽建议，我们下一步是筹划一下与朱莉面谈。我向洛丽提了一个建议，因为我已经复印了朱莉尚未篡改的支票，所以应该等朱莉回来，待她篡改了那些支票后，我们便能得到全部所需要的证据。

"好主意。我们现在要做的就是让多米尼克参与我们的调查。"洛丽说。我给多米尼克打了电话，请他到我们事务所来一趟。他来到事务所后，我陪同他一起来到了会议室。我们都各自就座。洛丽开始讲话："多米尼克，我们发现了你的公司有一些可疑的活动需要让你了解，彼得会把他的发现详细地告诉你。如果你有什么疑问，我们会尽力解答。"

我开始详述我的调查结果，并拿出相应的证明资料。多米尼克听罢非常震惊，"我该怎么做？我要解雇她吗？"他问。

"不，我们希望你现在什么都不要做。"洛丽说。

“什么都不做?!”他大声地喊起来,“我怎么可能什么也不做。”

我告诉多米尼克,我们希望等到朱莉周一回来上班,她可能再次篡改支票,这样我们便可以与她当面对质。虽然极不情愿,但他还是答应下来。我下一步要做的就是回到古德黄金,把资料放回原处。完成这项任务轻而易举,朱莉的桌子本来就是一团糟。接下来就是等她回来了。

§真相大白§

星期一早上我本打算早起,结果却晚了一点。我盯着表足足看了几秒钟——7:30!我从床上跳起来,赶紧穿好套装。赶上了下一班火车,差几分九点时到达了事务所。我拿了一杯咖啡坐到办公桌前,给朱莉打了一个电话。

电话响了几声后,有人拿起了话筒:“古德黄金店,请问您需要什么帮助?”是朱莉。我问了问她度假的情况,又闲聊了一会儿其他的话题,然后问她我可否在周四或周五去古德黄金工作。她有些犹豫,但还是答应下来:“当然,没问题。不过我得稍微加点班,周四应该能准备好。”“好,那到时见。”挂断电话后我松了一口气。计划如期进行。

星期三我与洛丽和罗布碰了头。洛丽直截了当地指示:“你要做的就是按计划拿到篡改后的支票和发票。一旦确认支票被篡改,立刻给我打电话,我和罗布马上去古德黄金问询朱莉。”那天傍晚,我在回家的路上想,朱莉会有什么结局,她叔叔完全有权起诉她,但他有勇气把侄女送进监狱、引起家族纷争吗?时间已晚,我得睡觉了。再过几个小时所有的问题都会有答案。

第二天早上,我醒来时感到了一股凉气。我来到了古德黄金,摁了门铃,朱莉很快就过来为我开了门。“你看,那些就是你要的资料,都准备好了。”她指着离她十英尺的一张桌子说。太好了,我暗想。但是我该怎样查看资料,怎样做到给公司打电话时不被她听到?这的确有点难。我开始查看文件,我看到了朱莉虚开的发票。我接着检查注销支票,果然被朱莉篡改。我需要给洛丽打电话,但怎么打?几分钟后,朱莉去了卫生间,我趁机赶快给洛丽打电话,却被转到了语音信箱,只好给她留言。大约一小时之后,我听到了门铃声,终于盼来了洛丽和罗布。见到他们二人,朱莉惊讶地问:“你们两个人怎么在这里?看来贵所给我们派来大人物了。”

洛丽回答:“你好,朱莉。我们来找多米尼克讨论一下税收选择问题,他在等我们,我们知道他在哪儿,马上就去看看他准备好了没有。”

过了不一会我就听到了多米尼克的声音:“朱莉、彼得,你们俩也来我办公室一起参加这个会议。”我看了一眼朱莉,耸耸肩,假装什么都不知道。朱莉先走一步,我在后面整理需要的资料:原始支票、篡改后的支票、空白发票、朱莉虚开的发票。

等大家都进了多米尼克的办公室后,我把身后的门关上,坐到朱莉的对面。洛丽看着朱莉说:“朱莉,彼得上周来过公司,发现你篡改支票,伪造供应商,谋取个人私利。”

朱莉打断洛丽:“我什么都没做。”

洛丽也不示弱:“在你说出更多对自己不利的话之前,我建议你先听彼得说。”我将自己的发现告诉了朱莉,告诉她我知道关于虚假供应商、空白支票、多重付款的事情。朱莉扫了一眼资料,环视了一下屋子,似乎想为自己辩解。我意识到她有可能编出逼真的谎话,就对她说:“朱莉,我有那些支票的复印件。”

她看了我一眼,又匆忙移开视线。我更明白地告诉她:“朱莉,我有那些支票的复印件,我知道你做过改动。”朱莉马上变了脸色。知道自己的罪行败露,她两眼发红,忍不住哭泣起来,多米尼克也跟着哭起来。我想他一定很难接受侄女竟然会偷自己的钱。他对朱莉说:“你把事情的前前后后都告诉大家:什么时候开始的,怎么做的,我们看看该怎么解决。”

在接下来的几个小时里,朱莉告诉我们她几年前就开始了偷窃,当时是用公司的钱为自己订杂志。她解释说:“只要一切看上去按部就班,没人要求我们付款,多米尼克就会认为一切正常。我意识到用公司的钱为自己买东西非常容易。”

朱莉共虚构了50多家供应商,从印刷商手里订购空白支票,然后用桌边的打字机在支票上写上需要的内容。为了避人耳目,她每天都提前来上班,或在多米尼克下班后迅速作案。听完她的细述,多米尼克问了最后一个问题:“你总共从我这拿走了多少钱?”朱莉低下头说:“我不太确定,大概300 000美元左右。”

在过去的十多年里，朱莉完全有可能够偷走几十万美元。多米尼克问洛丽，他该怎么做。洛丽给出了几个建议，包括起诉朱莉。多米尼克摇摇头说：“我有更好的解决办法。朱莉继续在这里工作，但工资减半，直到还清债务为止。你们帮我看着朱莉，我希望她不要重蹈覆辙。如果她不思悔改，我只能把她送进监狱了。”对于这个结果，大家都感到很意外，尤其是朱莉，她抱着叔叔又开始哭。在我收拾资料的时候，多米尼克把我和洛丽拉到一旁说：“你们做得很好。从现在开始，我只要彼得为我们公司做事，其他人一概不要。”洛丽笑着说：“多米尼克，我明早给你电话，还有很多事要谈。我们需要讨论一下总账系统电算化的问题。”多米尼克作出很无奈的样子，说：“好吧，我又得花钱了。”洛丽和我看着他。多米尼克赶快说：“我知道，我知道。都是为了公司好。”

§ 经验与教训 §

这次调查让我明白，即使是亲戚也可能经不住诱惑去行窃。雇佣亲戚只会让那些误以为是亲戚便一定诚实可信的所有者产生虚假的安全感。

经过此次惨痛的教训，多米尼克认识到自己需要更积极地关注企业的各个方面。与朱莉谈话过后不久，他便在公司安装了计算机系统，使用专门设计的总账处理程序。他还收回了侄女的支票签字权，向银行递交了新的签名卡。

§ 防患于未来之建议 §

使用电算化的总账系统可以加强多项预防措施。市面上有很多便宜的、供小型企业使用的总账系统，但多米尼克选择使用定制的总账系统。他所定制的系统有以下几个特点：

(1)限制随意增加新供应商(防止虚增费用)和新客户(防止虚假退款)，只有多米尼克有权增加新的供应商和客户。

(2)提供关于供应商和客户变动的信息，以便提示这种变化。

(3)按月检查日记账分录及支票使用情况。多米尼克开始关心公司的财务方面,彻底检查各种财务信息。

(4)使用订购单,设置采购限额,杜绝计划外采购。

(5)比率分析。这种方法可以方便高效地跟踪查出异常的高峰值和低谷值,并查明原因。

(6)按月盘点存货。多米尼克要求每月月末实地盘点存货。另外,还要不定期地进行"突袭盘点"。

(7)计算机生成支票。在安装计算机系统后,多米尼克扔掉了以前的打字机、复印机,购置了能打印支票的多功能设备,通过为空白支票设置连续的编号,将空白支票上锁后存放于多米尼克的办公室,可以进一步加强对支票的控制。

(8)支票签字权。多米尼克收回了朱莉的签名卡,现在只有他一人有权签发支票。

7

“莫乔”——揩油“双胞胎”

The MoJo Skim Twins

约翰·F.克罗尼克

见到莫林·弗鲁格丽（“莫”）和乔安娜·布伦南（“乔”），你一定会以为她们是俩姐妹甚至是双胞胎。两人都是五十出头，都不烫发，发型毫不讲究。她们都是又矮又胖，走起路来摇摇晃晃，穿的衣服褶皱邋遢，像睡衣一样。

莫和乔的经历惊人地相似。两人都在新泽西州的蓝领区长大，两家只隔几英里，生活都比较困难，都在伴随着严重的通货膨胀的经济快速增长中艰难度日。他们都要精打细算才付得起房租、食物、水电费。莫的父亲是一名金属制造工人，母亲是家庭主妇，在家中抚养四个孩子。乔14岁时父母离婚，大部分时间跟母亲和两个妹妹住在一起。母亲是中学兼职教师，父亲在纽约做电工，离婚前就经常不在家。两人十多岁时都靠帮人看小孩来补贴家用，并因此攒出一些零用钱。

两个女孩都不爱学习。事实上，她们都只是勉强从高中毕业，靠着较强的处事能力找到了诊所接待员的工作，然后当上了簿记员，最后成为行政助理，负责办理保险索赔业务。两人因为工作的关系而结识。一次，乔找莫要一位患者的病历时两人聊了一会。经过几次接触后，两人决定一起吃午饭。她们发现彼此之间有如此多的共同点，于是相互诉说童年往事。莫还邀请乔过去做客，从那时开始，两人便成了密不可分的朋友。在之后的两年里，两人几乎天天黏在一起。不久，莫嫁给了鲍勃，乔嫁给了马文。遗憾的是，两人的婚姻都不大美满。

三年过去了，莫既没有得到升职，也没有涨工资，她觉得在诊所继续待下去前途暗淡。她向往更高的工资，希望得到升职。一天，她在招聘广告上看到全州最大的医疗中心克鲁索要招聘索赔付款管理员，这正好是莫熟悉的工作，在过去三年里，她在诊所一直负责填写保险赔付申请表并提交给克鲁索医疗中心。她很高兴自己也具有获得高薪的技能，于是向克鲁索提交了申请，接受了面试，她被录用了。

莫投入了索赔处理工作，逐渐熟悉了业务流程，很快便意识到工作量在迅速增大。不久，管理层提拔莫为理赔主管，并允许她再聘用一些帮手。莫一上任便请乔来克鲁索工作，乔想也没想就立刻答应了。她提交了申请，没几天就被录用了。“莫乔双胞胎”又在一起了。

莫和乔在克鲁索慢慢地向上爬着，偶尔休一次产假。她们一边工作一边抚养孩子，根本无暇享受生活。两人都没有给孩子应有的母爱，而是一心想着如何多赚钱来养家糊口。她俩的丈夫都很少往家里拿钱，纽约的消费水平又很高，付完托儿费和交通费之后，她们都难得有多余的钱在晚上到城里消遣一次。

一段时间过后，莫和乔都已经成了理赔业务方面的专家。克鲁索的工作量还是在不断增加，人手总是不够。管理当局感到他们需要重新考虑人事安排问题，希望通过培训建立一个高效率的业务团队来快速地处理理赔业务，这个培训小组的领导者当然是莫和乔。不久，莫乔培训组便开始工作了。

莫和乔在使用公司的实时理赔系统的过程中，练就了超人的寻找捷径的本领，她们知道如何消除系统瓶颈，加快理赔付款的速度。在一次培训期间，莫对乔说，她们完全可以在公司不知情的情况下伪造一笔索赔然后付款。她进一步解释说，培训所使用的索赔业务与真实的索赔业务是混在一起处理的，为培训索赔的付款支票要从付款支票生成系统中剔除，才是一天的实际理赔付款的总额。

“哇，公司甚至不会知道实际的付款总额，因为从来没人核对付款总数。”莫兴奋地说。

在克鲁索工作的15年里，莫从未见到公司的审计人员检查过理赔业务处理的细节，他们只是采用从理赔付款总额中减去培训理赔付款金额的方法来确定实际的理赔付款额，而培训理赔额是由莫提供的。如果能把培训理赔付款拿回家，那可真不错。乔忍不住想象着自己将会额外得到少则几百美元，多则几千美元的理赔款。“测试一下内部审计人员能否查出伪造的索赔和付款支票，一定很有意思。”乔说。“这样可以表现出我们对系统是如此的熟悉以至于能发现其弱点，会使我们很有面子。”莫接着说，“如果我们做成了，说不定还会得到升职的。”

“好的，试试吧。”乔同意了。于是，她们真的开始做了。

§跳得越高，摔得越重§

克鲁索医疗中心的总部位于纽约市，是全国最大的非盈利医疗理赔机构之一，已经运作了近50年了，在纽约州的其他几位城市都设有办事处。克鲁索对自己的规模以及在医疗界的地位颇为自豪。凭借着顶尖一流的计算机理赔处理系统和引人注目的理赔业务量，克鲁索在20世纪70年代达到了她的黄金时代，吸引了许多最优秀、最聪明的系统开发工程师、会计师、审计人员和理赔业务处理人员，拥有许多非常忠实的客户，其中不乏财富杂志1000强的企业。

自20世纪60年代开始至今几十年来，医疗费用开支增长了近8倍，州议会已很不愿意再为克鲁索增加预算，除非它能够证明自己在降低成本方面卓有成效。他们还要求克鲁索撤换外部审计师，建立内部自我检查机制和适当的营运方式，发现和消除公司中的舞弊、浪费及低效现象。新聘请的会计师事务所出具了一份管理报告，揭示了公司存在的许多营运方面的缺陷和管理方面的不足。于是，克鲁索进行了重大的改组，成立了新的董事会，任命了新的CEO，实施了新的管理程序，其中的一个重要方面就是加强审计的作用，让已有的信息技术审计（IT 审计）小组协助内部合规性审计组来揭查舞弊行为。议会还认为，克鲁索每年应该按照行业的平均水平查出占理赔总额1%～2%的欺诈性理赔额。克鲁索每年的理赔额大约有70亿美元，那么按照议会要求，每年就应该发现并追回至少7 000万美元的欺诈性理赔额。作为信息技术审计组的代理组长，我很清楚我们必须面对开发新的舞弊侦查技术的挑战。我们IT审计组共有7名审计人员，本来人手就不足，现在又增加了协助合规性审计部门揭查舞弊的任务。

§ 伪造身份 §

舞弊调查令一下发，我便被叫去和其他几位审计组长一起开会，讨论我们 IT 审计组的参与范围。克鲁索管理当局的态度很坚决，要求对公司进行一次彻底的清查，揭露出所有可能存在的舞弊。检查的范围包括索赔单位的资格确认、医师资格证书及有效性检验、合同审核、理赔申请检查，工作量确实不小，因为共涉及 15 000 多个单位，5 000 多名医生，10 000多份合同和 1 400 多万笔理赔。

合规性审计组成立了一个特别小组，与 IT 审计组一同审查数据库中的医生名单。此外，我们还要负责揭发理赔舞弊。我和两名下属一起编制了舞弊调查的实施方案和时间表。

我问自己，“我们应该从哪里入手?”，“最容易发生的理赔舞弊是什么?”我想，我们可以将索赔按照索赔人种类、医生、医院、索赔的类型等标志进行分类，我们决定从简单的开始。我说：“我们先编写一个能发现最简单的舞弊的程序，查一查医疗理赔中有没有男性做子宫切除手术的情况，如果有，那就肯定是虚假索赔。”于是，我们编写了一个计算机程序，检查过去六个月中所有的子宫切除手术，按性别分类，从中找出男性索赔人。还真灵！我们总共找出了五例这样的索赔，甚至还有一位患者是五岁的小男孩，我们的舞弊调查初获战果。我让下属进一步调查这五例索赔，看是否是编码错误。不到半小时，我的下属就拿到了令人啼笑皆非的结果——在过去的两年中，那个小男孩的确因子宫切除术获得了理赔，而且还是两次。更可笑的是，这两笔理赔是由一位过世的医生批准的，其中一笔还使用了克鲁索禁止的付款方式——邮政信箱。这后一笔付款可是太蹊跷了，它怎么就混进来了而且还得到赔付了呢？我们需要解开这个谜底。

经过一个星期的调查之后，我们的一名高级技术人员杰克·戈瑞尔来找我，我们就邮政信箱付款问题进行了沟通。他在支票生成系统中追溯这张赔付支票的过程中发现了一个问题，该笔理赔的批准人使用的身份号码(ID)是我们公司客户信息控制系统(CICS)中的临时 ID。也就是说，有人为了核准这一笔索赔而设置了一个临时的 ID(即克莱尔 37)。因为这个客户信息控制系统(CICS)实时处理文件,不会留下审计轨迹,所以基本上无法查出是谁设置了这个临时的ID。不过,有一件事情是可以肯定的:设置那个ID的人在克鲁索一定掌握着某种监督职能,拥有进入业务处理系统的特权。我们还查出了另外几笔由克莱尔37批准赔付的索赔,款项确已支付。另外还发现,有人先设置了一个临时ID,再用这个临时ID设置了克莱尔37,但两人的身份都尚未查明。

§暗中调查§

调查刚刚开始,我已经意识到我们可能会查出比预想的多得多的舞弊。我嘱咐我的团队成员对现在的调查情况要保密,没有我的允许不得向任何人透露任何细节。我把我们的调查发现与合规性审计组组长进行了沟通,如果我的初步推测是正确的,我们可能正在揭开一个大的内部舞弊团伙,我希望大家能够同心协力查明此案,收集并保存好相关的证据以备起诉之用。但是,现在我们还不能确定这些犯罪的人是公司外部的还是内部的,是黑客还是一些心怀不满的员工。

经过夜以继日的工作,IT审计组搜集到了CICS系统中所有的临时ID以及这些ID六个月来所处理的理赔。我们先按照理赔代理人将文件分类,再找出使用邮政信箱的理赔付款。要想将理赔付款发给一个邮政信箱,必定是公司内部掌握监督职权的人对处理系统实施了有意识的干预。但会是谁在操纵系统呢?为什么在理赔审核的时候没有发现这些异常呢?我们还是毫无头绪。我们决定将调查范围缩小至公司内部。我们知道,我们要找的人有权进入理赔系统,可以设置理赔代理人的ID,有权更改付款地址。

为了了解CICS系统的工作原理以及理赔付款的支付程序,杰克、比尔、合规性审计组长泰勒和我召开了一个会议,我们要与培训组长莫·弗鲁格丽谈谈,但莫把她的得力助手乔·布伦南也叫来参加这个会。

莫很直接地问我们为什么要关注这个问题。为了不暴露我们的真实目的,我告诉她们,检查系统的变化是我们审计工作的一部分,所以希望她们能帮助我们了解网上实时理赔处理过程。我的解释令两位女士感到不安,气氛有些紧张,她俩的回答句句都很简短。

“理赔代理人有权更改理赔的ID吗?”我问。

“不可以。”莫说。

“确定付款后,理赔代理人有权更改付款地址吗?”我进一步问。

“不可以。”莫和乔不约而同地回答。

“谁有权设置理赔ID?”我问。

“只有授权的理赔代理人和监督人员才有权进入CICS系统的操作区,权限由CICS系统操作中心的安全管理小组设定。”莫告诉我们。

不知道接下来应该再问些什么,我于是直面莫和乔两个人,问:“在CICS系统的培训区中,你们两人都有权监督理赔员,是吧?”她们对这个问题毫无心理准备,两人都很吃惊。

“是的”,莫吞吞吐吐地说,“但那是CICS系统的测试区,不是操作区”。乔看着莫,没有说话。

“总共有多少培训员有CICS系统的ID?”我问。

“10个,也许是12个。”乔回答。

“培训员能不能设置临时ID? 或再设一个ID处理测试中的理赔业务?”杰克接着我的话头问。

“在CICS系统的测试区,可以。”莫说。

“操作区呢?”我询问。

“啊? 不可以。”莫局促不安地回答。

“每天工作期间,有没有人找你们帮助解决工作中遇到的问题? 就是那些一般人员处理不了的问题? 你们有没有帮助处理过那样的问题?”我问。

“嗯,有过。”莫回答。看到我们已经找到了揭开谜底的线索,我们既感到不安又有些激动,莫和乔似乎在拖延调查。

“那么,你们是不是用操作区的ID进入系统,然后帮助解决实际理赔业务处理过程中遇到的难题? 除了培训业务以外,每天是不是也有其他人找你们帮助解决这方面的问题?”杰克问。

“我们尽力帮助处理那些难以处理的理赔业务。”乔含糊其辞地回答。

“那么你们帮助处理业务时使用哪个ID?”我问。

“是这样的,我们共有大约12个人会遇到处理这类问题的请求。我们用初始 ID 登陆，然后 CICS 系统会自动询问我们的理赔代理人 ID。理赔问题解决后便被转到实时处理系统做最后处理或付款。”莫回答。

我们还是没有找到头绪。我们一直在寻找确凿的证据，但至今还是想不明白为什么他们设置了理赔 ID 再删除后却没有留下任何踪迹。我本想莫和乔肯定能帮我解答这个问题，但令人沮丧的是她们俩不仅没帮什么忙，甚至成了我们调查中的一个障碍。会后，比尔要和我单独谈谈。

“我们与莫和乔交谈的时候，你有没有注意她俩的举动？你有没有观察她们回答问题时的面部表情和眼神交流？”比尔问。

“没太注意。我只顾想着提问了，拼命地要理清思路。”我回答。

“在工作中我喜欢观察人，我敢以名誉担保，那两个人心里有鬼。她们的回答不够直接明了，她们有些焦虑不安，而且还不敢直视我们的眼睛，这就是铁证。”比尔很有把握地说，“我敢保证：如果她俩合谋作弊，最后肯定会因贪婪而被抓。只要不犯事，她们就会继续干下去，这是人的本性。侥幸得到的越多，越会觉得自己无所不能。我们没能抓住莫和乔的把柄，所以她们肯定还会继续作案。记住我的话。”

“我们先查一查她们的理赔处理 ID，看看她们在过去六个月里都做了哪些理赔。”我说。

“我要去做个背景审查，搞清楚她们住在哪里？生活得怎么样？”比尔作出了决定。

比尔离开时，杰克正在等着见我。看得出来他很激动——而且一定有好消息。“我想我搞清楚了这些 ID 是如何设置的，又如何被不留痕迹地被删除了。我让系统管理员打开了上周 CICS 系统的登陆记录，在理赔 ID 中查找上周新设置的 ID，我们还着重调查了培训督导员处理过的理赔业务。”杰克说着，几乎无法控制自己的情绪。

“嘿，别吊我的胃口了，快说你发现了什么？”我问，恨不得要掐着他逼问答案了。

“我们很快便发现了好几个临时理赔 ID，它们都在处理完伪造的理赔业务后被删除。这些理赔 ID 均由莫设置，由乔删除。”杰克微笑着说。我简直不敢相信这是真的。莫在公司里工作将近 20 年，乔也只是稍短一些，她俩都是克鲁索的明星培训员，为什么会发生这样的事？

“给我看看你都找到了哪些证据。”我对杰克说，希望他能证实这些欺诈性理赔的具体操作过程。

“事情开始有眉目了。”杰克说。“要知道,莫和乔对系统是了如指掌的,她们在这个系统里几乎可以做任何事情。管理层完全信任她们,以为她们能够自律,她们于是就放开胆子利用系统作弊。很显然,理赔代理人培训主管可以设置培训的 ID,对其加以修改后就可以在 CICS 系统的操作区处理业务,只有理赔业务主管具有改变培训 ID 的使用限制的权限,她们利用这样的 ID 来生成理赔业务,可能是一笔培训业务,也可能利用真实的投保人账户,这个账户不需要交纳保费或投保人死亡造成索赔表没有被提交。怎么样,调查开始出现转机了吧!”杰克笑着说。

“我和比尔进行了秘密跟踪调查,”杰克继续说道,“发现一些付到邮政信箱的理赔付款虽然地址不同,但都是由同一个人去兑现的。比尔已经采取了措施,在美国邮政检查局的协助下,他已安排人对那几个邮政信箱进行监视,结果发现了一名罪犯到其中的一个邮箱取走了支票,监视人跟踪到银行,就在他拿到现金的时候被警察逮捕。为严重的后果所威慑,他坦白了一切,将罪责推到了我们的两位明星培训员身上。”

“现在我们知道她们两个是怎样作弊的,我们能拿出证据吗?涉案金额是否达到了检察官提起诉讼的要求呢?”我问。

“没问题。”杰克回答,“我们调查了过去 10 年的资料,计算下来,两人攫取了差不多 1 100 万美元。”

“天呐!”她们作案持续的时间之久令我震惊。“我们能核实多少?”

“嗯,这一点有些困难。我们只能证实在过去六个月里她们操作了 285 000 美元的欺诈性理赔。”杰克说。我让杰克整理好所有的调查记录,按时间顺序排列,详细说明她们作案的来龙去脉以便将她们绳之以法。与此同时,我给比尔打了电话,我们俩计划先与莫面谈,然后再见乔。我给莫打去电话,说我们需要占用她几分钟的时间核实一个理赔 ID,她迟疑地答应下来。

在我们对莫进行问询的过程中,她一直都板着脸,不坦白,也不承认。莫、比尔和我一起听了杰克对她们作案过程的描述。比尔告诉莫,她的同伙前一天取现时已经被捕,莫对此无动于衷。“你们什么证据都没有。”莫回应。

我们开始拿出证据,将她的 ID 链接到几笔伪造的理赔,还用登陆访问的记录证明她就是罪犯。我看到她的眼睛里闪过惊慌,但她什么也不说。比尔随后又提供了更多的情况。莫过着十分奢华的生活,最近刚在新泽西州一个富裕的郊区买了一栋房子,花了 5 万美元修了一个游泳池,光靠她的薪金是根本做不到的。她开着崭新的车子、享受着奢侈的度假、身上穿着昂贵的衣服。比尔一一道来,他的调查可谓十分彻底。莫没有想到我们竟然搜集到了这么多的信息,她很震惊,但还是什么都不肯承认。最后,我们对她说,她们的行为暴露了,如果不与我们合作,只能被逮捕、进监狱。比尔还提醒她,如果因行为失当或被起诉而被公司辞退,她将失去退休金。莫依然无动于衷。我们并不是在吓唬她,我们已经预先联系了警察,提起了诉讼,警察就在门外候着。既然莫不合作,我们只好把警察叫进来,给她戴上手铐送往监狱。

问询乔的过程稍有不同。对她们俩的问询是分开进行的,乔在另一个房间接受合规性审计人员与人力资源部的工作人员的问询。问询人员向她展示了我们收集的证明她们舞弊行为的大量资料。像莫一样,乔也害怕了,她也面临着失去退休金和进监狱的后果。后来,比尔加入了对乔的审问,他试图劝她承认自己的舞弊行为。但乔只承认自己做了些错事,对舞弊的细节却闭口不提。也许她和莫以前讨论过这个问题,也许她们认为即使被逮住,陪审团也不一定能理解她们复杂难懂的犯罪行为,有可能不会被定罪。乔也当场被捕,戴着手铐被带走了。

§罪有应得§

莫和乔在第二天即被保释,开始寻找下一份工作。在接受审判之前,莫就在另一家医疗理赔公司找到了工作,我们对此却无能为力,因为隐私权保护和雇佣法禁止披露对求职者不利的信息和未决的诉讼。好在最后我们的诉讼取得成功,两个女人都被判舞弊罪名成立,要在监狱服刑并赔偿损失。虽然她们没有全额偿还盗窃的 1 100 万美元,但至少从此被刻上了“重犯”的印记,她们也许连重蹈覆辙的机会也不会有了。我提醒自己记住比尔曾说过的话:违法的人不被抓住是不会罢手的。经验告诉我们,人类会不断地重复自己的过去,包括所犯过的错误和其他的一切。除非公司提高警觉,不然这类舞弊还会不断发生,让我们都付出代价。

§经验与教训§

这次舞弊调查使我认识到，在此类舞弊案件中，实际上医疗理赔领域的每个人都脱不了干系。我们发现员工、医生、医院、客户、投保人、投保单位、公司都或多或少与理赔欺诈有关，真让人有些头晕目眩。当然，这种严重的状况也帮助我们说服管理层对理赔的处理、监督、审计的程序进行彻底的改革，现在，克鲁索对于数据真实性和安全性的态度与以前相比已大不相同。

莫、乔的阴谋提醒我们，害群之马总是存在的，但我们却不能保证在损失发生之前就发现他们。克罗索需要加强审计和控制，采取更多的舞弊防范对策，系统检查是代替不了这些控制的，因为系统只是工具，会受到坏人的支配。

克鲁索与其他的医疗理赔机构有什么不同吗？没有，只是规模大些而已。遗憾的是，其管理层却试图通过工作量本来就已过大的内部审计和控制人员来阻止理赔中的舞弊，减少现金流失——这在技术上根本就行不通。

阿克顿勋爵曾说："权力生产腐败；绝对的权力，绝对会生产腐败。"的确，没有制约、没有控制、没有责任的绝对权利必定会导致胡作非为。作为明星培训员的莫和乔，本不该在没有任何审计控制和有力监督的情况下从培训区进入操作区工作，克鲁索得到的教训是惨痛的。但是，还有许多其他公司仍然完全信任某些员工，赋予其过大的权力，可以不受约束地活动，以为他们永远都不会做错事。人人都知道这是个愚蠢的看法，克鲁索的经历证明了这一点。

数百万美元的损失、州议会的训令，让克鲁索不得不重新思考其在审计和预防性控制方面的策略，在之前的舞弊自动测查系统的基础上，又开发了医疗行业最先进的软件以帮助公司防范舞弊。

克鲁索重新雇佣了一批管理人员和董事会成员改进系统，更换了会计事务所，聘请了一些专家顾问帮助管理层建立一流的舞弊管理和报告系统。在审计和控制方面进行了大量投资后，克鲁索从此焕然一新。

§防患于未来之建议§

这个舞弊案惊醒了克鲁索的管理层,他们获得的经验以及采取的措施给我留下了深刻印象。以下是克鲁索为对付舞弊问题所采取的其中几项措施。

1. 提高舞弊防范意识

克鲁索改变了对待舞弊的态度。管理层以前否认舞弊的存在,而现在则认为舞弊危险随时存在,要提高员工的舞弊防范意识,培训员工并鼓励其及时发现舞弊、报告舞弊。

2. 预防舞弊热线

克鲁索开通了一条免费热线,鼓励客户、员工、投保人及其他人在发现医疗舞弊时及时举报。克鲁索会根据举报人的要求保护隐私。

3. 审计和控制

克鲁索改变了以往的审计程序,聘请有资质的相关机构每年进行舞弊审计,要求现有及将来的内部审计人员接受培训,参与舞弊检查。另外,每季度都要对理赔员的 ID 进行抽样调查,禁止设立临时理赔员 ID,委托独立第三方监督理赔业务。

4. 背景审查

克鲁索要求在招聘员工时,要对敏感问题进行背景审查。

5. 职权分离:操纵区与培训拓展区职权分开

克鲁索曾是职权分离不到位的反面教材。受到教训后,克鲁索采取了严厉的措施禁止培训拓展区的工作人员在操作区活动,并建立了相应的审计程序来保证该项规定得到遵守。

6. 按季度重新认证关键的或有特权的系统用户

克鲁索每季度都要对关键的系统进行审查,重新对所有系统用户的职责权利进行管理认证。

8

家贼

The Mole

曼纽尔·佩雷拉

汤姆·格雷加入我们金融机构时已有4年的银行从业经验。他负责处理最机密的客户信息,在工作中要与顾客密切接触。有人说汤姆不太合群,一心想着怎么赚大钱;还有人说他是个花花公子,时不时地被传又与某位新员工结束了一段暧昧关系。

我对那些身处暗处的奸细一点也不陌生,那些乏味讨厌的内奸给情报机关的反间谍部门带来了无尽的烦恼。在上交了美国FBI证件、绝密许可证以及政府的配枪后,我觉得自己已经永远地摆脱了那种与间谍打交道的生活,可以在金融机构享受按时上下班的平静生活。我在情报局工作的时候,有五年的时间是在对外反间谍组(FCI),追查来自东德、苏联、捷克斯洛伐克的间谍。在柏林墙倒塌以后,我和其他FCI成员一样,也被分配到白领舞弊重案组,在那里度过了自己最后一段职业生涯。

我在一家只在加州营业的中型银行担任舞弊调查组的负责人,手下共有14名舞弊调查员。我们部门有三分之二的人员是警察出身,其余的人有的获得了刑事司法学位,有的从事过零售商店损失预防及理赔工作。

我们的工作内容大都是例行的事务,每天要处理的舞弊事项也都属于简单明了一类的。除了对付常见的造伪币者、洗钱者,我们还要追查信用卡窃贼、分手前获得了女友的ATM卡及密码的那些失意的前男友们、相貌酷似父亲又善于模仿父亲签名的任性的孩子,时不时地还会遇到几个偷钱包的扒手。上述各种各样的案子使我们的工作免于乏味,又都在我们的掌控之中。在我就职之前,银行由于这些不法事件带来的损失数额巨大,而且每年约以10%的速度上升,管理层迫切希望这种局势能够得以扭转。

我们采取了一些更加严密的调查措施，很快为我们银行赢得了这样的名声：不法分子从口袋中掏出假身份证之时也就是他被抓住之日。我们开始上门走访，就像在联邦调查局的时候常做的那样，不同的是现在我们不带武器，也没有徽章。我们这种一追到底以及咄咄逼人的调查风格虽然与金融机构的身份不大吻合，但确实卓有成效。在银行从事防范舞弊及伪造行为的生活对我们来说十分美好——至少我们是这么认为的。然而，在一月份寒冷的一天，我们却发现了一些新的情况，对银行得来不易的损失下降趋势造成了严重的威胁。

§ 盗贼猖獗 §

调查员们喜欢聚在一起谈论各自经手的案子，大家互相炫耀一番或者是发发牢骚，这也是大家挤在一起办公的为数不多的优点之一。从表面上看来，这种工作环境是不利于提高办公效率的，但事实上，如果调查员们都各自待在自己的办公室里，他们就失去了互相交流的机会，也就不可能利用日常沟通中的点点滴滴的信息来促进成功破案了。有一天早上，负责支票及信用卡舞弊的几个调查员照例来到了我的办公室，议论他们正在调查的一桩案件时所发现的一些令人困惑的巧合。

我听着他们的议论。他们都反映最近舞弊案件急剧增多，给银行造成了很大的损失，而这些罪犯的作案手段又极为高明。但是，与那些我们常在报上见到的华尔街大案里博学的罪犯们相比，这些银行领域的诈骗犯还远不能及。各分支银行经常打来电话，说有人拿着“Capival 银行”或“Stattes 银行”的银行本票来兑现。至少在加州，冒充白领的街头混混的拼写和语法极差，他们往往由于急于将伪造的支票兑现，不是忘了签字，就是忽略了支票上的磁墨字符识别行印刷出现了弯曲、重影或是没有对齐的问题。

在我们讨论这个令人担忧的趋势以及不断出现的异常情况时，有一点使我感到特别忧虑，即在三个案例中，诈骗犯都是冒充合法的客户，成功地从银行取走了大量的现金。诈骗犯几乎拥有所有必要的客户资料，包括驾驶执照，最恼人的是，他们甚至掌握了我们用来防止客户资金被盗的安全密码。安全密码一般都是采用一些无意义的词语，比如狗的名字、最喜欢的花什么的，我认为使用这些东西比使用母亲的婚前姓氏、生日这类易于破译的密码要更安全一些。拿着伪造或偷来的身份证，还能准确无误地向银行柜员说出我们客户的沙皮狗叫“图德尔先生”，虽然不是绝对不可能，但概率极小。可是，我们却因此而遭受了成千上万美元的损失，神秘的冒充者们不仅知道琼斯的狗叫“图德尔先生”，他们还知道史密斯的安全密码是“玫瑰的蓓蕾”，戈麦斯的安全密码是“史努基熊”，霍克斯的安全密码是“菊花”。虽然我离开冷战的战场已有多年，但有一点我还是可以肯定的，这些安全密码绝对不是猜出来的，我们银行内部有家贼，而且他们丝毫没有罢手的迹象。

§信息“快车道”§

在一个月的时间里，我们接到了不同的执法机构打来的四五个电话，他们在对超速驾驶者和车检过期者进行实地检查时，发现他们不仅藏匿被盗枪支和少量的毒品，而且还有窃取的金融信息资料，包括大量的信用报告、很多人的信用卡、ATM 卡及密码和支票簿。

在我们开始怀疑银行有家贼之后没过几天便又接到一个这样的电话，远在 100 英里外实施逮捕的警官说他发现了一些我们会感兴趣的文件。我连忙追问细节，他说他在搜查嫌疑人的汽车时发现了一些文件，看上去可能是“银行客户的资料”。

他说：“资料上面有你们客户的姓名、地址、账号、母亲婚前姓氏、出生日期、驾照号码、密码、账户余额。”

我不禁愣了一会，天真地以为是某个客户不小心扔掉了写着密码的银行对账单。我请他将收缴的资料传真给我。伴随着打印机缓慢平稳的嘀嗒声，我们睁大了眼睛、围在打印机旁焦急地等待着。从公司总部系统终端打印出来的资料出现在我们眼前：我们最不愿意看到的情况出现了，同时也证实了家贼的存在。

我们在办公室四周的墙上钉上了纸板，这里俨然成了作战区。我们列出了一大串持支票兑现的嫌疑人、诈骗犯的照片和有嫌疑的员工。随着调查的进行，案子涉及的范围越来越大。我们在近期发生的舞弊案件中发现了许多相似之处，让我们更加确信内奸的存在。我们在每个实施诈骗者的姓名下面列出受害者以及损失的金额。在外人看来，我们好像是纽约重案组在追查连环杀手，但我们的愿望是控制目前所面临的局面，我们必须和时间赛跑。经验告诉我们，直面将内部作案者送进监狱的压力要比一无所获好。

案情全面展露之后，我们便使用比较先进的工具，通过计算机监督跟踪银行柜员所做的账户查询。经过几天的努力，我们发现几乎所有的损失都与一名一年前被招进银行的员工有关。遭到侵害的账户大约有近40个，一名在电话业务中心负责解答客户疑问的接线员接触过其中的30个账户，他自然是我们锁定的目标。但是，仍有近10个账户他似乎没有接触过，这一点使我们不能肯定他是不是唯一的罪犯，是否还有更多的参与者。

我们必须凭证据说话，我们需要找到更多的证据。我们从路检警察收缴的账户资料查起，却越检查越糊涂，因为我们的主要嫌疑人根本没有接触过这些遭到侵害的账户。这些账户资料上的客户信息与数据库中的数据大都能够核对无误，但有些信息完全不靠谱。客户的账户平均余额本来只有1 200美元，但没收的资料上却显示有1 000 000美元；住址信息中所在的街区正确，但城市又不对；账号是正确的但社保号码却是错误的。

我们继续检查、推理，寻找有关内奸的线索。一个刑事司法专业毕业的同事突然问了一个似乎毫无意义的问题："在什么情况下员工可以改动客户的账户信息而又不留有痕迹呢？"他站在桌子旁边盯着那些资料看，脸上带着古怪的表情。

以前当警察的那几个人不耐烦地看着他。其中一个还转过来看着墙上越来越复杂的情况，说："要是我们把时间都浪费在这种愚蠢的问题上，那肯定抓不到那些坏家伙。"

学刑事司法的毕业生看上去有些沮丧，我却觉得该认真地思考一下他的问题，至少要做出重视的样子。我思考了一会，回想起刚来银行时度过的漫长一周。我抬头看到了刑事司法专业的毕业生，他微微地摇着头，脸上带着狡黠的笑容，看来他也在思考。

我把手搭在那名前警察的肩上，对他说："事实上，那不是个愚蠢的问题。在银行柜员的培训课上,你可以在一个账户上增加100万美元,随意更改地址,你可以想干什么就干什么。在这些培训课程中,他们使用的是真账户。伙计,这些资料是某个人在刚上岗时从培训课上得到的。只要我们能够确定嫌疑人名单中哪一位接受培训的时间与这些资料的打印时间相吻合,就知道谁是家贼了。”

我们第二天上午便叫汤姆过来问话。警察收缴的银行客户资料被盗的时间正是汤姆参加柜员培训课程的时候,也正是他进入过清单上40个遭到侵害账户之中的30个。我们将我们的怀疑与联邦调查局及美国首席法官办公室进行了沟通,两个机构都允许我们做初步的面询,一方面他们不会因此遭到损失,另一方面他们也清楚比起可能剥夺自由的联邦调查员,舞弊的员工更愿向顶多让他们失去工作的公司调查员坦白。

谈话一开始汤姆就有些紧张,他的回答漏洞百出,面对我们的怀疑,他的辩驳苍白无力。但他很机敏:敢于和我四目相对并极力保持冷静和若无其事。我向他说明了我认为在目前情况下对聪明的玩家来说最好的选择,就是抓住机会向权力机构坦白并揭发同伙,而不是等着被同伙揭发。我告诉他我们已经完全掌握了他的所作所为,何去何从就看他怎么选择了。在两个小时的谈话里,我们不停地问他“谁做的?为什么?做了什么?在哪里?什么时候?”之类的问题,他变得焦虑不安起来。

“你想让我说什么,为自己编个谎言吗?你想让我撒谎吗?好吧!告诉我你要我承认什么?”

“看来就是你了。”我暗想。我又往他跟前凑了凑,使我们两人的膝盖之间只有几英尺了,我不露声色地侵入了他的个人空间。“你会为我而撒谎?你会仅仅因为我的要求而撒谎说自己犯罪?”

他把目光移开,顿了一下说:“咳,我说自己什么都没做你也不相信,所以我最好认下罪来。你并不真的关心事情的真相,毫无疑问!”

他再次把目光移开,并将椅子往后挪动,看得出来他已经丧失了斗志和决心。我要趁此机会淡化他的罪行,让他觉得坦白对他有利。

“汤姆,如果你是此案的主谋,那我现在肯定是在浪费时间,但我认为你不是,一定有人要你这么做。你想知道为什么吗?我们在此次调查中已发现的损失额非常之高,但你开的并不是雷克萨斯这样的豪华车。”

“那是肯定的!”汤姆回答。

“所以我得搞清楚：你是只把账户资料提供给了某个人还是无目标地向他人出售？”

大凡成功的问询总是会来到气氛骤然凝重的那一刻，谎话再也圆不下去了，嫌疑人还未开口坦白，肢体语言已经出卖了他，憋了好久的一口气终于吐了出来。

汤姆的肩膀垂了下来，叹了一口气说：“我不想进监狱。”

作为一名经验丰富的调查员，我知道嫌犯已经开始坦白了，较量算是基本结束。此时我应该做的就是保持沉默，是嫌犯流下悔恨的泪水的时候了。

“我不想进监狱，”他一面摇着头，一面再一次低声地说。房间里变得很安静，我再一次靠近他。我不打算开口说话，是该他表现的时候。我同情地朝他点点头，仿效着他的坐姿将身体向前探去，希望以同情和理解鼓励他坦白罪行。

终于有人开口说话了，但不是汤姆。银行的管理层派了一名观察员来参加面询，可惜的是他不知道何时该保持沉默。他忍受不了令人压抑的沉寂，终于忍不住开口讲话——他以为随便说什么都行。他问了一些跟案件完全无关的问题，使汤姆不再考虑自己可能面临的牢狱之灾、对孩子产生的影响、失去工作和自己的名声。汤姆很冷静地回答了他的问题，说完之后，他站起身来说了一句：“我说完了”，就径直走了出去。

我带着失落和忧虑的心情回到家里，这是我在完成一次重要的问询之后常出现的感受，尤其是当我意识到嫌犯的生活将被永远地改变了的时候。我知道汤姆虽然没有坦白，但已经无法逃脱，他现在也许正在家里来回踱步。我想到了他的儿子。我本人就是一个单亲爸爸，深深体会到生活有时真的很艰辛，也许他想通过舞弊来付清成堆的账单。我们从其他员工以及他的档案了解到，他不吸毒、没进过监狱或是长期待业，也没有对公司心怀不满想要报复。我们履行了自己的职责，及时地阻止了他的罪行。我们找到了家贼，可并不是每次都能如此幸运。

§贼王落网§

后来，一位联邦调查员告诉我，他们几天后就去了汤姆的家，汤姆很快便坦白了，供出一个叫拉斐尔·金士顿的罪犯。联邦调查员认为金士顿是这个由造伪币者、银行雇员、兑现支票者、诈骗犯、伪造文件制造者组成的犯罪团伙的头目。金士顿将汤姆招到名下，让他到银行找份工作，主要目的是窃取客户的机密资料。警察在突击搜查金士顿的家时，撞见了他的室友光着身子，魂飞魄散地跑出了厨房。后来，他成为审讯中对金士顿不利的关键证人，承认他在犯罪计划中负责制作伪造的驾照和假支票。另外，他们还让妓女、靠福利救助生活的母亲、小混混冒充客户到银行兑现，除了我们银行以外，还有几家银行也遭到了侵犯。

我最后出庭作证，陈述我们的调查结果。我向法庭说明了引起我们怀疑的问题，以及如何缩小调查范围并找到了汤姆。

在交叉询问时，金士顿的辩护律师问了一些意料之中的问题："你有证据表明你们的雇员直接将资料给了我的当事人吗？"

"不，我没有。"

"你亲眼看到你们的雇员把窃取的客户资料交给我的当事人吗？"

"不，我没有。"

"你在本案相关的文件上看见过我当事人的名字吗？能证明他与你们所调查的案子有关吗？"

明智的辩护律师应该事先看一遍案情材料，不应对答案没有把握的问题提问。如果金士顿的辩护律师能做到这两点，他就不会提这个问题了。

"是的，有一张伪造支票是开给你的当事人的，而且他也到我们的一家分行兑现了这张支票。"

诈骗犯们在拼写或打印时会很粗心，他们的秉性大都急躁而贪婪。他不该将支票兑现，尤其是对于那些说自己没有参与银行舞弊的人来说。

金士顿的一审无效。我后来才发现，累得筋疲力尽的人不只我一个，法官听说一名陪审员在傍晚审讯快结束时睡着了，因为法官有责任召集陪审员开会，询问谁在上周的审讯中打过盹，有三个人羞怯地举起手来。

审讯重新开始，这次我未被传唤作证。

除了在法庭作证的时候见过金士顿一面外，我对他没有更多的了解。记得他当时穿着挤满各种 NBA 队徽的名牌牛仔裤，看上去对诉讼一点也不在乎。后来我才了解到，他在阴谋攻击银行的时候还处于抢劫罪的缓刑期。经过二审，他被判51个月的有期徒刑。根据判决书，本案共有60多名受害者。金士顿被定了29条重罪，还需要赔偿近100 000美元的损失，另外5名涉案人员与检察官达成了辩诉协议，汤姆被判了6个月的徒刑。

§经验与教训§

我的一位老师很喜欢说一句话："早忏悔，多忏悔。"这些日子以来我常常想，既然身份盗窃的情况屡禁不止，那么当客户的资料遭到侵害时，我们也应该遵守这个信条。银行要让他们的客户知道，虽然已经想尽一切办法防止客户的数据泄露，但来自于所信任的人的伤害不易防备，对此大多数人还是可以理解的。社会保障局、税务代理人、信用机构、银行，甚至医院中也经常会有员工为了个人的私利而窃取机密信息。

我们与相关账户持有人进行了沟通，告知他们账户被侵害的实情，既没有推脱责任，也没有隐瞒真相。寄给他们的信上这样写着：

很抱歉让您的个人信息受到侵犯。知道是我们信任的员工陷我们于此种境地，我们既感到悲哀又感到震惊。好在我们很快就查明了罪犯，已经对其提起诉讼，检察机关也正准备提起公诉。我们已如数补偿了您账户中被盗的款项，希望您能谅解！

我们收到的回信大都表示理解，尽管有些客户在开始的时候很愤怒。毕竟事情的发生不是因为我们忘记锁门或是没有保护好笔记本电脑而导致的，我们只是不幸遭遇了家贼。有些客户愤愤不平地质问我们："你们没有做过员工背景审查吗？"我们确实做过，但这名员工并无前科。许多人都以为职业舞弊者一般都有着各种犯罪记录：比如小偷小摸、非法藏有管制物品、因贪污盗用受到起诉等等，但事实并非如此，数据显示只有7%的银行舞弊人员曾因犯罪而受到起诉。很多人都在不同的银行轮番就职，事实证明，汤姆换工作的目的就是从培训课程中窃取资料。但是，不论是人力资源部门、汤姆的部门经理，还是其他任何人，都无法在招聘阶段就断定他是一个潜在的罪犯，他跟你我一样走路、说话，并无明显区别。现在我们不得不承认的是，他是一个藏在暗处的内奸。

§防患于未来之建议§

1. 向员工介绍公司舞弊政策，让其意识到要想人不知，除非己莫为

在员工中营造舞弊侦查的威慑力是预防职务舞弊所必不可少的，公司要在政策上明确规定不能容忍的行为。我还告诉员工，他们所发的邮件、在任何终端上的操作、所拨打的电话都将被公司监控和记录。我还跟他们讲了以前一些员工得到的教训，他们的野心以及欲望的幻灭，然后带领大家学习有关银行舞弊和计算机隐私的联邦法规。我让大家知道，银行里的摄像机有的能看出来是摄像机，也有的看起来可能像钟表或烟感器。

2. 加强监督

我们新采取的一项措施是定期提供一份特殊报告，显示每个柜员查询与业务无关的账户的次数。我们指派了一名调查员对这个报告进行审查，并对高分者进行调查。有的人在刚开始的时候也许是受好奇心的驱使，只想瞟一眼老板的薪水，隔壁邻居一个月存多少钱，或是查查旧情人的资料，但这样的好奇心不加控制就会发展为侵犯客户的隐私。人们在进行科学研究和空间探索的时候，好奇心是必不可少的，但对于银行业和客户隐私来说，好奇心万不可有。

9

狂热的时尚激情

Her Passion for Fashion

贝丝玛拉·凯斯勒

博比·吉恩·多恩莉出生于密西西比州的乡村,卑微的出身却造就了她坚强的意志。她出生在一个蓝领工薪家庭,家里有六个孩子,她排行老四。童年时,她只能穿哥哥姐姐穿过的旧衣服,一直活在他们的阴影之下。

由于公立学校实行分区招生政策,博比·吉恩和密西西比一些家世显赫的学生成为同班同学。那些穿着名牌衣服的女孩总是百般折磨、凌辱她,她们口里不断地哼唱着:“可怜的、可怜的博比·吉恩,衣服总是不干净!”年幼的她觉得自我形象一落千丈。面对困境,好斗的她并没有屈服,经常和欺负她的女孩们在操场上争吵。后来她学会了用聪明才智代替拳头,她有了自己朋友圈,初中和高中时也都挺受大家欢迎。

高中毕业后,博比·吉恩带着摆脱贫穷出身的决心离开了密西西比州,她梦想着有一天能够出人头地。尽管还不知要靠什么谋生,她还是只身去了纽约,通过一家临时工中介找到了一份工作。幸运之神眷顾了她,博比·吉恩的第一份工作便是在一家大型时装零售商的设计公司做临时工,后来,她成为公司的全职员工。三年后她便进入了管理层,担任时装经理行政助理整整八年。最后,她跳槽到现代时尚有限公司,获得了高薪的职位。

加入现代时尚时,博比·吉恩刚刚结婚,和丈夫一起搬到了新泽西的郊区。她的新家非常漂亮,摆满了高档精致的家具。房子非常宽敞,应有尽有,包括游泳池。

在博比·吉恩看来,形象就是一切。她费尽心思让大家以为她的家庭十分富裕,还欺骗同事说她的家庭在密西西比十分显赫。她的故事很有说服力,没有人会怀疑。她总是从头到脚穿着最流行的服饰,爱玛仕、普拉达、古奇、香奈儿、路易·威登都是她的最爱。她每天都穿着最时尚的衣服,让同事们羡慕不已。她收藏的鞋无人能及,有好几百双都是周仰杰和莫罗·伯拉尼克设计的名鞋。终于,对时尚的狂热追逐将她带入深渊。

现代时尚有限公司总部位于密苏里州堪萨斯城,是一家有数十亿资产的顶级时装零售商。1970 年,史蒂文·卡姆莫德和黛博拉·卡姆莫德两兄妹共同建立了这家公司,起初它并不起眼,只是大城市郊区的一家小型家庭式的店铺,但后来它逐渐发展成为在全国有 2 000 多家连锁店的顶级时装店。

在开始经营的初期,史蒂文和黛博拉只雇了几个信任的朋友和顾问。在头五年里,公司就是由这少数几个人管理的。

随着公司规模的扩大,需要更多人手来满足公司日益增长的业务需求。公司连续八年高额盈利,卡姆莫德兄妹趁势招揽了许多时尚界赫赫有名的人物,组建起一个精英团队。两年后,公司上市。几年下来,现代时尚已发展成为部门众多的超级公司,在全球有 75 000 名员工。

罗恩·道森负责公司的设计部,那是个节奏快得不可思议的引领潮流之地。他手下有 40 名骨干设计师和设计承包商,还有一个由 20 人组成的后方管理团队提供各种专业支持。设计团队的工作地点在纽约,距离位于堪萨斯的公司总部有 1 000 多英里。

罗恩一加入现代设计公司便立即着手为自己物色一名行政助理,他知道有一名值得信任的得力助手是非常重要的。罗恩在纽约时报的分类广告栏刊登了招聘广告,不久简历便如潮水般涌来,成千上万的求职者都争抢着要加入时尚界。在筛选简历的过程中,有一个应聘者脱颖而出。博比·吉恩·多恩莉在时尚企业当了多年行政助理,富有经验。面试时,她那富有感染力的个性也给罗恩留下了深刻的印象,他立刻决定聘用她,博比·吉恩也毫不犹豫地接受了这份工作。

罗恩与博比·吉恩似乎是天然的心有灵犀,一见如故,在一起工作时间不长,两人的关系就变得牢不可破。罗恩对新任助理的信任与日俱增,博比成了公司里的人谈论的中心,“博比·吉恩太有魅力了。”他们说。

罗恩去堪萨斯总部时也毫不犹豫带上她。在公司总部，博比·吉恩得以与所有高级经理的助理及其他行政管理人员接触，从应付账款管理部到最高管理团队，她给大家留下了美好的印象。

鉴于博比·吉恩得到了广泛的好评，罗恩迅速将她提拔为办公室主任，这个职位使她的责任和权力都得到了极大的提升。现在，博比·吉恩不仅要协助罗恩的工作，还要负责管理其他行政人员，编制并审核设计部的预算。罗恩对预算的管理一向不大喜欢，博比非常乐意代替罗恩处理这些琐碎的财务工作。罗恩最不喜欢审核下属提交的费用报告，便把费用报告的一级审核责任授给了博比·吉恩，只要博比·吉恩说费用报告是真实有效的，他就会在上面签字。罗恩在出差或工作繁忙的时候，偶尔也会让博比·吉恩代他签名。

§他们不只是懂得时装设计§

我加入现代时尚公司的时候博比·吉恩已经在公司工作三年半了。随着业务量的增长，管理层决定建立一个强有力的内部审计部门，于是我被招聘到公司。我们内审团队主要做一些比较简单、常规的差旅费用审计，一般不会查出特别重大的问题。

我们确定了一个审计计划，检查公司的差旅费政策是否得到了遵守，确保费用处理和支付环节的内部控制充分有效。内审部门对员工和交易活动都采取抽查的方式进行审查，对员工主要抽查年度内报销费用数额巨大的人员，对发生费用开支的交易活动进行随机抽查。

我们对交易活动的审计与对员工的审计所采用方法和标准有很大的差别。在对交易活动进行审计时，审查的主要目标是审查其是否符合公司的规定，是否经过合理的授权和批准，开支是否合理等，这方面一般不会发现重大异常，而对员工个人的审计发现的问题更多一些。内部审计人员要检查被抽查员工一年来的费用报告，根据其在公司的职位来判断其费用开支是否合理，是否存在不合情理的业务活动。不久，公司设计部的业务处理方式便引起了我们的注意，好几个员工的费用报销方式都颇具创造性——他们一次提交的费用报销报告中包括多次费用开支，足见他们的创造力不仅限于时装设计方面。

一天，审计部的主任审计师迈克·斯图尔特抱着一堆文件来到我的办公室，他在向我说明他所检查的费用报告的具体情况时颇为激动。

"你看看这里，"他说，"至少有六个人不提供具体费用开支的单据，而是使用美国运通公司的账单来报销费用，在这些账单上，你根本看不出支出的合理用途，还有一些账单一看就很离谱。"

迈克给我作了进一步的说明，我们发现这些账单有一个共同点：一份费用报告总是包括一个月的费用开支，再加上下个月的滞纳金，就是说这些费用报告是一个新旧费用掺和在一起的费用报销单。实际上，至少有三名员工都将一笔开支报销两次，其中一人的滞纳金单据明显是伪造的。

迈克说这三名员工都属于纽约设计部的成员，我于是请他将纽约设计部全部的费用报告都拿来进行检查。我和迈克翻看着资料，发现了越来越多的疑点。

我们发现有几位员工的报销单据中包括纽约市的出租车发票，如果他们是在曼哈顿的不同地点执行公务，出租车费用是可以报销的。在我们对这些出租车发票进行检查时，发现其中的一些发票是在同一天由同一辆出租车开出的。

我生在纽约长在纽约，深知在纽约叫到出租车已属不易，在一天之内两次叫到同一辆出租车实属不可能，更不用说一天之内多次乘坐同一辆车了。纽约的出租车管理很规范，每辆车都有电子计价器，可以打印发票。发票上载有出租车的牌号，我们就是根据这个号码才发现那些发票来自同一辆出租车的。车牌号下面显示的出租车的行程次数编号，好多发票上的行程编号是相连的，这一点非常值得怀疑。我们还发现前一张发票的下车时间和后一张发票的上车时间相隔很短，甚至有五六张发票的编号是连续的，仔细一看，可见前后两张出租车发票的撕开处也恰好吻合。

迈克和我还发现了好几份餐饮收据被重复报销的情况，他们把在餐后拿到的详细消费账单和信用卡支付餐费的收据分开，分别拿去报销。偶尔有人将两张单据上的小费和总金额稍做改动，使作弊行为看上去不那么明显。

"纽约设计部谁今年报销的费用最多？"我扫了一眼报告，向迈克问道。

"办公室主任博比·吉恩·多恩莉,到目前为止她今年已经报销了115 000 美元。"迈克回答。

"她的上司罗恩·道森报销了多少?"

"大约40 000 美元。"

博比·吉恩报销的费用竟然比罗恩的高出如此之多,令人感到奇怪。另外,在我们刚才发现的那些欺诈报销中都可见到她的名字,这也让我感到不安。

我与公司的总法律顾问弗雷德·杰克逊见了面,把我们的发现向他作了说明,他也认为我们需要对纽约设计部的费用报销情况进行彻底的审查。我们下一步的审查范围要更广,我可以肯定的是,对博比·吉恩的费用报销必须进行彻底的审核。

§诈骗五人帮§

迈克和我开始坐下来认真研究我们的审查策略。设计部提交的费用报告多得吓人,对每一份报告都进行详细检查根本不可能。我们决定先弄清楚设计部的组织结构和日常活动内容,然后再对每个员工提交的费用报告进行初步的审查,这样我们就可以查明哪位员工报销费用的金额或费用发生的规律与日常的业务活动不符,然后再作进一步的分析。

迈克和我与负责安排设计部财务预算的杰克·史蒂文斯进行了面谈,他在纽约总要花些时间与罗恩、博比·吉恩以及其他成员接触,通过他可以了解他们各自的职责,深入了解设计部的运作方式。

"你们必须要明白,设计部搞的是艺术而不是科学,所以他们预算中的许多费用看起来都有点不寻常。"杰克在开始时便提醒我们。尽管杰克在会计和财务领域受过正规的训练,他承认自己也会被设计部的预算中的各项费用搞得头昏脑涨。

杰克在向我们详细介绍设计部的组织结构和预算情况的过程中,他说设计部的主要任务是为公司设计新产品。设计部的成员可以到世界各地旅游,感受各地的时尚及生活潮流,激发创作灵感。在旅行途中,他们可以实地感受当地文化,进行娱乐消遣,尽情地购物,还可以购买一些纪念品,免得在返回公司后失去灵感,他们称这些纪念品为"样品"。回到纽约后，设计人员会借鉴这些样品举办发布会，向公司的客户进行展示。杰克给我们看了许多发布会的照片，它们的确充满了新意！新的创意就是从这里产生的，新的产品就是这样诞生的。

与杰克的会面使我们获得了调查所必需的信息。我和迈克一起对大量的费用报告进行了筛选，在之前我们已经决定审查的三名可疑员工的基础上，我们又挑出了六名需要详细审查的员工。

我们认为最好的方法是使用交互式数据提取与分析审计软件（IDEATM）展开审查，但由于费用报告是手工填写的，所以操作起来比较困难。另外，工作人员在填写费用报告时十分粗心，进一步降低了分析数据的效率。九名员工提交的费用报告跨了几个月，要据此确定设计部的全部业务活动的确不是一件容易的事。迈克和我都感到有必要安排几个人专门开发一个数据库，详细列出费用开支情况，以便为我们的审查打下良好的基础。我们的付出得到了回报，这些数据好似巫女占卜用的茶叶一样，让我们看清了每个人未来的命运。其中四个人报销的费用看来基本正常，另外五人的报销明显存在问题，需要加以纠正。

塞斯·沃伦、乔治·米勒、罗宾·西蒙斯、罗斯·沃勒、博比·吉恩·多恩莉五人有组织、有规律地一次性地列报多次发生的费用。我和迈克戏称他们为“诈骗五人帮”。通过使用 IDEA 软件，我们很快就查明了重复报销的费用，然后将有问题的费用报告挑出来一并进行审查。比如，数据库显示金额为 123.42 美元的费用出现过两次，我们就可以查找出现过这个数字的费用报告，我和迈克负责审查费用报告所附的开支收据。这样一来，我们很容易便查出了一笔费用重复报销、甚至是多次报销的行为。塞斯看起来相当大胆，在七个月中他竟然将一笔 132.86 美元的汽车保养费报销了五次。

我和迈克根据收据上的详细信息，用 IDEA 软件找出了付给同一供货商近似金额的费用报告、发生在同一周的费用报告、同一天多次发生的同类费用。查清了五人使用相似手段各自虚报的费用之后，我们将五人作为一个团伙来分析其费用数据，又发现了一些虚报的费用。比如塞斯和罗宾在一起出差在饭店吃饭时，其中一人用信用卡付款，另一人拿着消费详细账单到公司报销餐费，声称他们是以现金支付的餐费。在使尽各种手段后，诈骗五人帮共虚报了 75 000 美元的费用。

其中博比·吉恩虚报了12 000美元。我对她所报销的费用数额之大还是觉得有问题，就用IDEA软件将她报销的费用进行分类，我吃惊地发现她报销的费用主要是样品采购费，这在我看来很不正常，说明博比·吉恩作为业务经理，也能和设计人员一样周游世界，决定着服饰潮流的走向。我对她购买的样品进行了查看，受到的冲击非同小可。常有人说我是“时尚方面的外行”，所以对博比·吉恩购买的名牌衣服、鞋、小饰品我并没有什么感觉，但它们的价格却让我印象深刻。一双周仰杰的鞋750美元，一条爱马仕的围巾875美元、一款普拉达的钱包1 250美元，所有这些看上去都是设计人员为公司购买的样品，都与某种产品的设计相关。

我用IDEA软件找出了博比·吉恩的全部差旅费，以便弄清楚她的样品采购是否和设计人员的出差旅行相关，我想这样至少可以证实她拥有的权力比我们认为的要大，证明我没有理由对她报销的费用进行怀疑。使我感到意外的是，她有几次真的和设计人员一起出差。我还发现了她到伦敦的一次旅行，似乎证明她对设计部的作用的确不可低估，这次旅行好像是罗恩派她到伦敦对12名学生进行面试，为公司招募实习生。在为期一周的招募活动中，博比·吉恩花费了6 000多美元。她在伦敦最豪华的饭店款待实习生，还有一次郊游花费了1 368美元。如果这些费用开支是虚构的，罗恩在检查预算时肯定不会予以批准。

我再次面见了公司的一般法律顾问弗雷德·杰克逊，向他通报了对每个人的调查情况。我们一致认为，罗恩来堪萨斯城时，我们一定就我们的调查结果和他好好沟通一下。我还从未见过这个设计天才，他无疑是现代时尚公司的传奇人物。弗雷德提醒我与他见面时要注意保持优雅的风度：“创作家们一般都比较敏感。”

罗恩极具魅力，像一阵风似的飘进了会议室。弗雷德为我们做了介绍，罗恩明确地表示他不喜欢审计人员，但他很友好地说他不是针对我的，不过他显然没有兴趣和我交朋友。我和弗雷德将诈骗五人帮虚报75 000美元费用的事情告诉了罗恩，对下属的行为罗恩感到非常失望和厌恶。他说塞斯是个诡计多端的人，所以他对他的行为并不感到惊讶，但其他几个人确实让他感到意外，最让他失望的是自己信任的业务经理博比·吉恩。

“我给她付那么多的薪水，她为什么要窃取那区区的12 000美元呢?”他不解地问,“她的家族是那么的富裕,我真不理解她为什么还要盗窃钱财!”

罗恩十分难过。但他知道史蒂文和黛博拉要是知道他的部门窝藏了这样一些靠不住的员工,一定会很不满意的。

接着,弗雷德抛出了一个“猎捕计划”。商量过后大家决定由我和弗雷德到纽约与每个人见面,给他们一次为自己辩解的机会。不过,博比·吉恩有点麻烦,因为她正在新泽西郊区的家里休产假,我和弗雷德在纽约期间必须要想办法与她联络。

§为生活“设计”§

我和弗雷德周三一大早就来到了纽约的设计部。我们两都穿着公司发的西装,与周围人的打扮很不协调,他们都穿得很休闲,很时髦,而我们俩则完全相反。罗恩和我们打过招呼后,立刻把我们引进一个小巧高雅的会议室,房间的窗户是落地式的,窗外景色宜人,房间里陈设着许多我从未见过的艺术精品。罗恩把我们介绍给了人力资源总监安妮·斯克利,然后我们一起讨论了与塞斯、乔治、罗宾和罗斯的会面计划,安妮会陪同我和弗雷德参加会谈。

与乔治和罗斯的谈话很快就结束了,他们对自己的所作所为供认不讳并承担自己该负的责任。罗宾的脾气有点坏,她极力反抗,否认自己的不法行为,直到我们把所有的问题费用报告摆在她面前,她才肯低头认罪。

塞斯的表现则完全不同。罗恩已经提醒我们,他很狡猾。当我们拿出证明他舞弊的证据时,他的反应是非常愤怒指责他的助手无能。他故弄玄虚地说自己做事没有条理,根本想不出我们指控他玩弄的诡计,他只是把一堆乱糟糟的收据交给助手,让她分类处理。

“她不是个很聪明的人,”他说,“这些都是无意间出现的差错,错在她身上。”

尽管塞斯极力推卸责任,但他的解释不能自圆其说。我和弗雷德向他询问将收据交给助手的详细过程,他解释不了为什么助手会在处理过程中重复报销,除非他是一张一张地将收据重复地交给助手。塞斯、乔治、罗宾、罗斯当天便被开除了。

下午两点半，罗恩、安妮、弗雷德和我重新聚在会议室，讨论如何处理博比·吉恩的问题。虽然罗恩觉得自己遭到了背叛，但还是希望我们能让博比·吉恩体面地离开现代时尚公司。最后，我们决定由弗雷德和我到她家去一次，向她说明我们的调查结果，告诉她公司允许她休完产假，但产假结束后立即辞职，不再返回公司工作。罗恩和安妮离开会议室后，我和罗恩便着手为下一步的行动做准备。

在准备给博比·吉恩打电话时，我决定再问罗恩一个问题。我来到他的办公室，他正和安妮谈话，我打断了他们。

"我真不愿打扰你们，罗恩，但是在给博比·吉恩打电话前，我需要问清一件事，你认为她一年的报销的差旅费大概有多少？"

"每年大概 10 000 到 12 000 美元吧。"他回答。

我的心一沉。我接着说："如果我告诉你这个数额是 100 000 多美元，你是不是很吃惊？"

罗恩气得发昏，"怎么可能！你在说些什么！?"

我告诉他，她报销的大部分费用是样品采购费，并列举出她所购买的一些样品。罗恩平静地直视着我的眼睛，努力地压住怒火，低沉地说："她没有权力采购样品。"

我和弗雷德认为应该立即开除博比·吉恩，在查清她的涉案金额后再作下一步的打算。我们给她打了电话，告诉她我们发现她报销的费用中有 12 000 美元是虚构的。博比·吉恩很自信地为自己辩解，坚持说是我们搞错了。她解释说她的工作量很大，所以偶尔可能会重复报销一笔费用，如果真有这种情况发生，那纯属无意。弗雷德接着告诉她，我们发现她报销的费用中有很大的数额是不合法的，我们怀疑是用于个人消费的。博比·吉恩慎重地反驳道："你们一点也不了解我对设计部所做的贡献。"

弗雷德告诉博比·吉恩她已被开除，我们会做更多调查，之后再决定下一步的行动。挂电话前，弗雷德还建议她为自己找一名律师。

我和弗雷德于周三晚上返回堪萨斯城。我们审计部利用周四和周五两天的时间分类整理博比·吉恩的费用报告和收据，并编制了一个目录，准备下周让罗恩详细查看。

周一早上，我拖着两个提箱飞往纽约，箱子里装着审计部精心整理的费用报告及相关收据。罗恩和我说好在他借来的一个办公室见面，地点距离纽约设计部很远。看到那两个提箱罗恩踌躇了片刻，但还是很热情地把我邀进了漂亮的办公室，从这间办公室能俯瞰到整个中央公园。他递给我一杯咖啡后，我俩便开始工作了。

我从提箱中拿出按时间顺序排好的资料，和罗恩一起逐个查看。在之后的两天里，我可以说在时装方面接受了一次速成教育，还出乎意料地同罗恩同心同德。我们将博比·吉恩报销的费用分为三类——看上去合法的、明显欺诈性的、存在疑问的，我们两人对博比·吉恩明目张胆的诈骗行为都很气愤。罗恩很快就认出许多衣服、鞋子和配饰样品都是博比·吉恩上班时常穿的。

现代时尚公司规定员工在报销费用时要详细注明开支的用途，费用报告上要有上司的签字。罗恩很惊讶发现自己的签名竟被伪造得如此逼真，每张费用报告上都有模仿他的签名，但如果将其与他亲笔签名的文件放在一起看，还是能发现伪造签名的异常之处。有罗恩在时装方面的指导，我很快识别出博比·吉恩的许多收据与费用报告上的说明不一致。在见到罗恩之前，我根本不知道周仰杰只销售鞋子、手袋和小配饰品，博比·吉恩提交的好几张收据上都写着所购买的物品是周仰杰的外衣和裤子。罗恩看了收据后告诉我收据上标着的“7.5码”是指鞋码，而非衣服的尺码。时尚界的业内人士很容易识破这种骗人的把戏。

在看到博比·吉恩那笔去伦敦面试设计专业实习生的费用时，罗恩几乎要失控了。他翻开日历，确认在那个时间博比·吉恩正和她丈夫在伦敦度假。

经过最终的汇总，博比·吉恩在两年半中涉嫌舞弊的金额高达275 000美元，占她所报销费用的95%。

我打电话将调查结果告诉了弗雷德，我们都认为应该通知纽约的地区检察官，就是否要对博比·吉恩的行为提起刑事诉讼的问题征求他们的意见。我们的案子被指定由助理检察官温迪·西蒙斯负责，我在曼哈顿市区温迪的办公室和她见了面，她连连赞叹我们整理的资料又有条理又详细，欣然同意起诉博比·吉恩。

几周之后，温迪给我打来电话，说她见了博比·吉恩和她的律师。温迪还说谈话过程中博比·吉恩表现出的自信令她印象深刻,她否认所有对她的指控,还说可以找出证人证明自己无罪。她称自己所购物品都是合法的,是经过授权的,属于设计部的正常业务。温迪说她需要见见那几个证人和罗恩,然后才能确定是否可以提起诉讼。

温迪与罗恩以及博比·吉恩提供的三名证人见了面,三人都是现代时尚公司的前雇员,其中杰基·亚当斯和约翰·布莱斯宁均因为工作表现差而被解雇,对罗恩怀恨在心;霍莉·威尔逊离开公司自立门户。杰基和约翰坚持说博比·吉恩是为公司采购,行为合法。但温迪很快作出结论,他们属于心怀不满的前雇员,不能担任有利于被告的证人。

温迪打电话告诉我她对博比·吉恩的案子很有把握,想和博比·吉恩及她的律师讨论是否愿意达成认罪协议。起初,博比·吉恩坚持说自己无辜,拒绝考虑认罪协议。罗恩和我向大陪审团作证后,陪审团决定审理对博比·吉恩提起的诉讼。博比·吉恩最后决定接受认罪协议以免去混乱的法庭辩论场面,她要在监狱服刑六至十二个月。

几个月后,我在失业法院出庭作证,证明公司解雇塞斯·沃伦属于事出有因。法官对塞斯很有耐心,让他对所谓的"失误"作出解释。法官听了他的解释后说:"先生,如果你想让我们大家相信你不是故意多次提交相同的费用收据、为一己私利预谋欺诈公司的话,那你一定指望我们大家都像你的那位'卖力工作的可怜助手'一样不太聪明吧?"一席话说得塞斯垂头丧气,也不像以前那么狡猾了。

我参加了博比·吉恩的审判听证会,她忧心忡忡地站在那里,没有了以往的自信。她此刻穿着廉价过时的衣服,正是她对时尚的狂热追求让她落到如此地步,想想这真是个极大的讽刺。博比·吉恩带着手铐被人带走,她一直低着头,甚至都没对丈夫说声再见。她离开后,我想到了她留在家中的孩子。不知道她是否为自己的所作所为感到懊悔,还是认为自己只是偶然被抓住而已。

§经验与教训§

这件事情过去之后,我和公司的管理层对此次事件进行了认真的总结,吸取博比·吉恩及诈骗五人帮的恶行得以实施的教训。我们都认为这个事件给我们提供了重要的经验和教训。

罗恩对博比·吉恩信任过度,给了她过大的权力,又没有约束。各部门、各层级之间应该相互制衡,领导人不得将自己的受托责任委托给他人。罗恩允许博比·吉恩在费用报告上签名,负责管理设计部的预算,这样一来,他这一级别的复核形同虚设,他失去了察觉诈骗行为的机会。

博比·吉恩既可以代表罗恩在费用报告上签字,又管理预算,她可以在编制预算时在"其他费用"或"杂项费用"中虚报预算。她可以将员工的费用控制在各自的预算内,以防变动过大引起罗恩对其进行进一步的详细审核。所以,她会将欺诈性报销费用编列到尚未超过预算的项目之下。

公司应当明确员工的职责,确定由谁在费用报告上签字、由谁负责处理报销业务。现代时尚公司费用报告上经理签名所代表的责任不清,我们不清楚经理的签名是表示批准该项费用合理,还是表示他已详细审核过费用报告及其支持凭证,证明该笔费用合法。管理层认为是前者,而差旅费处理人员则认为是后者。结果整个公司无人监控员工的费用报销。

从个人的角度来说,我和罗恩已成为关系很好的同事和朋友。尽管开始他对我比较抵触,但是,这一连串的不愉快事件倒让我们相互了解,成了朋友。另外一个意外收获是我的时尚品味得到了显著的提升。

§防患于未来之建议§

1. 差旅费用报告要有合法支持文件

我们修改了公司的差旅费政策,白纸黑字地对费用报销凭证提出了要求。我们要求使用原始文件,禁止使用信用卡对账单或复印件。这样可以防止员工将一笔费用多次报销。

2. 使用公司信用卡支付业务支出

我们现在要求所有员工都使用公司信用卡支付业务支出,这样做可以大大减少公司员工使用现金支出相关费用的机会,从而降低员工同时使用信用卡收据和详细账单进行重复报销的概率。

3. 培训差旅费系统处理员

我们已经对差旅费处理员进行了培训,教他们如何识别舞弊的危险信号。在对差旅费处理员进行培训时，我将“诈骗五人帮”所提交的真实收据及一些其他资料作为教材，向他们说明舞弊是怎么进行的，如何提高对各种阴谋诡计的警惕。

4. 更新技术

内审部门和差旅费处理部门都开始注重对 IDEA（交互式数据提取与分析）审计软件的使用，积极主动地从差旅费数据中发现潜在舞弊。差旅费处理部门制定了一份查账协议，要求系统处理员对报销金额较大的人员进行重点审查。就像我和迈克在从事内部审计工作初期所做的工作一样，他们按季度对异常的大额报销者实施详细的审查。另外，他们每周都要对费用报告进行随机抽样，按照审计的依据对费用报告进行审查。

10

昂贵的经济型公寓

An Unaffordable Complex

杰弗里·D.巴斯基

克里斯汀·克罗斯在很小的时候就随同父母移民到美国。作为家里的第一个大学生,她学习非常努力,在拿到会计学学士学位的同时,她也很自豪地通过了注册会计师资格考试,成了一名注册会计师。

毕业后,克里斯汀和吉米结婚,他们都在经济型房屋公司(Affordable Housing, Inc. 简称 AHI)工作,这是个为低收入家庭和老人提供住房的慈善机构,开发、持有并管理着大量的公寓项目。吉米在这个公司工作了几年以后,由于健康方面出现了问题,他便辞职了。

克里斯汀刚参加工作时是一名内部审计人员,两年后她晋升为财务主管。她性格好强,极想得到大家的尊重。在 AHI,她所有的下属都知道不能质疑她的权威,因为她已经不止一次因为意见不合而辞退员工了。

尽管克里斯汀晋升得很快,她仍然抱怨没有得到足够的赏识。她认为管理层并没有认识到她是多么精通业务,甚至没有意识到她是多么努力地为公司工作。她说她由于承受了太大的工作压力而患上了背部疾病,因此需要将工作带回家去做,这也正是她常常不在办公室的原因。

虽然家里的生活主要依靠克里斯汀的薪水,但她家的生活方式却很奢侈,比如,拥有昂贵的轿车、巨额的房地产投资和经常出境旅行。克里斯汀的哈利戴维森牌摩托车是花费了数万美元定制而成的。吉米拥有两辆摩托车,价值共计 3 万美元。他们还有四辆比较新的汽车和一辆用来长距离运送摩托车的拖车。

当北达科他州的冷溪镇进入冬季的时候,克里斯汀夫妇就会去温暖的地方旅行以躲避寒冷。克里斯汀还经常和AHI的同事们谈论他们奢华的境外旅行,夫妻俩曾当众陶醉于他们的佛罗里达之行,在那里他们住高档酒店,出手阔绰。

他们也为自己能送孩子去读最好的私立学校和昂贵的大学而得意。AHI的员工们都知道他们夫妇在孩子的教育方面是不计成本的。

大家都好奇克罗斯一家是怎样仅靠一份薪水来维持这么奢侈的生活的,然而,没有谁敢冒着丢失工作的危险来质问克里斯汀。

§经济型公寓其实并不廉价§

AHI公司是一个位于北达科他州冷溪镇的大型非盈利慈善机构,主要为当地的贫困居民提供服务。该组织的一个分支机构负责开发、持有并经营着约20个经济适用房公寓项目,向符合条件的低收入家庭和老年人提供低成本住房,租户的家庭总收入低于某个水平才有资格租住这种公寓。公司向租户收取相当其收入一定百分比的租金,然后由冷溪镇房委会支付剩余的租金。房委会的资金有一部分来源于联邦政府的拨款。冷溪镇房委会提供的补贴使得这个公寓项目能够在只向租户收取低廉的租金的情况下满足其运营成本。

住房补贴的记账工作很复杂,AHI公司要比一般的综合公寓项目保持更多的记录。关于租户收入水平的证明资料要定期核实,这一步骤是房委会的监管协议规定的,目的是保证租户的家庭收入符合规定的条件。公司需要向房委会提供月度报告,以便于帮助房委会了解应该向公司支付多少租金。

克里斯汀所雇佣的会计人员都没有多少工作经验,导致会计部门工作效率很低。再者,AHI管理层的主要目标是向社区居民提供住房服务,没有把会计部门和内部控制工作作为重点。缺乏经验的会计人员和复杂的报告要求,造成公司的会计记录既不及时也不充分,例如,银行存款余额调节表常常不能按月编制完成。

虽然AHI公司的管理政策和程序比较完备,但实际上并没有得到遵守,因而是无效的。克里斯汀的强势个性和会计人员的低素质给克里斯汀违反规章制度而不被发现提供了可能。克里斯汀要求接收邮件的人员直接把未开封的银行对账单交给她,这是违反公司制度的,这样一来她就有机会在其他人看到对账单之前销毁或者篡改相关的付款支票。根据公司的规定,任何支出都必须得到支出经手人以外的某个人的批准才能付出。然而在很多情况下,克里斯汀可以要求开出支付支票,然后再设法使相关的发票得到核准,如此这般,款项就汇到了她或她丈夫控制的公司。后来证实,这些所谓的"公司"其实不过是一些他们控制的银行账户而已,由 AHI 开出的支票便存入了这些账户。

§怪事连连§

AHI 公司的大部分廉价公寓项目的营运都只是在现金上略有盈余,只有雨林公寓项目是个例外。一直以来这个公寓项目从房委会得到的租金不断大幅增加,积累了大约 400 万美元的现金盈余。由于雨林公寓长期饱受渗水问题困扰,因而公司管理层决定对整个公寓进行整修,装修工程包括更换窗户及窗框和重新设计屋顶以消除渗漏。AHI 的内部建筑师艾莉森·克莱默和外部顾问做出了 200 万美元的工程预算,这一数额大大低于该公寓项目的 400 万美元的现金盈余。按照房委会的要求,管理层将这个整修计划提交给了房委会并获得了批准。

秋季的一天,艾莉森接到了工程总承包商和监理建筑师的电话,他们都在抱怨没有得到自己提请的款项,艾莉森随即就向克里斯汀询问这一情况。克里斯汀解释说,雨林公寓的资金结余已被投入股票市场,并且已经大幅缩水。她要求艾莉森放慢工程的进度以便使投放于股市的资金能在支付工程款项之前有足够的时间升值,同时,她要求艾莉森凡要启动超过 10 万美元的工程都必须报她审批。有关股票市场股价下跌这一说法纯属无稽之谈,因为将结余资金投向股市是违反房委会的监管协议的,但当时艾莉森并不知道这一事实。结果证明,这笔基金其实根本没有投向股市。

艾莉森向另外一名 AHI 雇员索取并拿到了有关整修工程的账单文件副本,检查了这些支付账单和提请付款凭证,她注意到有大约 70 万美元的付款没有得到她的审批,这个问题引起了她的怀疑。其中一笔没经过她批准的款项是付给建筑师的,但奇怪的是这个账单上的签字竟然是两个人的字体。艾莉森打电话询问建筑师后才知道建筑师根本没有收到这笔钱。她又联系了总承包商,锁定了几份已支付而承包商并未收到款项的账单。

这一发现使艾莉森备受困扰,便向上级主管报告了这一情况。管理层担心的问题主要有两个:其一,事情涉及政府资金,公司可能要承担法律方面的后果;其二,如果公众知道 AHI 内部员工实施诈骗,AHI 面向大众筹集资金的能力会受到损害。

管理层咨询了律师事务所,他们建议公司应就此事进行一次全面的调查,然后采取适当的措施加以解决。于是,律师事务所把我推荐给了 AHI 公司,初步接洽之后我便开始了调查工作。

§雨林公寓的财务核查 §

我以面见艾莉森·克莱默开始了我对雨林公寓项目的核查,并从她那里获得了几份重要的文件,包括艾莉森·克莱默准备的从雨林公寓项目的账户支付的问题支票清单、批准后的建造合同副本、证明已付给建造商款项的提款申请单和变更指令等文件、经核准的建筑协议的副本等。艾莉森还提供了一份从克里斯汀家里发过来的传真,这份传真文件是所谓的经房委会“批准”的金额为 210 万美元的建筑合同,这个数字比与总承包商威廉姆斯建筑公司签订的工程合同的实际数额高出了整整 20 万美元。我又从会计部门取得了一些证明向威廉姆斯建筑公司和设计师马丁· 斯图尔特付款的发票和提款申请单等凭证,我和艾莉森一起对这些凭证进行了审查以发现其中是否存在非正常项目。

其中有一份大额的向 J&C 设计公司付款的发票,金额为 275 000 美元。这张发票名义上是向威廉姆斯建筑公司付款的提款申请单,但付款支票上显示的收款单位却是 J&C 设计公司,再由 J&C 设计公司付给威廉姆斯建筑公司。多年来我检查过无数份有关建造工程的发票和相关凭证,从未见过经由建筑设计公司将款项付给工程承包商的先例。

这份提款申请单本身也存在一些疑点。首先,申请单上显示的合同金额是2 350 000美元,比实际工程价款1 900 000美元多了450 000美元。更奇怪的是,申请单的金额与房委会批准的合同金额的2 100 000美元也不吻合。第二,申请单表明工程合同价款因为合同变更而增加了250 000美元,核准的变更金额为整数,这是很少见的。根据公司会计档案中真正的变更指令,变更的合同金额实际上是减少了约82 000美元,所以那份所谓的变更指令实际上是将合同价款虚报了332 000美元,变更后的合同价款总额(合同原始价格加上变更增加的款项)被高估了782 000美元。

接着,我获取了雨林公寓项目银行活期存款账户的银行对账单,该公寓整修工程的开支就是通过这个账户支付的,我立即发现这个账户已经开户三年了。我还发现,通过该账户支付的支票平均起来每月只有两三张,因此,我决定对通过该账户支付的所有支票进行审查。

在检查的过程中,我发现有很多支票似乎被篡改过或者干脆丢失了,我申请并获得了委托人的授权,同意公司的开户银行为我提供所有已付讫支票的副本。

按照我的习惯做法,我向艾莉森索要了AHI公司可能对我们的核查工作有帮助的员工名单,包括会计部的比尔·米勒。他是克里斯汀10年前雇佣的员工,那时他还在上大学,所以当时是兼职。毕业后,他作为全日制职工进入公司,从助理簿记员晋升到会计督导员,属于高级会计人员。最近几年,比尔负责为AHI多个会计主体编制提供给外部审计人员的财务分析书和财务报表的工作。在工作过程中,比尔注意到某些支票的收款单位他并不知道,即吉米金属制造厂和J&C设计公司。比尔给了我一份清单,上面列了7张向这两家供应商付款的支票,金额合计约62 000美元。他没有向管理层或外部审计师报告这一情况,因为他担心管理层忽略此事或因自己弄错而遭到解雇。

比尔还告诉我,他曾注意到一个名叫迈克尔·伍兹的外部审计师在审查雨林公寓项目的账目时有些紧张,而在审查别的公寓项目时他并不这样。而且除了比尔,AHI的其他人也发现了这个不正常的现象。大家在闲谈中得知,原来迈克尔·伍兹和AHI的一名员工有私情,克里斯汀也知道这个情况。AHI 的员工猜测克里斯汀正是利用了这一点迫使迈克尔对账目的疑点不予深究。

这时,我收到了银行提供的有关支票的资料,我决定对这些支票展开调查。我将银行提供的支票与公司会计档案保存的支票进行核对。因为现在我已经拿到了丢失的那些银行付讫支票的正本,所以,通过审查我发现很多支票都被篡改过。例如,银行提供的支票中有一张的收款单位是吉米金属制造厂,金额为 195 000 美元,但在 AHI 公司会计档案保存的副本上收款人却被改为“威廉姆斯建筑公司”。在对这张支票的背面进行察看时,我发现银行付讫时支票背书的内容为:“只能存入银行,吉米金属制造厂”,并附有账户号码。但在 AHI 公司的会计档案中,该张支票的背书却被改为:“只能存入银行,威廉姆斯建筑公司”,上面也有银行账户号码。根据这些情况,我推断这张支票是开给吉米金属制造厂的并被存入了它的账户,后来收款单位被改为“威廉姆斯建筑公司”,因为它才是 AHI 真实的供应商。

另外,除了两张支票以外,所有的丢失支票的收款人都是吉米金属制造厂、J&C 设计公司、吉米·克洛斯或者是克里斯汀·克洛斯,但 AHI 公司会计档案中的大多数以克洛斯夫妇或其控制的公司为收款人的支票均以相似的手法将收款单位改成了威廉姆斯建筑公司,金额都是 195 000 美元。通过核查公共部门的公司记录,证明吉米金属制造厂和 J&C 设计公司并未在有关部门注册,由此不难推断,J&C 就是吉米和克里斯汀的代号而已。

如前所述,支持这些付款的提款申请单都是以威廉姆斯建筑公司、吉米金属制造厂或者是 J&C 设计公司为支付对象的,支票的金额均大大超过实际的合同金额。向吉米金属制造厂和 J&C 设计公司付款的发票上既没有地址也没有电话号码,只有“服务已经提供”的字样,有些相关发票和提款申请单都不见了。

在接下来的调查中,我设法索要到向吉米金属制造厂、J&C 设计公司、吉米和克里斯汀付款的支票账户的银行对账单。经过计算,我确定自该账户开立以来共付出了 2 600 000 美元,其中有 1 550 000 美元是付给吉米和克里斯汀或者他们控制的公司的。

比尔建议我与 AHI 的另一位会计师卡尔·佩里面谈一次。卡尔向我介绍了公司的会计系统的一些情况以及账单的审批支付程序。他还向我透漏,克里斯汀给他做了一项“规定”:如果银行对雨林公寓向吉米金属制造厂和 J&C 设计公司付款的支票提出质疑,他必须向银行确认这些支票是符合规定的。卡尔给我提供了一些他所保管的票据,还提到了公司内部员工之间怀疑某些供应商的谈话,而这些供应商似乎都与克里斯汀和吉米有关。按照卡尔的说法,实际上公司已经有几位员工觉察到了问题的存在,只是不敢揭露而已。

然后,卡尔又描述了克洛斯一家的消费情况。他说克洛斯夫妇俩曾经给他看过他们价格不菲的家产的照片,包括轿车、摩托车、在佛罗里达州的豪华公寓以及为新房子准备的家具和装饰。

根据与知情人面询和书面审查的结果,我意识到 AHI 公司其他分支机构的活期存款账户的某些付款实际上都进入了克洛斯夫妇的腰包。于是,我找来这些年来的银行对账单、已付讫的支票和现金支出日记账并进行审查,对所有开给吉米·克罗斯、克里斯汀·克罗斯、J&C 设计公司和和吉米金属制造厂的支票都做了记录,对付给其他供应商的支票和相关凭证进行了抽查,以确定他们是否也与克罗斯夫妇有关。结果,我查明共计 2 480 000 美元的支票是付给了克洛斯夫妇或者他们控制的企业。

§各得其所§

在完成了对书面资料的初步审查和面询程序后,我咨询了外部法律顾问,考虑应当采取何种适当的方式来收回被克洛斯夫妇侵占的资金。法律顾问认为提起民事诉讼的证据是充分的。提起诉讼后,我立即要求法律顾问以法律程序索要关于吉米金属制造厂、J&C 设计公司和克洛斯夫妇的银行账户记录,通过这些银行记录,我掌握了他们夫妇在其银行账户上的存款记录,并可确定其中大部分存款的来源,其中包括从克洛斯夫妇其他银行账户划转过来的款项、由 AHI 支付的薪酬,再就是那些来自于 AHI 公司的欺诈性支票。对银行会计记录的审查使我避免了只审查 AHI 公司的记录可能导致的遗漏重大项目的风险。

在我的调查即将结束时，我撰写了一份提交给AHI的保险公司的报告，并为保险公司的调查人员提供了必要的配合，如回答他们的询问，提供需要的书面文件等。尽管保险公司按照保单的最高额度对AHI公司进行了赔偿，但还是未能完全补偿AHI公司所遭受的损失。

在此案的调查过程中，AHI公司的管理层和外部法律顾问均与我讨论过公司的外部审计人员的渎职问题。我建议AHI公司不要提起诉讼，而是和会计师事务所当面沟通，寻找适当的解决方案。双方最终达成了一致，AHI公司不对会计师事务所提起诉讼，事务所则为AHI公司支付一定数额的赔偿金。

当地司法部门也对吉米和克里斯汀夫妇展开了刑事调查，我与他们进行了很好的合作。司法部门给克罗斯夫妇开出了一个很有吸引力的条件——如果他们能够归还用AHI的资金购买的大部分财产，就可以获得从轻处罚，这样做对AHI公司是非常有利的。结果，克洛斯夫妇接受了这个条件，公司避免了诉讼和其他专业费用，最大限度地减少了损失，克里斯汀获判1到3个月的监禁，吉米获判6到12个月的监禁。

AHI公司卖掉了克洛斯夫妇交回的房产和其他资产，加上保险公司和会计师事务所的赔款，挽回了总损失2 480 000美元中的大部分。因为AHI公司向房委会退还了全部应退还的资金，房委会也没有对其采取任何不利的行动。幸运的是，这件事也没有对AHI公司面向公众募集资金的能力造成负面影响。

§经验与教训§

从道理上讲，这个已经水落石出的案例非常简单，不过是伪造发票和其他凭证，然后将款项付给虚构的供应商而已，因此，审查起来也是简单的。我需要做的只是使用舞弊审计的一些基本方法，例如，面询有关证人，审查并保管好有关的书面资料。但事实上，某些审查步骤实施起来并不容易，也很花费时间。因为AHI公司开出的支票数量很大，从银行索取支票副本需要等待很长时间，即便只是对公司其他银行账户的支出项目实施抽样检查也需要花费大量的时间。

审查的初期,公司显现出许多舞弊的迹象,克里斯汀和吉米的奢侈生活方式就是个线索,他们两人只靠一份工资怎能负担得起如此奢华的生活?克里斯汀之所以雇佣没经验的会计人员就是为了使其舞弊行为不易被发现。由于克里斯汀具有很强的控制欲,即使会计人员察觉到了克里斯汀的舞弊行为也不敢予以揭露。对于一个效率并不高的会计部门,克里斯汀拥有了太大的权力,这是应该避免的。

该案例揭示的另一个问题是会计记录不完备,记账总是不及时。掩饰欺诈的一种方法就是伪造文件,同时篡改其他凭证。伪造发票和提款申请单是需要时间的。如果某个工作人员把时间花在这方面,他就没时间做其他工作,造成记账不及时,而且常常是账面记录不完整。在账簿记录不完整的情况下,舞弊行为就难以被发现。另外,克里斯汀之所以把文件资料带回家,也许就是因为在办公室里制造虚假文件更危险。

§防患于未来之建议§

1. 职责分工

内部控制的一个重要方法就是实施职责分工。AHI 公司应作为一项制度加以规定,负责填写支票的工作人员不可以编制银行存款余额调节表,编制银行存款调节表的员工从负责接收邮件的员工手中拿到的必须是未开启的银行对账单。本案例中就有几个例子可以说明,如果有效地实施了职责分工这一控制措施,AHI 公司就不会遭遇如此重大的损失。负责接收邮件的员工不应将银行对账单转给克里斯汀,她不能负责与银行核对公寓整修项目的支出这项工作,因为她本人正是开出支票的人;银行存款余额调节表应由另外的人员编制,接收邮件的员工应直接将银行对账单交给他。另外,克里斯汀不能既负责开出支票,又负责审批付款发票和填写提款申请单。正是因为她一个人掌控了业务处理的许多方面,才为她伪造并核准虚构的发票、截留支票、销毁和篡改凭证以掩盖其舞弊行为造成了可乘之机。

2. 预算监控

建立一项能够监控整修工程或建造工程成本的制度对 AHI 公司是

很重要的,其中包括将批准后的整修或工程预算与实际发生的成本或预计成本进行比较,还应该规定,公司与工程总承包商应就双方的合同条款进行书面的确认。

3. 开通举报热线

AHI公司应该鼓励员工一旦发现舞弊就要敢于上报,为了达到这个目的,开通举报热线不失为一个好办法。如果举报者可以打匿名电话,那么雇员或顾客就更有可能举报舞弊案件。

4. 聘用有经验的会计人员

对于AHI公司来说,雇佣有经验的员工从事会计和内部控制工作无疑是很有利的,公司还应该雇佣专门的内部审计人员,负责监督AHI公司内部控制的建设和执行情况。

5. 会计资料不能离开公司

应该制定政策禁止会计人员在家办公。把重要的记录带回家会给员工提供粉饰或篡改文件资料的机会,导致欺诈行为的发生。

11

一笔税款的疑惑

A Taxing Problem

安德鲁·H. 考茨

安吉拉·鲍尔是家里六个孩子中最小的也是唯一的女孩。虽然不很漂亮,但她天性随和,无论到哪儿大家很快就会喜欢她。她属于社交型的人,常在下班后和大家一起去喝杯咖啡什么的,同事们也都很喜欢她。然而,她的交际能力对她的学业并没有什么帮助,她甚至连高中都没有毕业,不过,最后还是拿到了普通同等学历证书。随后的几年,她在当地的社区大学努力学习了一些簿记和商科的课程,但始终没有修满学士学位要求的学分。

尽管受教育程度不高,安吉拉还是掌握了许多企业经营方面的知识,在一家小型的建筑公司开始了自己的职业生涯。她被公认为是一个乐于助人的人,随和的个性使人们相信她是一个有能力的忠实的雇员。

安吉拉是在读社区大学的时候和她的丈夫唐相识的。唐在那个时候还没有充分意识到其实他和安吉拉真是天生的一对,他近乎天真的、怎么都行的人生态度和安吉拉的主宰天性构成了绝妙的搭配。正如唐后来说的那样:"一般都是安吉拉给我一定数额的零花钱,我可以自由支配,其他的事情都是由她来料理。"唐在一家小保险公司做电话转接员,这不是一个很有吸引力的工作,没有什么挑战性,但是很适合他。到 40 多岁时,他们已经有了两个孩子,生活也很舒适。和大多数中产阶级的父母一样,他们决心给孩子更好的生活,这个愿望对于安吉拉来说是一个强大的动力,她身边的任何人都能看出来孩子是她生活的中心。

安吉拉为一家名为阿加西斯的中型建筑公司工作了大约十年,从一个普通员工逐步被提升到主管应付账款的位置。她的职责包括为供应商开具支票，但没有支票签字权。后来，她找到了一份收入更好的工作，离开了阿加西斯公司，那时候她的舞弊行为还没有被发现。

阿加西斯是一个从事公路和商业建筑建设的非公众集团公司，在建筑行业备受尊重，因高质量高品质而闻名。公司所有者一直认为，他们的成功直接源于200多名员工的辛勤工作和对公司的忠诚。家族企业的性质渗透于企业环境中，造就了人与人之间的高度信任和依赖。公司期待员工全力为企业工作，员工做出成绩也会得到嘉奖。

几年以来，阿加西斯的经营规模在逐渐扩大，但它的内部控制却没有随着组织的扩大而逐渐加强，会计部门尤其如此，一名员工同时兼顾多项职能，责任很大却缺乏监督。

§缺失的凭证§

我在阿加西斯公司接触的第一个人是高级主管黛安·斯特普尔顿，她已经在这个公司工作20多年了。我到这家公司来是因为接到了一份调查通知，有人投诉公司内部员工可能存在舞弊行为。面对员工可能将公司的财产攫为己有这一事实，黛安备受困扰，也不敢相信这是真的。和许多员工欺诈案例一样，真相往往都是在不经意间被发现的。在政府审计人员即将结束对公司的一次审计时，黛安对一笔已付的销售税额产生了疑问，因为公司的账面显示已上交了这笔税款，而政府并没有收到这笔税款的记录。当黛安找不到缴税的支票或其他付款凭证时，她第一次觉察到可能存在欺诈问题。她知道会计记录是截止到本报告期的，如果丢失的支票是早在一年多以前就签发了的，那就应该能够在公司的卷档中找到它。黛安告诉审计师她要再做些调查，待有新的信息再和审计师沟通。当时戴安没有料到自己正处在揭开一宗严重的舞弊案的边缘，也不知道这桩案件将要占用她未来好几个月的时间，并且动摇了她一直以来对同事的信任。

为了弄清支票缺失的原因，戴安便将电话打到安吉拉的新工作单位找她。尽管安吉拉在一年前就离开了阿加西斯公司，但黛安还是经常给她打电话询问一些问题，这样可以节约她很多时间，安吉拉也很愿意有机会和老朋友聊天。她们在一起工作了十年，戴安对安吉拉很依赖，尤其是在应付账款方面。她们在电话中寒暄了几分钟后，戴安就问起审计人员询问的那笔税款事宜。安吉拉说她记不清了，这倒不足为奇，奇怪的是，安吉拉以工作忙为借口匆忙结束了谈话。

黛安有些沮丧，自己几乎花了一整天的时间陪伴政府审计师，现在还要花费更多的时间来追查这张丢失的支票。这时她突然想到，何不给银行打电话请他们给寄一份复印件过来，这要比她自己盲目查找要快得多。

第二天，当她接到银行的传真时，内心的沮丧很快被困惑取代了。在收款人栏处，她本应该看到“财政部”的字样，事实上却是“HWC 银行”几个字。备注栏里有一个信用卡的卡号，戴安熟悉公司的信用卡号，显然这个号码不是公司的。笔迹显然是安吉拉的，但是这个信用卡账户号是谁的呢？黛安想了一会，找出了一份安吉拉以前参加培训课程的费用账单来察看她付费的卡号，结果和支票备注栏里的卡号相同。怎么会是这样呢？这到底是怎么一回事呢？

她终于有点茅塞顿开——丢失的支票、付款凭证的缺失、错误的收款人、安吉拉匆忙挂断电话，这一切都说明，安吉拉窃取了这笔钱，这是唯一的解释。可是这怎么可能啊，她们一起工作了这么多年，安吉拉不可能这样做啊！黛安觉得需要找个人讨论一下整个事情，就直接去了比尔的办公室。

比尔·摩根是阿加西斯公司两个所有者中的一个，他听完黛安的讲述后不知该说什么。他把员工当家人一样看待，不能想象员工会侵吞公司的钱财。他又看了一遍支票，将信用卡号与费用报告上的信用卡号又核对了一次，确信自己没有看错，然后对黛安说：“继续查下去，但先不要声张”。

§揭开真相§

黛安不知道接下来该做什么。她想，既然支票被伪造成为支付税款而付，那么她就应该检查一下账面上是否还有类似的情况。她一方面希望自己不要再发现同样的情况，一方面又有一种不祥的预感：还会发现更多。预感不久就变成了现实，她又发现了一笔税款的付款支票不在公司的卷档里。她把这个情况向比尔作了汇报，他们都知道接下来该怎么做了。比尔看着黛安，说："我们要一直追溯下去，查明一切安吉拉参与的公司事务。"

黛安精神抖擞地开始工作了。她找出了安吉拉负责的三个公司全部的银行对账单，以查明是否有缺失的支票。这件事的工作量可不小，因为储存旧凭证的大拖箱子里存放着大量的文件资料。调查自己以前的同事加朋友，已经够让人不开心的了，还要审查那么多旧凭证，感觉真是糟糕透了。黛安检查了成堆的银行对账单，发现了几张支票的收款人处有被涂改的痕迹，上面写的收款人名字和账面记录相符，但显然收款人名字下面另有所藏。

黛安每当发现支票缺失或被涂改的情况时，就将这份对账单复印一份，并向银行查询问题支票。不久，银行就传真过来了，支票上面的收款人正是安吉拉·鲍尔。当她看到这个名字时，心中的所有疑虑顿时烟消云散。在对大量的银行对账单、已付讫支票和相关的会计记录进行审查时，黛安注意到，在某一个月内有两笔款项从公司的信用卡付给了 HWC 银行，当她察看支票的背面时，发现其中一张支票上有银行出纳员盖的印，而另一张支票没有。黛安知道，所有的信用卡付款通常都是安吉拉亲自办理或者是由会计部的某位工作人员办理的，只要是合法的付款，每张支票上面都应有银行出纳员盖的印。

为了查明真相，黛安找出了全部的信用卡账户对账单，并从中找出了那个月的对账单。经过反复核对，她确定对账单上只有一笔付款记录。现在，她还必须审查更多的资料来弄清原委。她又从头开始审查那堆银行对账单，查找有无向 HWC 银行重复付款的情况。每当她找到一笔重复付款时，便核对向 HWC 银行信用卡付款的对账单，目的是证实没有银行出纳员盖印的支票在公司银行账户的贷方也没有记录。这样的付款有好几笔。银行自然不会，也不可能为企业提供没有账面记录的账户信息。

经过 18 天的审查，黛安总算揭穿了谜底。安吉拉的作弊持续了近 6 年，共涉及 54 张支票，支票的金额从 1 181.54 美元到 25 080 美元不等，总金额将近 462 000 美元。其中 34 张支票被篡改了收款人，另 20 张支票的抬头是 HWC 银行，这些款项根本没有进入阿加西斯公司的银行账户或者是信用卡。

现在再去看那些被涂改过的支票时，戴安才意识到这些涂改是多么明显，涂改液留下了可辨的涂改痕迹，但银行却从未质疑过。因为安吉拉本人负责编制银行存款调节表，公司里自然也不会有人过问此事。总之，对于黛安来说，这是一次毁灭性的发现。在叙述完整个事件后她对我说："每当我发现一张丢失的或篡改的支票，或者是虚构的重复信用卡付款时，我都不敢相信这是真的，我不停地问自己，这是为什么。我很愤怒，感觉自己遭遇了彻底的背叛，她是被我当作朋友的一个同事啊！"

第二天，我在阿加西斯公司总部召开了我进入该公司以来的第一次会议，坐在董事会会议室圆桌上的参会人员包括黛安、比尔，还有公司内部法律顾问诺曼·梅耶，每个人脸上都带着严肃的表情。他们以前从未遇到过这种情形，即使是在刑事法律事务方面很有经验的诺曼也是如此。我向他们解释了公司提出职工忠诚保险赔偿的程序，在将整个保险分解成不同部分后，保险索赔过程其实并不是太复杂，但在不了解这个程序的人看来，这个过程可能就是一个无休止的文件追踪游戏。

我讲完之后，黛安概要性地报告了她的审查结果，给我留下了深刻的印象。对于一个没有什么案件调查经验的人来说，她的调查工作做得非常出色，公司卷档中的所有支票和通过银行付款的支票她均有副本在手。现在，我们需要搞清楚的是另一个重要问题：公司的这些钱到哪里去了？这将是我下一步的工作。在处理任何雇员侵占资产的舞弊案件时，我都是争取及早确定钱的去向以及我是否能将之追回。对于本案，我开始是乐观的，但当黛安告诉我安吉拉住在郊区的一个大房子里时，我又深感忧虑。我以前去过这条街，发现那里的大房子的第一，有时是第二抵押贷款的数额同样巨大。在大多数情况下，在雇员舞弊行为被发现时，钱早已被挥霍一空，不是花在赌博上，就是花在毒品上，或者是挥霍在奢侈的生活上，很少有能够追回的。

那天傍晚，我开车经过了鲍尔家所在的那条街，看到她家的住处后我不由得惊呆了。虽说房子本身并不是太大，也就是 2 400 平方英尺的样子，但却有个四车位的车库，弯曲的私用车道，还有约两英亩的院落，看上去就是一个豪华的小乡间别墅。尽管外部园林风景的修建还未完工，这处房产至少也值 300 000 美元。过路的行人肯定认为住在里面的一定是一个成功的家庭。其实，他们夫妇两人的收入合起来每月不过 4 000 美元左右，却能住这样的房子，同时还要抚养两个孩子，还有那些昂贵的车，只能依靠安吉拉的“额外收入”。

根据黛安为我提供的情况得知，停在车道上的最新款的奥斯莫比尔是安吉拉的车。我不禁猜想起来，她现在是正在享受夏日的傍晚，对已经向她逼近的调查一无所知呢，还是为来自黛安的询问支票的电话正烦恼呢。黛安已经把她的调查结果的书面资料交给我了，这些资料清楚地表明公司的资金被侵吞了。公司开出的很多支票的收款人都是安吉拉，但我不知道现在钱到底在哪里。为了寻找钱的下落，我在咨询了律师后，申请了一份法律指令，要求 HWC 银行提供存入这些支票的那个账户的资料，这份指令随后获得了法院的批准。按照该指令，HWC 银行提供了账户持有者的姓名以及与该账户有关的对账单。

银行提供的信息正是我所需要的。我早就断定安吉拉是账户的户主，但结果还有一个人，就是她的丈夫唐·鲍尔，他与安吉拉共同持有两个银行账户，而且他是信用卡账户的唯一签字人，有几张支票就是存入了这个的账户。我不禁立即产生了一个疑问：唐是否主动或被动地参与了安吉拉的舞弊计划，还是有别的什么原因。但是，不管是哪种情况，唐都是安吉拉欺诈行为的获益者，因此也就存在着从他这里追回赃款的可能。这一点是很重要的，因为这意味着我有可能追回由唐单独拥有或者他们夫妇共同拥有的资产，包括唐的汽车和他在家庭资产中的份额。

在接下来的几个月里，我陆陆续续地收到了来自 HWC 银行的信息。我每收到一批对账单，就把上面显示的银行账户和信用卡账户所发生的所有交易都登记到一张工作底表中，这样我就能清楚地看到他们夫妇俩在这六年期间里的财务变化情况。这个过程可以使我达到两个目的，首先我可以证实每张支票都存入了唐或安吉拉的账户，其次我还可以确定他们是如何使用这些钱的，确定他们用这些钱购买了什么资产，判断他们在其他银行是否还有账户。出乎意料的是，我的分析表使我发现了鲍尔夫妇的一个账户有两笔大额的存款。黛安在核查了公司的会计记录后证实，这两笔款项也属于侵吞公司的资金，这样一来，舞弊涉及的支票数就从 54 张上升到 56 张，总金额达到 485 000 美元。

自黛安发现第一张问题支票至今 80 天过去了，是公开整个事情真相的时候了。由律师起草了针对唐和安吉拉的索赔起诉书，还有要求查封唐的汽车、冻结鲍尔夫妇的银行账户、给他们的房子贴上涉及未决诉讼的公告的申请。

为了支持对鲍尔夫妇的指控,我编制了一份工作底表,清楚地显示了阿加西斯公司在六年的时间内共有485 952 美元被侵吞,其中的118 822美元存入了唐的HWC 银行信用卡账户,268 685 美元存入了鲍尔夫妇共有的账户。根据我所掌握的有限资料可以证明,鲍尔一家每个月的支出几乎是他们的月收入4 000 美元的两倍。在这六年里,他们夫妇的实际开支要比他们的收入高出200 000 至400 000 美元之多。我之所以不能给出确切的数字是因为我不掌握鲍尔一家的所有信用卡账户和银行对账单,包括唐的工资账户。但是,我有确切的证据证明唐购买汽车和偿还房屋贷款均是通过他在HWC 银行的账户,而一些支票正是被存入了该账户。这个信息非常重要,它可以为我们要求查封或冻结鲍尔一家的财产提供必要的证据。这个证据很有说服力,法院批准了这个申请。这对于我来说是个胜利,但还有许多事情要做。

在发现舞弊140 天以后,法院送达了我们针对唐和安吉拉的索赔起诉书和相关的法律指令。唐当时在上班,不免有些尴尬,他的那辆豪华的敞棚小卡车被没收对他更是致命的一击。第二天,我接到了鲍尔夫妇律师的电话,他想和我商谈解决方案。唐声称自己对安吉拉的所作所为毫不知情,但是他愿意上交他们夫妻共有财产中属于自己的部分来换回那辆高档卡车。安吉拉则说她把大部分钱都花在了赌博上,而且也准备放弃他们的财产。作为交换条件,两人都想获得无罪释放。我当时无法判断这样做是否有利,因为我对所发生的全部事情并非都了如指掌,也不清楚他们现有的财产价值几何。在我看来,他们是想快些抛出一个了结的建议,以便逃脱法律的惩罚。而我并不打算接受他们的游戏规则,因此我要求律师继续起诉鲍尔一家。

§两难的选择§

安吉拉既没有为自己辩护也没有向法院提交宣誓书,她基本上是放弃了,这和我事先的预料一样。她后来的确没有上法庭。她可以说是被抓了现行。其实,直到现在,我也只是掌握了鲍尔一家的部分财务记录,这就是说,由于我并没有他们完整的财务记录,所以无法搞清楚唐从安吉拉的舞弊中究竟获利多少。如果唐要为自己辩护，他就得提供他全部的财务记录，那么我就可以利用他的财务记录来加强对他的指控。如果他不申诉，那就只能是缺席审判了，这是一个典型的两难选择的案例。依照法律，唐享有其家庭财产的一半所有权，如果他能够辩护成功，意味着他可以保住属于他的财产，我就可以追回部分赃款。唐一直否认自己参与了安吉拉的诈骗行为，并决定进行无罪辩护。我没有证据表明他主动参与了舞弊行动，也没有证据证明他是知情者，能够肯定的只是他从中受益了，因此，要想判他有罪也是不太容易的，因为我必须要证明他对安吉拉非法盗用阿加西斯公司的资金而且他也得到了赃款这一事实确实知情或构成知情。

为了避免全程审判的时耗和成本，我选择了即决判决。按照法定程序，唐需要向法庭提供宣誓书、他的财务记录并发誓接受审查。对于唐来说，额外提供财务记录使他们已经不妙的处境变得更加糟糕，因为这些额外的信息使我能够证明他们夫妇俩六年里的开支超过 90 多万美元现金，而他们赚回家的收入只有 33 万美元，这就产生了大约 57 万美元的无法解释的缺口。

尽管每个舞弊案例都各不相同，但它们有一个共同点，那就是都有受害者。但这个案子的受害者更多。遭受损失的不仅有阿加西斯公司，连安吉拉的家人也是受害者，她的孩子们在接下来的几个月里必须经历他们本不该承受的痛苦过程。至于唐是否是受害者要看从哪个角度说。一方面，我们没有证据证明他对安吉拉的所作所为知情，但是他和安吉拉住在同一个房子里，他开的车至少部分是用安吉拉贪污的赃款买的。不管你怎样看待此事，这无疑都是一个令人遗憾的处境。唐显然是一个消沉迟钝的男人，不仅对自己眼前发生的事情视而不见，而且甚至作案者都未对其进行任何防范。如他自己所说："我跟你们说过，从我和安吉拉结婚到现在发现这个事情，其实什么都没有改变，我从未感觉到任何足以引起我注意的重大变化。"

从黛安最初发现问题到现在已经过了 468 天了，律师将案子提交给了法官。我的分析表清楚地表明鲍尔一家一直以来挥金如土。在安吉拉作案期间，他们一共从银行账户提取现金 12 万美元，开出的支票金额共计超过 15 万美元，以信用卡支付 25 万美元。我不知道鲍尔夫妇的支票都是开给谁的，但他们用信用卡消费的项目包括旅行、购买家具、购买昂贵的衣物、购置用具和电子设备。我十分清楚，安吉拉贪污的赃款用在了家庭开支上，他们因此而增加了家庭财产。我希望法院和我有同样的看法。

法院经过了六个月的时间才作出判决，裁定全部涉案金额均为安吉拉所为。对唐的判决并不是我所希望的，但基本上在我的预料之内。法庭裁定，有充分的证据表明安吉拉不是把钱花在赌博或毒品上，而是用于改善家庭生活，也包括改善唐的生活。基于此，法庭认为他应退还存入其账户款额的百分之五十，总计约为 193 000 美元。

按照上述判决，唐和安吉拉能做的就是变卖家产退还赃款。我了解到他们已经不在一起生活了。唐显然已经离开了本省，而安吉拉还待在原来的地方，但“豪华乡间别墅”已经不复存在了。

§经验与教训§

这个案例在如何向舞弊案中所谓的局外人追讨赃款方面为我们提供了一个有趣的启示。在我经手的一些案例中，我曾经多次从金融机构讨回资金，甚至让没有参与舞弊的当事人的配偶们也退还了一些价值不高的财产。这类案件相当复杂，获取证据的难度也相当大，不言而喻，工作量是很大的，不是每个案例都适合这样做。要想让你的律师费花得值，找熟悉类似案件的律师是很重要的。我们永远都要记住的最为重要的一点是，法律诉讼是很昂贵的，司法系统只会按自己的时间表，而不是你的时间表行事。

§防患于未来之建议§

1. 职责分工

严格地从“控制机制”的角度来看，安吉拉的舞弊行为之所以能够持续那么长时间，主要原因是公司缺乏必要的职责分工——安吉拉既负责签发支票，又负责编制银行存款调节表，这就给她篡改公司会计记录以掩盖其舞弊行为提供了方便。如果将编制银行存款调节表的职责授予另一位员工,那么安吉拉的舞弊行为不久就会被发现。

2. 内部控制要与企业规模一起成长

如果阿加西斯公司每年都能够对内部控制进行评估的话,企业定会从中受益。然而,虽然公司的业务每年都在扩大,但其内部控制却并没有随之加强。这种情况很常见,特别是在不公开发行股票的公司更是如此。

内部控制并不能杜绝员工舞弊,它充其量只能最大限度地降低员工舞弊的机会和最大限度地提高及早发现已发生的舞弊行为的可能性,对此我们必须有清醒的认识。

在即将结束对本案例的讨论时,我只想说阿加西斯公司应该建立和实施更加有效的内部控制,给财务工作以更多的关注,公司的内部审计人员应该有更高的工作质量。这些话说起来是容易的,但现实情况往往更复杂。我认为这个案例的关键问题在于公司给了安吉拉太多的信任,他们一厢情愿地以为安吉拉会尽力做好工作,不会做有损于公司利益的事情。不幸的是,他们错了。

要信任员工,但不能盲目地信任。

12

供应链中虚构的环节

Phantom Links In The Supply Chain

克里斯托弗·J. 凯利

从表面上来看,汤姆·凯洛格是一位在供应链管理领域崛起的新星。他的职责包括组织协调原材料及零部件的流转,在尽可能降低存货量的同时确保产品低成本高效率地按时完工。汤姆最近一次就职是在一家电脑组件加工厂负责物资供应工作,看上去他在这里做得不错。他声称自己取得了美国西海岸某大学的学士学位,并且已经完成了攻读 MBA 学位的一些课程。他身高超过六英尺,有着一副橄榄球队前锋般的体格,高大而英俊。他的头发和浓密的胡须总是精心梳理过的,指甲也修理得很整齐,阿玛尼的套装和色彩鲜亮的领带配着粉白的丝绸衬衫和锃亮的皮鞋,给人对比感很强的感觉。他的那辆凯迪拉克轿车给他位于郊区的房子的自用车道增加了一个亮点。他是个顾家型的男人,是儿子所在的小联盟球队的热心教练。他以前经历的工作都不太理想,在两个工作单位都没有超过一年。但是,他优越的学历背景、俊朗的外形和勃勃的雄心,都是雇主们喜欢的特征,所以,国际电子装配公司(简称 IEA)聘用了他。

IEA 是一家汽车、航空及电脑部件的二级承包商,总部位于得克萨斯州达拉斯市郊区,由当地的一家私有产权基金完全持股。该公司是在对一家电路板制造公司进行的灾难性并购后根据《破产法》第十一章破产保护成立的。与其他根据破产保护法重组的公司不同的是,新组建的 IEA 公司的管理层还是原来的团队,公司的 CEO 兼做推销员和市场开发工作,其他老管理当局成员都分别主管生产、工程和财务工作。

IEA 公司是按照劳动密集型产品的生产企业确立其经营模式,生产的产品包括汽车、飞机用的金属线配件及多用途的工业照明产品等,其客户主要是国内外的政府机构和大量的小企业。破产重组之后，公司一直在努力发展有利的客户关系。由于其盈利能力不佳，迫使企业削减预算、降低工资，使得员工和管理层的日子都不好过。

公司的流动性是靠从美国银行达拉斯分行借入的600万资产抵押贷款支持的，贷款的抵押资产包括存货和期限低于90天的应收账款，公司在银行信用额度内的欠款经常是接近贷款协议规定的最高额度。公司的CEO马特·克雷默即将与一个新的大客户签订一项合同，他认为一旦签了这个合同，公司就能够获得优惠的融资渠道，企业的长期盈利能力就会有大幅提高。马特需要银行对贷款的偿还期给予短期的延展，因为银行正在为公司的财务比率已经快要突破贷款协议规定的水平而忧虑。马特也需要投资者的耐心，他们的投资已经由于破产重组而缩水，他们担心可能再也收不回投资了。

§无可回避的责任§

在那年的四月，达拉斯的一家银行得到其安全软件的警告，疑有人在利用空头支票舞弊。安全系统之所以发出了警报，是因为有大量的金额相差不多的支票存入和提取，其金额都在18 000到25 000美元之间，存取的账户可疑。银行要求立刻冻结这些以不同名字开立的账户。尽管这些支票的收款人和付款人都是IEA公司，但银行此时未向公司通告此事。此后不久，这些被关闭的账户的户主又在当地的其他银行重新开户。联邦储备银行达拉斯分行认为这些新开的账户涉嫌洗钱活动，当然，户主并不知道其账户已受到银行的怀疑这一点。这些账户在不同的银行使用了不同的名称，但使用的纳税人验证号码却是相同的。联邦储备银行经过进一步调查后发现，存入账户的所有支票都是以IEA公司为付款人的，这一发现使作为该公司支票付款银行的美国银行立即得到了警告。

美国银行安全部门高管人员不无忧虑地注意到，IEA公司不仅是本行活期存款的客户，而且有一笔几百万美元的借款。他当即与该公司筹资主管进行了沟通，并安排了一次对IEA作为贷款抵押资产的应收账款的现场审计。审计结果显示，IEA公司账面的不到八百万的应收账款额中有四百万是在那些可疑账户名下，其他使用相同纳税人认证号码的账户则是 IEA 的供应商。经过各个银行的全力合作，美国银行确定这些可疑账户的户主是汤姆·凯洛格的妻子，她在开户时使用了婚前姓名，而且汤姆也是账户的一个签字人。对此，银行要求与 IEA 的管理层会面通告此事，尚未受到怀疑的汤姆也应邀出席。

汤姆看了美国银行的调查报告后，承认公司供应商和他妻子名下的账户都是在他直接或间接的控制之下，但他坚称，那些"可疑的"供应商是真实存在的，这些公司的确为 IEA 提供零部件。事实上，即使是能够证实这些供应商是真实的，这样做也明显地违反了公司关于利益冲突管理的原则。随后，IEA 公司停了汤姆的职，但令人奇怪的是，在超过一个星期的时间里，公司却没有让他搬出办公室并交出电脑。

汤姆承认他与这些客户和供应商账户之间的关联使得美国银行对 IEA 已经脆弱了的信心又遭重创。在接到联邦储备银行通告之前，美国银行就对 IEA 公司的获利能力低下、流动性不足以及销售增长缓慢的现状深感忧虑，忧虑主要源于大量的应收账款存在着无法收回的可能性。在与 IEA 公司管理人员会面之后，美国银行调整了对该公司贷款额的计算基数，将汤姆控制的那些账户名下的四百万应收账款剔除在外。如此一来，IEA 公司便陷入了违反贷款协议的境地。银行随即在抵消了 IEA 公司在该银行的活期存款账户的余额后，要求其偿还剩余欠款，并退回公司开出的付款支票。银行拒绝支付公司开给其供应商的支票，这将在公司的客户和供应商之间迅速引发对公司的信用危机，他们对公司是否能够持续经营下去、甚至能否支付员工的工资都将深表怀疑。这种负面的骤变对 IEA 公司来说是致命的。

但是，就在与银行会谈当天的晚些时候，马特不无自豪地宣布公司与一个大客户签了合约，这个客户的订单将在未来两年的时间里将公司的销售额和盈利能力提高百分之五十。这个新客户是一家极有声望的上市公司的分公司，它发出的几个大额订单，显示出 IAE 公司良好的客户关系，将改变 IEA 的未来发展前景。基于这个新情况，美国银行在直接跟这个客户核实之后，决定延长公司贷款的偿还期并恢复其支票付款。银行最终还是觉得值得再冒一点风险等待乌云过去，看公司能否时来运转最终归还借款。如果选择另一种做法，也就是将公司的应收账款和存货变现，银行不仅会受到巨额的资金损失，而且 IAE 这个客户也将不复存在。

IAE 公司的所有者——那家私有基金也同意注入大量资本以满足公司正常经营所需的流动资金，有了这些资金，公司就可以雇佣和培训新的员工，来满足完成新的订单的需要。这样一来，IEA 的危机得以缓解并暂时稳定了下来，但发生在汤姆身上的事情却没有得到解决。

§真相尚未揭开的舞弊§

在接到帕特森·休伊特的电话之前，我已有好多年没有和他联系了。他是达拉斯当地的一家私有产权基金组织的常务董事，IEA 公司破产重组时我在那里帮忙，而他所在的基金也持有 IEA 公司的股票。正是在做那个项目期间，我对 IEA 公司的业务有了比较深入的了解，并和公司的 CEO 马特建立了融洽的关系。当年，马特对我改革公司管理结构的建议起初是表示赞同的，但后来我听说该公司“一切照旧”，因此，现在看到 IEA 再次陷入财务危机我并不感到奇怪。

帕特森在说到汤姆的事时显然很苦恼。他说“这件事给了我很大的压力，美国银行和我们的投资人都在给我施加压力，他们要求对事件进行一次彻底的调查。”当他想起我是一名注册舞弊审核师而且还熟悉 IEA 公司时，便急切地希望我立即对此事展开调查。

由于我以前对 IEA 公司业务的介入仅限于财务方面而不是整个经营活动，因此和公司直接打交道的人员也只限于马特和公司的财务主管詹姆斯·波特。在破产重组的过程中，我曾建议让詹姆斯担任一个不太重要的职位，而马特认为应该再给詹姆斯一个机会证明他能胜任财务主管的职位。詹姆斯一直担任财务主管，直到在等待我的调查结果这段时间之前，才被指派到一个经营方面的岗位。帕特森还请来了一位在他的基金公司做其他项目的注册会计师来代替詹姆斯。这项人事变动给美国银行提供了一个保证，即银行可以相信 IEA 的资金只会用于合法的支出和正常经营之需。

周五下午，就调查程序事宜我和 IEA 的高层管理团队进行了当面的沟通，公司的外部法律顾问肯·戴利也出席了。他是由美国律师总署指定的一位擅长处理白领舞弊案件的律师。在会上，我提出了大概的调查计划以及开始调查所必需的文件和报告清单，还向他们说明我随后将安排与有关的员工和管理人员面谈的计划。公司管理层向我保证他们将通力与我合作,并肯定地说汤姆的所作所为属于他的个人行为。肯和我约定在我的调查过程中保持联系。

周一早上,当我来到公司时,发现我索要的文件堆放在一个会议室的桌子上,其中包括过去四年中与那些可疑的供应商和客户有关的订购单和发票,还包括公司应收账款和应付账款的月度报表,这些例行的报告按照账户和日期列示了每一张发票的详细资料,并且还有电子版供我做进一步的分析使用。我取得的资料不少但时间却不多,因为詹姆斯已经同意在下周即由肯取而代之。

我开始检查那些可疑的客户账户。这样的账户共有六个,除了客户名称和徽标不同以外,所有的订购单都是一样的,不断被订购的都是同样的产品。存在订购相同产品的订购单是很正常的,但每张发票金额都在18 000 和 24 000 美元之间就有点奇怪。那位过渡期的财务主管解释说,将发票金额控制在 25 000 美元以下是为了避免公司外部审计师的检查,因为他们检查的起点金额就是 25 000 美元。

我又索要了这些可疑客户的信用调查资料。经过调查,我发现这些客户信用档案建立的时间都比较接近,地址都是当地的,但都是虚构的,不是空地,就是附近居民从未听说过的公司。这些客户的销售人员都是汤姆,而实际上他在公司并不负责销售工作,客户的联系电话都是他妻子的电话号码。这些客户都经过财务主管詹姆斯的审批成为公司的赊销客户。

于是我开始在 IEA 的厂区追踪这些“产品”的流动路线,装配中的产品都列在在产品报告单上,但在完工产品记录中却一个也找不到。我接着开始调查运输码头,既然发票显示商品均由客户取货,那么运输记录中应该有所记载,但我并没有找到客户接收商品的记录。因为这些虚构的客户一直在为并不存在的产品付账,我接下来就要确认 IEA 公司是否收到了这些款项。我将客户的支票与相应的发票逐一核对,发现公司都是在发票到达 90 天期限之前收到了付款。而后,这些虚假的发票会被列入已收款发票清单,并从美国银行允许的计算贷款基数中剔除。在确定汤姆的客户是虚构的,购买公司产品的交易是假的但付款却是真的之后,我打算对那些可疑的供应商进行调查。

我经过调查发现，IEA 公司向那六个可疑供应商支付的款项占公司销售成本总额的很大比例，每张订单都显示汤姆既是买方又是订单的核准人，同时，他还填写付款申请单，并且在收到订购单的当天就授权开出支票。我与应付账款部门核实后得知，汤姆都是亲自来取这些付给供应商的支票，他的那些“纸公司”被掩盖了起来。

IEA 公司向虚构的供应商支付的款项与从虚构客户收到的款额之间相差一百五十万美元，这也就是汤姆从公司贪污的款额。公司的应收账款中与此相关的四百万属于虚构，应予剔除。看来，汤姆把实施他复杂的欺诈计划当成了自己的全部营生。

我和肯进行了面谈，为与汤姆对质做准备。我根据自己的调查结果设计了一系列的问题，肯可以通过询问汤姆来一个一个地加以证实。汤姆在他的妻子和律师的陪同下来做证词，他的着装无懈可击。在他宣誓过后并回答了一些基本问题之后，肯开始依次向他提问，这些问题彻底击破了他试图证明那些公司是“真实的”的幻想。汤姆并没有否认自己的舞弊阴谋，承认自己一开始就说了谎。他说：“是的，我虚构了这些供应商和客户，但这些情况公司都是知道并同意的。”当被要求说出具体人名时，他说 “是马特·克雷默和 IEA 的管理层。”肯接着问他：“那你能解释为什么管理层要鼓励你从公司贪污钱吗？”

汤姆的回答很有迷惑性：“IEA 需要增加一些应收账款作为从美国银行贷款的担保，这样企业才能运转下去直到他们找到一个可为公司带来利润的大客户。”他还补充说：“作为虚构那些抵押资产的回报，他们同意我拿一些回扣。”

汤姆真的只是在执行命令，还是在利用公司财务困难的事实为自己的行为辩解？听取了汤姆的证词之后，肯提醒我说，不管管理层是否确有牵连，汤姆都已经承认了他的欺诈事实，接下来需要弄清的就是马特和其他的高管人员究竟是不是同谋。公司的确利用这些虚构的应收账款从美国银行获得了贷款的展期，如果公司没有找到那家大客户使其财力骤然增强，可能早已倒闭了。

在提供证词的过程中，汤姆还提供了他个人的纳税申报单和相关应收账款账户的近期银行对账单。他的纳税申报单显示，在他的薪水之外还有五十万美元的“佣金收入”，这些“佣金收入”在 W2 表或 1099 表中都没有得到证明。那么,证明管理层合谋的唯一证据便是汤姆自己的证词。马特和其他管理人员坚决地否认了汤姆的证词。

在获取了汤姆的证词后,我走访了IEA的应收账款和应付账款的管理人员,他们都向前财务主管詹姆斯报告工作。他们曾想过那些奇怪的供应商和客户可能有问题,但没有人敢去问汤姆。签发向供应商付款的支票、收取客户的付款,这些都是由詹姆斯负责的,这一事实使得事情看上去都是合法的。尽管我急于和公司的高管成员单独面谈,但代表私有产权基金公司的帕特森却要求我停止调查,他也不同意肯提出的让高管人员接收测谎仪审查的建议,于是,我的调查结束了。

§草草收场§

几天后,我向帕特森提交了书面调查报告。因为他的私有产权基金公司不愿承担更多的调查费用,我便没有机会去检查那些供应商和客户的银行账户了。帕特森告诉我,他和他的合伙人已经决定,他们要开发新的客户以使IEA公司盈利并提升其价值。对汤姆的家产进行的调查表明,从他那里以任何形式追回赃款的可能性都是极小的。

随着新资本的注入,美国银行也恢复了从IEA公司收回贷款的信心。私有产权基金公司聘用了一位新的经营主管,以便使马特可以集中精力发展新的客户。一位更有经验的财务主管代替了詹姆斯,詹姆斯继续在经营部门工作。美国银行并没有因为汤姆的舞弊案而遭到任何损失,所以银行的所有者也不愿意提起诉讼,害怕会牵连IEA的管理人员和损害自己的投资。汤姆递交了个人破产书并搬到了芝加哥,据说他在那里找到了一份工作,担任一个电脑配件公司的物资供应主管。

我为这桩案件调查的半途而废感到沮丧。汤姆已经承认了自己的欺诈行为,但司法部门却因为没有原告而无法审判他。公司所有者和银行都决定关注公司的未来而不是过去。汤姆是这个复杂的舞弊计划的唯一谋划者和实施者吗?如果阴谋败露,他是否已策划好让管理层卷入来寻找平衡呢?公司的管理当局是否为了争取时间让公司盈利而与汤姆进行了合谋?汤姆是否曾计划将IEA引向破产,以便让他虚构的客户在根据《破产法》第七章进行破产清算时消失呢?

未完成的调查给我留下了更多的没有答案的问题：

1. 为什么美国银行委派的现场审计员没有发现虚构的客户？作为从美国银行获得几百万贷款的抵押资产，公司的应收账款中将近60%是虚构的。审计人员在验证应收账款有效性时，似乎与汤姆的妻子核实过账户的余额。

2. 这样一起重大的舞弊，有可能在公司的高管人员毫无觉察的情况下进行吗？马特不仅是公司的CEO，而且是销售业务的负责人。汤姆不负有开发客户关系的职责，可是，由他虚构的客户竟然占了公司销售总额的很大部分。事后吸取教训固然可嘉，但我们很难相信高管人员在这个过程中没有觉察到任何蛛丝马迹。

3. 为什么外部审计员没有注意到公司的应收账款在增长，而销售额并没有提高，现金流入甚至在减少？舞弊发生的四年期间，资产负债表和现金流量表的变动应该清晰地提示我们一定是哪里出了差错。仅仅通过将每次交易额控制在250 00美元之下，汤姆居然就避开了审计人员对虚构的供应商和客户的审查。

4. 詹姆斯只是能力不够还是他原本就是汤姆的积极同谋？他为什么允许汤姆亲自去取那些大额的支票直接交给其供应商而不使用邮寄的方式？他还允许汤姆赶在超过90天期限之前让其客户大量地支付货款。詹姆斯看上去倒更像是能力低下，而不是缺乏诚信。

5. 马特是否授意财务主管允许汤姆虚构那些应收账款账户，以便继续维持从美国银行取得的借款？当银行确知扣除虚构的应收账款后公司的贷款抵押资产不足时，立即要求公司归还借款，如果不是那个新的大客户的出现和大量资本的注入，IEA就不会幸存下来。

6. 汤姆明明可以直接窃取付给虚构供应商的款项，他为什么要虚构客户使他的舞弊过程更复杂呢？供应商从公司拿走现金，而客户给公司带来现金流入，同时，增加的应收账款又可以作为取得银行贷款的抵押资产。或许正是管理层纵容汤姆实施其舞弊计划以便得到贷款所需的担保资产（只是他们没有意识到汤姆的巨额贪污行为），也许是汤姆觉得只要他设法让管理层卷入其中，他就极有可能逃脱法律的惩罚。

已查清的事实概括起来就是，汤姆在四年的时间里共从IEA公司贪污了一百五十万美元。他提供了有效证词并提交了个人纳税申报单，声称那一百五十万短缺资金中有五十万是他获得的“佣金”。除非公司的所有者对汤姆提起诉讼，否则此案只能到此结束。

§经验与教训§

汤姆及其舞弊行为的破绽是显而易见的，但他的欺诈行为却持续了四年，IEA 公司的管理层、所有者、审计人以及银行怎么可能都没有觉察到这些警示信号呢？他的舞弊计划之所以能够得逞有很多原因。

第一，IEA 雇佣了汤姆并让其担任重要且敏感的职位，却没有对其背景进行任何调查。公司应该询问他的两个前任雇主。后来证实，他的学历资料是虚假的，或者说是夸大了的。

第二，IEA 公司没有正式的审核供应商和客户的程序，所进行的唯一的外部验证便是向汤姆提供的新账户资料中的电话号码打了一个电话，而接电话回答问题的则是他的妻子。

詹姆斯·波特之所以能担任财务主管一职是因为他长期以来对公司所表现出来的忠诚，而不是他的经验或能力，他一生都在为 IEA 工作。单一的工作经历和专业训练的缺乏使得他不具有一个有效的财务主管人员所应具备的才能。他想取悦于公司的 CEO 马特，也避免和其他管理层成员产生任何冲突。他不经过正式的审批程序就同意汤姆建立那些子无虚有的供应商和客户账户，并以不合常规的方式付款。

最后，IEA 的企业文化不鼓励员工对可疑的情况进行举报。应付账款的管理人员竟然允许汤姆在提交订购单的当天就取走向虚构的供应商付款的支票。另外，应收账款的管理人员允许汤姆在每笔货款即将逾期 90 天时才向 IEA 公司支付款项。他们都知道这些交易是非法的，但他们谁也没有报告。

§防患于未来之建议§

根据我的调查结果，我想为企业提出以下建议：

1. 背景调查

对前来应聘的人员，特别是那些将担任会计和业务处理的关键职务的人员进行仔细甄选是非常重要的。背景调查应包括对工作经历和学历或教育经历的验证,对求职简历中的任何夸大或遗漏都是不能容忍的。对潜在供应商和客户的评估也要像招聘雇员一样慎重。在审核的过程中,要对其地位、同行的评价、公司的法人身份以及信用状况进行询证。

2. 鼓励大家提建议

公司应该聘用一位第三方做企业的法律顾问以帮助企业合法经营,并鼓励雇员通过举报热线对欺诈行为和可疑情况进行举报。

3. 高管的引导与示范

管理层必须建立一套适用于全体员工的关于工作表现、诚实性和正直性的评价标准,一个组织的企业文化必然受到其最高管理层的影响。在一个具有开放性企业文化的组织里,管理者不能以威胁的手段强迫员工违规操作业务。

IEA 公司正是由于缺乏必要的控制和约束,致使一个骗子险些将公司引入破产的境地。尽管汤姆的行为败露并且认罪,但他却逃脱了法律的惩罚。现在,他也许在芝加哥新雇主那里继续着他的骗子生涯呢。

13

轻信的企业主

The Trusting Business Owner

大卫·H.格鲁斯曼

在漂亮的办公室里，穿着考究的美国男装公司（简称AMC）的CEO约瑟夫·琼斯放下话筒后思考了片刻。想起电话那端的人对他提的强制性要求，他浑身的肌肉都紧张了起来。过了一会儿，他站起身来径直走进了总会计师的办公室，请总会计师和他一起去北方地区银行。到达银行后，约瑟夫要求银行将一笔50万美元电汇给宾夕法尼亚州的一位律师。这位银行主管和AMC公司的业主很熟，他还清楚这位上任不久的CEO深得业主的信任。他们曾经与银行交流过公司的业务活动，CEO被授权独自签署公司的支票和银行文件。

约瑟夫对北方地区银行主管解释说，由于公司最近有些快速进展的业务，所以才需要电汇这笔款项。电汇的收款人是宾夕法尼亚州的一家律师事务所，这家律师事务所负责代理AMC公司秋装所需布料的巨额购货业务。由于公司的业主现在不在国内，而且这笔电汇的文件也是符合程序的，银行就将款项汇过去了。

银行和AMC公司的业主所不知道的是，约瑟夫曾因欺骗客户遭到起诉并对其所犯罪行供认不讳。那是在他担任注册会计师期间，他利用职务之便骗取了一个客户一大笔款项。作为诉讼判决的一部分，他需要以公司来偿还骗取的款项。但在求职过程中，他骗过了AMC公司的人力资源部，说自己向宾夕法尼亚州法院付款是给他前次婚姻的婚生子的抚养费。事实上，约瑟夫甚至还欺骗了他的监外监督官，这是后来得到证实的。受聘于AMC公司后，他向自己的监外监督官提交了一份工资记录，他向法院支付赔偿款的数额就是根据这份工资记录确定的。另外，在与监外监督官商定他的赔款事宜的时候,约瑟夫还住在租来的房子里。但是,不久以后他的报酬便有了大幅度的提升,因为按照最初的约定,约瑟夫的起薪很低,60 天以后公司将根据他的工作经历和岗位为他加薪。但是,约瑟夫从来不把加薪后的工资单给监外监督官看,如此一来,他一方面继续向法院支付低额的赔款,另一方面却享受着高薪者的生活,甚至购置了价值几百万美元的房子。他刚才接到的电话就是他的监外监督官打来的,她刚得知约瑟夫真实的收入水平和他拥有的豪宅的价值。监外监督官要求约瑟夫停止目前的欺骗行为,她要重新确定他的赔款额度。

AMC 公司成立于 1948 年,创立人是艾伯特和其堂兄弟马文、查利·施瓦茨,他们几个人都是剪裁师。几年后,马文去世了,他在公司的股份作为他的遗产的一部分转让给了他人。后来查利遇到了约瑟夫,他觉得约瑟夫很有才干,便建议艾伯特聘用他为 AMC 工作。约瑟夫进入公司后不久查利就去世了,他开始经营这家公司,直到马文和查利两兄弟相继离开人世,公司的运营还算可以。

AMC 公司以生产高品质的男士西装见长,同时也制作女士职业装和单件男装。它是为数不多的生产厂家全部在美国的服装制造商之一。到案发时,AMC 公司的加工厂和门市部的员工总数有 150 多名。

一直以来,虽然公司的经营规模在不断地扩大,但基本上还保持着三兄弟时期的经营方式。公司里大都还是些老员工,会计方面的控制也没有多大变化。过去总是由三兄弟中的一个人负责签发支票,因此艾伯特以为员工盗窃的事情是不会发生的,他唯一的控制不过是使用大量的支票簿而已。此外,和许多小型的家族企业一样,该公司的三个所有者也常常是公私不分,比如,常用公司的钱给太太们买礼物,支付非公务旅行等等,会计部门也从来没有就这些事情问过公司的高层领导。

§ 天网恢恢 §

第二周,艾伯特从国外出差回来后就接到了银行打来的电话,通知他公司几乎用完了银行给予的信用额度,已经面临现金断流的处境,银行想知道艾伯特是否想要再抵押一些资产来取得更高的信用额度。这个消息使艾伯特困惑不已,因为他确信公司至少还有 50 万美元的信用额度。和公司的总会计师一起看了账目以后，艾伯特得知约瑟夫在他出差期间授权划走了50万美元，他不禁大吃一惊，因为他知道公司无任何理由给宾夕法尼亚州的律师汇款。一想到公司目前面临的被动处境，他的脉搏都加速了。随后，他给自己长期信任的律师布鲁斯·罗斯打了电话。

我的办公地点位于市场街1601号的24层，我的职务是公司的诉讼服务援助部的主管。一天上午，我刚喝完早间咖啡就接到了我的一位合伙人的电话。

“请你到我的办公室来一下。我正在与布鲁斯·罗斯律师通电话，他需要我们立刻为他们提供一项检查服务，他认为他的委托人，一个男装店的老板遭到了自己的雇员的欺骗。”通过与律师之间的简短的电话交流，我初步了解了这个案子的基本情况，我知道我们应该做什么。

几个小时后，我便开始筹划在AMC公司的法务会计调查工作。记得那个周末刚好是阵亡将士纪念日。我首先想到要采取措施保护公司资产的安全，保证公司账目的安全，安排好调查人员在周一早上到公司现场，又找了个私人保安立即上岗。我还得知，挪用公款的主要嫌疑人正外出度假，周三上午才能回到公司总部。

我最初关注的焦点只是公司的信用不足的问题，但我们很快就发现了更严重的问题。在开始调查挪用公款案之前，我和律师先对公司的CEO，也是嫌疑人的约瑟夫的背景做了一番调查，发现约瑟夫有犯罪记录。接着又出现了一件奇事，公司原来的一名雇员，在不知道约瑟夫可能有欺诈行为的情况下，给公司的业主传真过来一份宾夕法尼亚州报纸上的一篇文章，这篇文章披露了约瑟夫曾遭起诉并认罪的事实。

现在，艾伯特是AMC公司的唯一所有者，也是公司的董事长。他问总会计师是否知道50万美元汇款的事，总会计师承认在前一周他和约瑟夫一起去的银行。艾伯特问他为什么不阻止约瑟夫，他回答说：“施瓦茨先生，你曾经告诉我可以信任他，你说你对他完全放心，和他一起去银行划款，我不过是在执行他的命令，自从你聘用他为CEO的那天起，我就一直听命于他。”

周末，在与公司的律师通了电话之后，我们进一步认识到约瑟夫把董事长骗得多么惨。在将近一年以前，艾伯特居然改写了他的遗嘱，要在他死后留给约瑟夫百分之十的公司股份。就在这个周末，我和艾伯特的律师一起在遗嘱上加了一个附录，取消了约瑟夫的遗产继承权。

§ 功能强大的“交互式数据提取与分析审计软件(IDEATM)”§

经过与相关人员的沟通和对书面资料的检查，我们发现约瑟夫实施欺诈已经有一段时间了，他多次挪用公款，严重地危害了公司财务的稳定性。他这次划走的那笔款项就是归还他在前一家公司所盗用的公款，可惜 AMC 公司或艾伯特不知道这些，AMC 公司的律师所做的员工背景例行核查没有发现约瑟夫的劣迹。此外，约瑟夫还授权将多笔款项以临时工报酬的名义付给了约瑟夫的一个女性朋友，实际上根本不存在什么临时工。还有许多款项付给了为约瑟夫维修新房子的承包商，据估计总额达到 180 万美元。约瑟夫购买房子花了 30 万美元，但随后进行了大规模的装修和扩建。约瑟夫通常都提交高额费用的开支报告却不附原始凭证。公司本来已经连续几次地给他增加了薪水，可他还要自己做主给自己涨了工资。为了拉拢总会计师和其他员工与他同流合污，约瑟夫不时地给他们以金钱上的诱惑。AMC 公司的电话费用单中，有 7 个号码与约瑟夫有关，约瑟夫自己一个，他的女朋友两个，他前妻一个，还有他的三个孩子各一个，三年来几乎每个月的花费都在 600 美元以上。

在两年半的时间里，约瑟夫从他受托管理的公司一共挪用了 140 多万美元。在阵亡将士纪念日这个周末，我运用了各种技术手段，搞清楚了在初步调查中发现的大部分问题的具体情况。

利用 IDEATM 软件，我对约瑟夫在职期间的应付账款和现金的支付记录进行了分析，借助于这个软件的强大功能，我得以在短时间内完成了对几百万笔交易的分析，并对供应商姓名、地址、电话号码，以及薪酬记录的社会安全号码实施了核对检查。

IDEATM 软件还帮助我们对那些原来没有被发现的交易进行了完整的电脑分析。通过面询总会计师、人力资源部经理和应付款部负责人，我很快对应该使用什么方法、对哪些方面进行审查才能更好地揭示约瑟夫一手策划的员工挪用资金行为做到了心中有数。

在公司两处厂房的日常维修费用里，包含了为约瑟夫家修剪草坪和安装浴室精品洗浴设施的费用，还包括给他家安装栅栏、报警系统(包括安装费和月监控费用）以及电话系统方面的开支。

“临时工工资”是用来反映公司为了搬运大量完工产品而临时雇佣的工人工资的一个费用项目，也被约瑟夫用来作弊。应付款部门接到的付款凭证中包括一些汇款单的复印件，这些汇款单的面额从 25 美元到 100 美元不等，其实都是约瑟夫买来的。他将这些汇款单复印之后（通常复印 5 到 10 张）交给应付账款部，作为支付临时工工资的依据。为了确定这些汇款单最终的去向，我们询问了银行，发现实际上是约瑟夫购买了这些汇款单，而后进行了复印，再在一两天的时间内把他们存入自己的账户。公司的临时工一年的工资约在 3 000 到 5 000 美元之间，经过约瑟夫的处理就变成了 20 000 到 25 000 美元。公司的总会计师和应付款部对费用的处理根本就不要求提供原始凭证，因此会计部门从来就没有想到这是个问题，即使是从费用报告上也能清楚看出其中的大部分支出没有适当的用途，约瑟夫常常只是含糊地写着“晚饭餐费”的字样，没有地点、原因和参加者。

§用金钱铺平舞弊之路§

通过面询总会计师、人力资源部和应付款部的经理，我还了解到，在约瑟夫进入 AMC 后，他们三个获得的额外报酬都比较少，单独来看，每笔款额都不大，但约瑟夫就是凭借着这些小恩小惠，就让他们死心塌地地帮助他实施了如此多的舞弊行为。一次，总会计师家里发生一件小小的紧急情况，他女儿开车时被钉子扎破了轮胎，需要更换四个轮胎，他当时信用卡里没有钱。经过约瑟夫的批准，他用公司的信用卡给女儿换上了新的轮胎。后来他要归还公司这笔钱，但约瑟夫却冲他摆了摆手说：“你不用管了，你那个月工作很努力，这笔开支就算在公司的账上好了。”尽管总会计师对让公司承担其个人的费用稍感不安，但还是接受了约瑟夫的慷慨行为。

应付款部经理享受了一次约瑟夫安排的公款度假。在公司比较困难的那段时间，应付款部经理加班了五、六个小时，约瑟夫便建议经理和他的妻子一起到一个温暖的地方度假，就算公司给他支付的加班费。随后为他预定了航班及在加勒比海一周的度假，全部度假费用都由公司支付。

人力资源部经理也享受到了一次一周的公款假期。当她表示因为自己手头紧不准备出去度假时，约瑟夫便为她安排了一次和应付账款部经理一样的加勒比海旅游胜地度假周。

这些费用项目的相关支票和其他记录都通过复印收集齐全，准备提交给保险公司。在约瑟夫任职期间，AMC 公司投保了员工忠诚险，在这一点上公司是幸运的。

在进入 AMC 公司开始调查的第二周，我接到了公司律师的电话，告诉我美国联邦调查局的调查员要来公司总部见我。银行主管在知道他执行的那笔汇款是一起欺诈行为后就报告了他的上司。因为此案涉及一家联邦金融机构，银行的律师认为应该通知联邦监管部门，后者随后又报告了美国联邦调查局。我们见面后，美国联邦调查员索要了我收集的全部证据的复印件。

在对约瑟夫的第一次犯罪进行调查之后，我发现那也是一宗欺诈客户案。约瑟夫持有注册会计师证书，兼职从事注册会计师工作。在此期间，他盗用了客户的账户信息，将客户的 65 万多美元转入了他用于供养其女朋友的银行账户。

调查结束后，联邦政府起诉了约瑟夫。大概两年后，他认罪伏法，因联邦电子转账欺诈一项罪名获刑五年有期徒刑。

§收关之战§

此案的涉案金额远远超过了其他企业的平均水平，但对于一个家族企业来说倒不足为奇。另外，发生于 AMC 公司的欺诈交易的类型和因素都是很常见的。

在决定 AMC 公司针对这宗欺诈案的行动方案时，我对约瑟夫在职期间的全部的薪酬计算表和财务交易进行了详细的分析，采用了多种计算机交易分析方法来鉴别舞弊业务，然后收集证明这些舞弊行为的凭证。证据收集齐全后，我们提交给了公司投保职工忠诚险的保险公司进行索赔，索赔金额共计 160 万美元。起初，保险公司以公司本身监督不严、不存在欺诈行为为由拒绝赔偿。我们与公司的律师协同努力，以证据证明欺诈行为成立，符合员工忠诚保险理赔范围，并确定赔偿额为 140 万美元。与此同时,我们和 AMC 公司共同商讨,建立了适用于公司的财务控制程序和管理报告程序。

员工招聘的背景审查是由 AMC 公司聘用的律师事务所进行的,公司始终没有搞清楚他们怎么会漏掉约瑟夫之前的犯罪活动。在我发现了他的犯罪记录时,调查员怀疑是背景调查的时间不对,也就是在约瑟夫的罪行判决刚刚下来的时候进行的,所以犯罪记录系统还没有来得及反映约瑟夫的犯罪前科。

舞弊被发现之后的第二周,艾伯特由于心脏病突发倒在了工厂的地板上,给这个案子增加了悲剧的色彩。好在他的律师已经在烈士阵亡纪念日的那个周末在他的遗嘱里加了附录,取消了约瑟夫的遗产份额。

§ 经验与教训 §

引发舞弊的原因包括个人经济方面的压力、个人不良嗜好,比如赌博或负债累累,还有难以实现的期限要求或业绩目标。在本案中,约瑟夫即面临着财务上的巨大压力,他的薪水不足以负担高价房子及归还贷款的需要。他的生活方式过于奢侈,家里的用品都是最新最贵的,包括女朋友都是新换的。同时,他还时刻担心暴露以前的犯罪记录,这一切都促使他继续实施欺诈。

由于缺乏足够的员工或完善的组织结构来实施充分有效的财务控制,家族企业很容易遭到员工欺诈的侵害。在 AMC 公司,许多情况都说明公司的财务控制不当,例如,公司的规模和业务都有了很大的发展,但公司的财务控制程序并没有相应的改进,还停留在最初的水平上。

在 AMC 公司,多种因素为舞弊者打开了方便之门。公司的年销售额已高达 3500 万美元,而其财务控制却一直没有任何改进,只设置了主计长和会计主管,却没有聘用一位有头脑有能力的财务主管来主持财务工作。过去,公司的业主们随意地用公司资金进行私人消费,这些看似微不足道的不当行为给了总会计师和应付款部的员工们一个错误的信息,以为公司的高层领导用公司的款项来支付个人的消费是可以接受的。公司的创始人和业主已经年过 7 旬,不能像以前那样精力充沛地处理公司的日常经营活动。约瑟夫作为 CEO 被授予了独立批准大额支出和签发支票的权力,他得以通过不易察觉的威胁、经济奖励和补偿的手段来取得总会计师和会计部的员工们的帮助。

公司曾因为来自海外的服装加工业的激烈竞争而陷入低谷,是约瑟夫的加盟才让它焕发了往日的光彩,巩固了现有的地位。在他初到公司的那段时间里,他带领公司取得了很大的成绩,深得公司所有者的信任,在财务方面给了他很大的自由空间。另外,他很会讨好企业主,和艾伯特建立了非常亲密的私人关系。深受信任是发生员工舞弊的常见因素之一,对员工的盲目信任可能增大员工舞弊的可能性。

§防患于未来之建议§

1. 职责分工

适当的职责分工是非常重要的,因为在分工之下任何一名员工都不能独自完成一项经济业务,业务处理过程自然而然就产生了一种不同员工之间的牵制和检查。以现金收款业务为例,应指定一位员工负责收款并备好准备存入银行的款项,然后由另一位雇员核实拟存款金额并将款项送存银行。在现金支出方面,审核支出用途由一位员工负责,实际支付款项(填写支票)要由另一位雇员负责,还要指定第三位员工负责签署开出的支票,审核相关的原始凭证和会计记录。

2. 审核凭证

所有的交易都要有适当的原始凭证为依据。费用账户的补偿必须要有收据,付款支票要加以适时的记录,应付账款的偿付必须以购货发票为依据。

3. 限制交易的授权额度

每笔交易的授权金额要有严格的限制,然后还要进行审核或联签。比如,由某个支票签署人签发的支票应该有一个金额限制,超过限额的必须要有两个人签名。

4. 恰当的披露

在当今的计算机核算系统下,依靠电脑编制管理报告是很容易的,这些报告可以提示公司的所有者哪些交易领域容易发生欺诈行为,这也是所有者的兴趣所在。企业编制财务报告的目的是让企业的所有者可以检查重要的财务活动,保证企业的经济活动符合既定的方针和限制条件。对小型家族企业来说,提高经营效率是很重要的,向所有者提供的报告可以集中反映那些例外事项,即那些超过了常规的金额限制或其他要求的交易,管理者需要对这样的交易进行审查。

5. 定期审计

预防欺诈的第三个环节就是对公司易发生舞弊的交易和程序实施定期的审计。一般说来,家族企业没有独立于会计部门和管理层的内部审计人员,让公司的内部员工来执行客观、独立的内部审计功能是很困难的。在小型的家族企业里,可以将内部审计功能赋予会计部门,由会计部门来实施年度审计。就可能发生重复付款的项目和收款人的地址编制专门的报告将有助于预防欺诈行为的发生。

6. 有效沟通

预防欺诈的另一个措施就是有效的信息沟通。企业主和高级管理层对员工的诚信问题都应该给予充分的关注,管理层应该制定高标准的员工道德守则,并让员工认识到自己必须遵守企业的道德守则,员工的道德素质对于遏制舞弊行为具有长远的意义,也可以对发现了舞弊行为的员工们提供行为指导。

7. 员工背景审查

公司要对所有的应聘人员的背景进行彻底的审查。在约瑟夫应聘进入 AMC 之前,公司的律师事务所对他实施的背景审查就不够彻底。我们不应忘记,舞弊者往往会不遗余力地保护自己,为此甚至可以伪造工作经历和学历。为了不放过这些不诚实的行为,公司可以聘请一位有能力、有道德的调查员在企业初步背景审查 30 天过后实施第二次审查,主要是审查应聘者的社会记录。必须对求职者的所有求职信息进行审查,询问具体的问题,以便揭示他们在工作经历和学历方面的疑点,找出存在的问题。

任何有参考价值的信息都不要放过,包括学历情况、工作经历、家庭住址、信用状况、驾驶记录、所属职业及执照等。要请应聘者毕业的学校来寄发相关凭证,将其与应聘者个人提供的资料进行仔细的核对。对于重要的管理岗位,对应聘者实施心理和行为能力测试也是值得考虑的步骤。

14

"一千三百万先生"

The $13 Million Man

约翰·富兰克拉

20岁的杰里特拉诺瓦从芝加哥搬到了佛罗里达州坦帕市郊的新波特里奇。在美国保险公司上班的一个家人建议他也到这个单位申请一个职位。不久以后,杰里就被这家保险公司的财务与会计部录用为数据录入员。由于这个职位比较低微,所以保险公司只对他的背景做了一点简单的调查。他一来到这个公司就受到了同事和管理层的喜爱。一年之后他的上司就对他另眼相看,让他承担一些具有挑战性、责任更大的工作。杰里给大家的印象是他很有钱,他的业余生活,比如整修一些古董汽车,是需要很大投入的。杰里还经常为他人提供如何快速致富的建议,他最喜欢的消遣就是在当地的一个赌注经纪商那里为体育比赛下赌注,尤其是足球比赛。

美国保险公司(AIC)成立于1867年,被誉为世界上最强的金融机构之一。它的总部设在纽约市,在全世界20个国家有代理机构。它的经营范围包括人寿保险、健康保险、退休金、年金、401K退休金计划以及汽车和家庭财产保险。该公司的经营地点达30个之多,雇佣的业务推销人员和管理人员总数达几百万人。设在坦帕市的行政分理处负责处理公司的会计工作。

§初露端倪§

我在纽约市的一个特殊调查部门任职。在一天的上班时间,我接到了丹·默里打来的电话,他是亚利桑那州索那马市的联邦信用社应收账款部的经理。

"请问您需要什么帮助吗?"我问道。

"我们公司的经理曾给全体员工发了一个备忘录,要求凡金额在两万元以上的存款都要经过检查,必要时要进行调查。就在同一天,我发现了一张由美国保险公司签发、金额为6 490 357.69美元的支票,收款单位是木兰保健有限责任公司,支票已存入该公司的账户,我随后与美国保险公司取得联系以便核实这张支票。我注意到这张支票被寄到了索那马附近的一个低收入居民区,我按着地址找了过去,看到的是一个破败的家庭住宅。后来,我与位于佛罗里达州坦帕市分理处的一位工作人员进行了交流,询问这张金额为6 490 357.69美元的发票是否真实合法。一位没有透露姓名的女职员说她检查过电子支票登记簿,这张支票看起来符合支票审批签发程序。"

丹以前在另一家公司的调查部工作,经验告诉他这张支票值得怀疑。他请那位女士和授权签发那张支票的人联系一下,然后给他打一个电话。结果丹没有接到电话,于是便给我们公司的特别调查部打来了电话。

"你可以给我传真一份支票的复印件吗?"我问。

只要我拿到这张支票的复印件,我就可以对其进行初步的调查。在我核实这张支票之前,丹冻结了这个账户,我们决定一同展开调查。

然后,我与负责坦帕分理处的主管人员取得了联系,请他安排一位部门经理为我提供这张支票审核过程的书面凭证复印件。副总经理泰勒·杜蕾表示他将弄清情况,然后直接与我联系。他说,他相信他们公司的一位员工的确与这张支票的核准人取得了联系,核准人名叫玛丽·巴里罗,在她接受问询时,她声明自己从来没有核准过这张支票。

第二天,泰勒又给我打来了电话,告诉我他的几个下属对此案进行了调查,他们询问了几个同事并记录了他们的回答。接受询问的雇员确认,就在同一天,还有一张金额为6 225 165.06美元大额支票被签发,收款单位是亚利桑那州索那马的房地产职业投资有限责任公司。

我建议泰勒指示他的下属不要再与公司内外任何人谈论此事,从现在开始由我出面做这项调查。我还建议他,不管是谁做过与此案有关的调查,都要保留书面记录,我将逐一约见这些人,这是我的调查工作的一部分。

我联系了在坦帕的财务负责人汤姆·麦当劳，了解会计部的情况。汤姆对我说，他的一个名叫杰里·特拉诺瓦的下属说自己接到了一个我们位于新泽西州的布里奇沃特办事处打来的电话，打电话的人要求尽快签发两张支票，一张给木兰保健有限责任公司，另一张给房地产职业投资有限责任公司。杰里将两张支票的付款凭单的号码告诉了对方。杰里还告诉汤姆说他不记得来电话人是男的还是女的。接到传真后，他便将签发的支票记了账。接着，杰里去找了负责支票签发前事项入账核准工作的同事罗达·麦迪逊。罗达将两张会计付款审批表上的授权签名与电子档案上的留存印鉴做了比较，二者一致，是授权审批人玛丽·巴里罗的签字。于是，这两张总金额为 12 715 522.75 美元的支票便在网上签发了，并被邮寄到了指定的地址。在罗达被问及此事时，她说她完全清楚向公司的供应商签发 5 000 万美元以下的支票在玛丽的权限范围内。

我随后给丹打了电话，电话只响了一声他便拿起了话筒。

“你好，约翰，我们是不是遇到了一起支票诈骗案？”

“一点不错。”我回答，“美国保险公司永远都会感谢你的。”

我告诉丹，另一张金额为 6 225 165.06 美元的非法支票在同一天签发给了房地产职业投资有限责任公司。丹马上在电脑上查看了他的在线信用社的系统。

“我没有看到有这个金额和日期的支票啊。”他说。

随后他同意给当地的其他银行和信用社发函询问，看是否有人将该张支票存到了房地产职业投资有限责任公司的账户。

我告诉他，我们的电子付款系统今天已经停止了这两笔付款，以防有人拿这两张支票到其他金融机构兑现，这样做可以将美国保险公司的损失降到最低。

我还告诉丹，美国邮政检查局已经知道这件事了，他们建议我和他们联手应对此事。丹表示愿意提供帮助，并承诺把用于打开在亚利桑那州索那马景观东街的木兰保健有限责任公司账户的文件副本寄给我。他说这个账户的户主已经在支票签发日两天后由弗兰克·狄罗斯更名为乔格·卡司特拉，信用社记录上显示的地址与开给房地产投资公司支票上的地址是相同的，都是亚利桑那州索那马北大道 73 号。

我告诉丹，美国邮政检查局已经指定检查员詹姆斯·特纳负责此案，我们计划下周去坦帕分理处面询涉及此案的杰里·特拉诺瓦，还要与涉案的银行账户户主弗兰克·狄罗斯和乔格·卡司特拉面谈。

§做贼心虚§

我们为会面准备了一间小会议室。我的搭档詹姆斯·特纳认为，约见应该先由我一个人开始，过一会儿再让他介入。我事先与杰里的上司汤姆·麦当劳进行了沟通，请他参加这次约见。他走进会议室后把我介绍给了杰里，在我看到杰里第一眼的时候就注意到他的脖子上戴着一条价值在1 000美元以上的金项链。杰里浮华的外表不禁使我想起了电影《周末夜狂热》中的约翰·屈伏塔。

我先开口说："杰里，今天之所以把你请到这里，是因为你是接到那个自称是新泽西州布里奇沃办事处的人的电话的人，你能不能详细地告诉我们支付给木兰保健有限责任公司和房地产职业投资有限责任公司的两张支票是怎样签发出去的？"

杰里说他接到了一个人的电话，打电话的人没有说出自己的姓名，但是他觉得是个男人。之前杰里告诉汤姆说他不记得打电话的人是男的还是女的。打电话的人说他希望尽快签发这两张支票。

杰里讲述道："我把需要登记在付款审批表上的付款凭单的号码告诉了他，然后就接到了新泽西州布里奇沃发来的传真，是列示有两张待签发并寄往亚利桑那州的两张支票的付款审批表。我照例为这两张支票的申请准备了凭证，并交给罗达·麦迪逊审批。她核实了付款审批表上的签名，支票的金额也在她的审批权限范围内，然后我们就按照指定的地址将支票寄了出去。"

我们问杰里，是谁将付款凭单号码填入付款审批表的，给杰里发传真的人是谁，他回答说，一定是布里奇沃办事处打来电话的那个男子。

我告诉杰里，我查看了布里奇沃办事处和位于新泽西州的另一个办事处的电话记录，这两个机构都没有人给他打过电话要求签发支票。杰里坚持说那天的确有人打电话给他，但是又改口说电话也可能是另一家机构打来的。我提醒他，坦帕分理处的紧急事务联系人是罗达·麦迪逊，不是他。然后，我拿出他的求职申请、来自布里奇沃的传真和相关的账簿摆在他的面前。

"你有没有发现你的申请表上的笔迹和其他文件上的笔迹很相似?"我问他。

杰里承认自己的笔迹和那个不知名的人的笔迹很相像,但否认付款审批表是他填写的。

我又问他,为什么布里奇沃发来的传真上的号码是他的号码,而不是发传真者的号码,他无言以对。

"杰里,我要告诉你,传真备忘录上的区域代码和你求职申请上的区域代码完全相同。"我希望这个证据能够击破他的谎言。

"布里奇沃传真过来的会计付款审批表的确不是我填写的",杰里发誓说。

我让杰里好好看一看一份付款审批表原件,是在这两张支票签发的两周之前由玛丽·巴里罗填制的。杰里承认表格原件上的签名和那两张最近填制的付款审批表的签名一样,很可能是有人将签名硬加到那两张审批表上的,杰里还承认,传真给他的会计表格一定是用来添加核准人签名的那一份。杰里认为是新泽西州布里奇沃办事处那个打电话的人复制了签名然后将付款审批表寄给了他。

我告诉杰里,因为付款审批表是通过美国特快专递公司直接交给位于坦帕的会计部的,新泽西那边的工作人员手中根本没有付款审批表的原件。于是我们断定伪造的表格出自于佛罗里达州的坦帕,是在传真给他之前伪造的。

我描述了一种可能的猜想,有人通过扫描付款审批表原件,在电脑上建立了一个新的文档,新的电子文档上面的文字可以修改,只要把审批人的姓名或支票的金额加以修改,一个带有核准人签名的新的付款审批表就做成了。

§停职查办§

这时候,杰里的脸上现出焦虑的表情,问我是不是可以休息一会儿去一趟卫生间。杰里和我走出会议室后他便问我,他是否会丢掉饭碗,会受到什么样的法律制裁。我告诉他问题很严重,发出签发支票指令的人将面临刑事指控。我们走进了男卫生间,他进了单人小隔间后半天没说话。

过了很久他才从小隔间里走出来,对我说:“你为什么不找个法庭笔迹鉴定专家来辨别一下填写凭证伪造支票的人是不是我呢?”

“我们还是回到会议室吧!”我回答道。

现在是请我本次调查的搭档詹姆斯出场的时候了,由他来开始我们这次面询计划的第二步,詹姆斯将扮演“黑脸”,亲自和杰里谈谈。

詹姆斯对杰里说,自己是代表美国助理检察官领导下的亚利桑那州索那马市的大陪审团来参与本案的调查的。

“杰里,你是本次调查的对象,因为是你非法提出签发支票申请,并把支票寄到了亚利桑那州。美国助理检察官认为,该项调查可能揭露一起触犯联邦法律的刑事案件,罪名是邮件和电信欺诈。”詹姆斯继续说道。

詹姆斯递给杰里一张要求杰里在亚利桑那州索那马大陪审团前作证的传票,传票还要求杰里提供足够的指纹、掌纹和笔迹样本供法庭比较。詹姆斯建议杰里聘请一名辩护律师。

这时候,杰里再一次表现出不安的情绪,但他没有提供更多的信息。我告诉他,我已经与公司的法律部取得了联系,他将被立即停职,等待最高管理层的决定。最后,我让他交出公司的徽章,把他送出了办公大楼。

送走杰里后我又回到会议室,与詹姆斯一起讨论案情。我们都认为就是杰里·特拉诺瓦签发了支票并把支票邮寄到了亚利桑那州。我们无法理解的是,他为什么要策划这起金额为 1 300 万美元的诈骗案呢?我猜想可能跟他赌博有关,但詹姆斯认为还有别的原因。也许杰里是这样想的,反正是要触犯法律,为什么不把支票的金额写得比自己所欠赌债更大一些呢?这样自己还可以赚一笔呢!

我们决定对杰里所在的坦帕分理处近几个月的拨出和接收的电话记录重新进行审查,我们要找出这起支票诈骗案背后所有的参与者,因此我们需要去亚利桑那州索那马见见那个银行账户的持有人弗兰克·狄罗斯和乔格·卡司特拉。

我和詹姆斯决定下个星期突然造访弗兰克·狄罗斯。通过对外部信息的查核,我们了解到弗兰克·狄罗斯拥有很多公司,其中一家公司叫动力房地产公司,位于亚利桑那州索那马的北大道 59 号。

我们在去动力房地产公司的时候制订了一个计划,即作为商业调查员的我先出面交谈，然后詹姆斯再介入。这样的好处是，一旦我这里出了什么差错，我的救星——美国邮政检查员就会有足够的时间采取补救措施。办公室的面积相当大，里面有很多办公桌，很多员工在里面工作。我来到靠近门边的接待处，和接待员说我想见见弗兰克·狄罗斯先生，接待员指着一位身材矮小的60岁左右的老人说，他就是弗兰克·狄罗斯先生。

接待员把我们带到她老板的办公室，我和詹姆斯做了自我介绍。我说明了美国保险公司正在对其签发给木兰保健有限责任公司和房地产职业投资有限责任公司的两张支票进行调查的情况，我请弗兰克就这两张支票的签发提供一些情况。

弗兰克解释说，几年前，他和一个合伙人共同创办了木兰保健有限责任公司，后来他买下了合伙人的股份，成了公司唯一的股东。不久，他又把这部分所有权转让给了乔格·卡司特拉。木兰保健公司是一家成人护理院，但却没有什么客人，就坐落在景观东大道的一个独门独院的房子里。他说乔格就住在那里并负责公司的资产管理。

弗兰克证实木兰保健公司的确收到了美国保险公司签发的金额为6 490 357.69美元的支票。弗兰克说，有一天他忽然接到了乔格打来的电话说他发财了，他告诉我他收到了一张支票。乔格觉得这张支票就像是衣兜里的"零花钱"，还戏称这钱是"天上掉下来的馅饼"。

弗兰克还说："我告诉乔格把支票存到木兰保健公司在信用社的账户上，我绝没想到它会被信用社拒收。我记得我还对乔格说过，这笔钱也许是以前成人护理院的某位顾客送给你的礼物或者是结算账款。当支票被信用社拒绝后，我对乔格说这也许是因为账户的户主刚由我变成了你的缘故吧。"

我又向弗兰克询问了房地产职业投资有限责任公司的情况，他说那是他办的一个"壳公司"，用来购买房地产的，他也把这家公司的所有权转让给了乔格。亚利桑那州首那马北大道73号是他自己的家庭住址。

詹姆斯接着问："你曾经接到过支付给房地产职业投资有限责任公司的金额为6 225 165.06美元的支票吗？"

"没有。"弗兰克否定说："我从来没有收到这张支票。"

"那你有没有觉察到这可能是一场支票诈骗案呢？"

"没有。"

§顺藤摸瓜§

在亚利桑那州调查的过程中，詹姆斯利用法院的传票从弗兰克的家拿到了他的电话记录。通过核查外部数据库，我们又发现了其他的与此案相关人。在与弗兰克的谈话进行到这里的时候，詹姆斯开始把这些名字说给弗兰克，让弗兰克知道我们已经对此案已经掌握了大量的情况。

"文森特·图索、大卫·罗米特、希拉里奥·罗米特，还有莱瑞·罗米特，这些名字你熟悉吗？"詹姆斯问道。

"没听过。"弗兰克答道。

"那你知不知道文森特·图索，卡帕奥斯咖啡馆，巴特中介服务公司和儿童游戏电脑店呢？"

"不知道。"

这时，詹姆斯告诉弗兰克，就在美国保险公司签发这两张支票的时候，他家里的两部电话与这几个店铺和个人的电话联系甚多。

"我不认识这些人，也没有打过这些电话。"弗兰克辩解道。

我们问弗兰克，乔格是否在办公室或者他是否会来办公室。

"他在那里。"他回答。

我们随后便去了乔格的工作地点，做了自我介绍，谈话就开始了。乔格确认他家住景观东大道 1517 号，木兰保健有限责任公司由他管理，承认他确实收到了金额为 6 490 357.69 美元的支票。他说他为此给弗兰克打过电话，弗兰克说这张支票很可能是美国保险公司代表木兰公司的一位老年顾客签发的。乔格和弗兰克通过电话之后，便把支票存到了在信用社开立的账户上。之后，弗兰克向信用社询问那张支票是否到账，被告知支票已经被拒收了。随后，乔格还证实了自己目前是房地产职业投资有限责任公司的业主。当被问及由美国保险公司签发的金额为 6 225 165.06美元的支票时，他否认自己收到这张支票。

在谈话要结束的时候，我们问他是否认识大卫·罗米特、希拉里奥·罗米特、莱瑞·罗米特、约翰·特拉诺瓦以及文森特·图索，他发誓绝没听说过这些名字。詹姆斯告诉他，莱瑞和大卫·茹米特常往弗兰克家里打电话。

"我说过了,我不认识这些人。"

"那好,我建议你请一位辩护律师,因为这个案子目前正在接受亚利桑那州索那马大陪审团的审理。"詹姆斯说。

根据电话记录提供的其他线索,我们需要到佛罗里达州的新波特里奇进行查证,我们必须查出这起诈骗案的所有涉案人员。因为莱瑞·罗米特给弗兰克打过好几个电话,我们需要找到他并进行面谈。通过外部数据库,我们得知莱瑞住在新波特里奇。电话记录还显示弗兰克有时还会接到巴特中介服务公司打往亚利桑那州的电话,这家公司的业主是文森特·图索,他也住在新波特里奇。

我和詹姆斯驱车到了莱瑞的家,敲门过后,一个女人开了门,自我介绍是艾拉·罗米特,她与莱瑞已经离婚了。当我问罗米特先生是否在家时,她突然哭了起来。经过询问才知道,昨天早上有几个人闯进家里把她的前夫带走了。我们发现莱瑞的真实姓名是希拉里奥,当我们说到卡帕奥斯咖啡馆的时候,她说那个咖啡馆是她儿子迈克尔·肯尼迪的,已经停业了。她把她儿子的地址给了我们。

我们出门之后詹姆斯便给当地的美国邮政监察协会服务中心打了电话,询问莱瑞是否有过犯罪前科,他最近是否是被监禁了。在去迈克尔家的路上,詹姆斯接到了一个电话,证实莱瑞最近被抓进了监狱,原因是他持有一把没有序列号的左轮手枪。打电话的人还告诉詹姆斯,这个莱瑞或希拉里奥曾经因赌马、抢劫和其他罪名被多次逮捕过。

我们见到了迈克尔,他是一个30多岁的护士,也是已经停业的卡帕奥斯咖啡馆的主人。我们问他和莱瑞是什么关系,他说莱瑞是他的继父。他还告诉我们,前段时间他骑摩托车发生了车祸,在治疗修养的六个月里,莱瑞替他打理了咖啡馆的生意。

詹姆斯和他说了我们在亚利桑那州调查过的那些人,迈克尔说他不认识。我们告诉迈克尔他的咖啡馆给亚利桑那州打过电话,他说一定是他继父打的这些电话,因为那段时间他待在家里修养。我们向他问起文森特·图索,迈克尔说认识这个人,还认识他的两个儿子。

"文森特·图索在新波特里奇有一家当铺和一家电脑公司,我的继父和图索先生是挚友,莱瑞曾经在当铺工作过。"迈克尔说。

第二天，我和詹姆斯去了巴特中介服务公司，即位于新波特里奇的一家当铺。我推开门后，看见办公桌后面坐着一个位上了年纪的人。

"你是文森特·图索吗？"我问。

"你要找谁？"他反问道。

"我是美国保险公司的调查员。"我回答道。

"我能看一下你的证件吗？"

我从兜里拿出我的证件，"这是我的名片，我旁边这位先生是美国邮政监察局的詹姆斯。"

我们问他是否认识莱瑞·罗米特。

"当然认识，我们俩家私交很好，是13年的老朋友了，上周他由于参与非法武器买卖被捕了，我正在筹保释金呢！"

"你还知道罗米特家里的什么情况？"我问道。

"莱瑞经常呆在新波特里奇的卡帕奥斯咖啡馆里，还有我的儿子小文森特和他的朋友杰里·特拉诺瓦……"

"等等，杰里·特拉诺瓦？你能谈谈这个人吗？"我问。

"恩，他经常和我儿子在一起，小文森特经常帮他修电脑。"

我和詹姆斯都断定，一定是文森特的儿子教杰里怎样把文件扫描到电脑上，伪造出带有玛丽·巴里罗的签名的两份付款审批表。

§小孩子的把戏§

我们告诉文森特，我们正在调查的嫌疑人与巴特中介服务公司和儿童游戏电脑店之间有很多电话联系，这两家店铺都是文森特的。电话记录上还有打给远在加利福尼亚州的罗米特的母亲和哥哥的电话。文森特承认他与大卫·罗米特通过电话，但从未见过他。我们问他儿童游戏电脑店在哪里。

"就在隔壁，"他说。

"当铺挨着电脑店是很不正常的啊！"我低声对我的同伴说。

因为我的调查是与美国邮政监察局联手进行的，并且在亚利桑那州索那马大陪审团的领导之下，弗兰克·狄罗斯的律师便与负责此案的美国助理检察官取得了联系，说他的当事人愿意诚恳作证以减轻自己的罪行。他还提到弗兰克曾经接到他前妻的侄子莱瑞打来的电话,莱瑞向他打听如何开办一家公司或如何利用已开办的公司,弗兰克告诉他,他自己有两家已经歇业的公司,也就是木兰保健有限责任公司和房地产职业投资有限责任公司。得知这一情况后,莱瑞决定去索那马拜见弗兰克。

在弗兰克家里,莱瑞告诉弗兰克他有两张由美国保险公司签发的合法支票,他想把部分款项用于投资房地产,其余的兑换现金。他说他以前曾经这样做过,利用的是他儿子在佛罗里达州的咖啡馆和一家电脑公司。因为支票是用于支付个人伤害赔款的,所以是免税的。他还说他在美国保险公司内部有熟人,他可以签发支票。

他们两个人决定利用弗兰克这两家公司的名义。弗兰克提议把这两家公司转让给乔格·卡司特拉,这样一来,他就与此事无关了。一天,莱瑞和弗兰克将要接收支票的两家公司的准确名称传真给了美国保险公司的一位员工,随即就收到付给木兰保健有限责任公司的支票。乔格和弗兰克在看到支票的金额后都惊呆了,他们与莱瑞商量如何处置这张支票,莱瑞建议把支票存入银行账户。几天后,他们得知支票没有到账后便告诉了莱瑞,莱瑞说这张支票有点问题,他们很快就会收到面额小一点的支票。

为了减轻自己的罪行,乔格和弗兰克主动认罪并揭发了杰里和莱瑞的罪行。两年之后,亚利桑那州索那马的大陪审团根据美国邮政舞弊法案,指控前美国保险公司职员杰里和莱瑞犯有三项罪名:两起邮件诈骗罪和一起共谋罪。

詹姆斯当初的假设是正确的。杰里承认,因为自己嗜赌成性,所以必须给他的赌注经纪人莱瑞签发支票。起初他也没想开那么大金额的支票,可后来他觉得没有人会发现这件事是他做的,所以决定签发大额支票,指望着自己还能从中分得一部分钱。哪知道,信用社、美国保险公司和美国邮政局的法眼雪亮,杰里没有逃脱法律的制裁。这位"一千三百万先生"被判处五年缓刑和 200 小时的社区服务,莱瑞则在原刑期的基础上又增加了缓刑期。

美国保险公司避免了 12 715 522.75 美元的损失,信用社也是毫发未损。

§经验与教训§

这项调查从开始到结束用了几年的时间，它给我们的启示是，遇到这样的案件，越早与司法部门取得联系越好。经过各方共同的努力，我们至少确定了这起诈骗案中的四个参与者，还及时发现了美国保险公司可能遭受的另外6 225 165.06美元的损失。

这项调查也揭示了美国保险公司内部控制的四个薄弱环节，反映了其支票审批额度和支票核准程序失当的问题：

1. 公司职员的审批额度过高；

2. 紧急支票签发的核准系统缺乏必要的内部控制；

3. 公司员工的防舞弊意识还应该加强，员工应当知道，一旦遇到欺诈行为该与谁联系；

4. 进行舞弊调查时应及早寻求司法部门的帮助。

§防患于未来之建议§

虽然在公司内部杜绝舞弊是不太现实的，但可以采取多种措施减少舞弊的发生。

1. 调整票据审批权限

内部审计人员应该对企业的方方面面进行审计，按照不同的级别确定相应的审批权限，即使是公司的副总裁，也要规定其审批支票的限额。要健全控制措施，通过质量控制人员和监督人员的参与来加强紧急支付的核准系统。没经过多人核准和原始凭证审核，任何人都不能签发超过1 000美元的支票。

2. 提高欺诈防范意识

公司的每一位员工都要具备欺诈防范意识，这是保证欺诈行为发生时员工知道向谁报告的关键。美国保险公司已经开展了一年一度的为期一周的欺诈防范意识培训，这个活动清楚地向全体员工传达这样一个信息："未被发现的欺诈直接影响公司的财务状况"。

3. 开通欺诈举报热线

作为公众的一个有效的举报途径，舞弊举报热线的宣传至关重要，举报热线应由资深的调查员负责。

4. 引进先进技术

先进的技术有助于调查人员快速侦破欺诈案件。信息系统安全保障人员应当与特殊调查部携起手来，利用计算机制定控制措施和监督工具并通过电脑加以实施，以减少欺诈行为的发生。

15

知人知面不知心

They Didn't Know Jack

珍尼特·M.迈克哈德

花园树丛公司的管理层对公司的技术部经理杰克·加莱戈斯感到很满意。从表面上看,杰克在尽力维护公司的网络系统和店面服务,为之提供电脑硬件和软件。但是,杰克很善于伪装,后来的结果证明花园树丛公司根本不了解杰克。

杰克来花园树丛公司求职那年是23岁。他在简历中声称自己已获得了信息系统管理专业的商科学士学位,还在简历上炫耀般地打上表示自己获得了微软和思科计算机系统的资格认证的图标。作为一位如此年轻的职业工作者,他的教育背景和职业生涯都很耀眼。

杰克很喜欢汽车,自己有一辆改装的经典野马车,亮黑色的车身、紫色的火焰图案在两侧喷射而下。他并不用这辆车代步,而是用来展示的,拿它到处参展、炫耀,还在自己的网页里上传了这辆野马车的照片。

他在向花园树丛求职的时候,没有按照公司的要求提供信息,而是将简历和申请书订在了一起。关于他以前的工作单位的联系方式、上司的姓名以及辞职的理由,他只字未提。杰克在求职申请书上签了名,明确表示公司可以向他的推荐人查询,但公司却没有做任何调查,后来证明这是个代价极高的失误。

花园树丛公司是麦克·金的专业激情的产物。他的本科专业是园林,酷爱培育新的植物品种。麦克·金一生的时光都献给了沙漠,经历了无数次旱灾,终于开发出一种能让需要水分的植物抵抗旱情的技术,他于是就成立了花园树丛公司为这些抗旱植物开辟市场。麦克的特种技术就是在减少供水量的情况下维持植物的枝繁叶茂状态。公司建在沙漠的西南方向，麦克觉得这个位置很好，因为附近社区里的每个人都需要这项技术。在经常定量供水的地区，这项技术很有市场，用了麦克的产品以后，顾客就可以用漂亮的、多彩的绿色植物来美化庭院。

麦克和他的妻子珊迪共同经营着这个公司。经过他们的努力，公司已经从一个小店铺发展成一个充满活力的零售企业，有几个分店，还有生意兴隆的电脑销售业务。花园树丛公司的主要销售点就种植着他们经销的存货，公司还设有一个零售商店。

在一个万里晴空的日子我接到了花园树丛公司的法律顾问莱尔·华盛顿的电话。在此之前，我对花园树丛公司一无所知。莱尔请我开车到花园树丛公司与他见面，还有麦克·金和公司新上任的技术部经理凯西·得拉玛尔。

我在西南沙漠的一家会计师事务所上班，我的主要工作是提供法律援助服务，常常涉及到舞弊调查和舞弊防范问题。多年以来，我见过不少委托人非常惊讶地发现自己倍加信任的员工监守自盗的事例。眼下花园树丛也出现了这样的问题，所以公司的律师给我打来了求助的电话。

我到了公司以后，看到花园里到处是生气蓬勃的花草，色泽鲜艳的鼠尾草和黄荆花招来的很多蜜蜂。我穿过花园来到了标有“办公楼”字牌的金属建筑。

我在楼里没有看见负责接待的秘书，这使我感到惊讶。我只好在办公楼的大厅里转悠，想找个人带我去会议室。我探头看了看几个开着门的办公室，看到的都是拥挤的小隔间，有些座位上有工作人员，但是没人跟我打招呼。看来，这个屋子纯粹是个员工工作的地方，从来没有来访者。

终于，一个身着休闲装的三十多岁的女士瞥见了我，她把电话话筒从耳边移开，问我是不是那个舞弊审核员，她放下话筒后自我介绍说她就是凯西·得拉玛尔。接着她整理了一些资料带我去了会议室。

凯西把我介绍给了麦克·金。麦克·金看起来很健壮，大概有四十多岁，头发剪得很短。他的言谈举止比较直截了当，像处理公务一样。他给我讲述了花园树丛公司的历史，言语之间表现出他为自己培育的新品种植物感到很骄傲。莱尔·华盛顿看上去也很健康，银色的头发和麦克一头黑发对比明显。他们俩都穿着卡其色的衣服，麦克的衬衣上还有花园树从公司的标志。待我们在通风很好的会议室里坐定，麦克、凯西和莱尔便开始对我讲述公司的前任技术部经理杰克·加莱戈斯。

§我能相信你的话吗？§

杰克不久前辞职了，说是需要照顾一个生病的亲戚，不能回来上班了。他打辞职电话那天正好是麦克要求他提交他的微软和思科计算机系统资格认证书复印件的截止日，他在求职简历中声称自己持有该证书。之后不久，公司就聘用了凯西来接替杰克的工作。凯西一上任就开始了对设备进行实物盘点的工作，麦克几个月前就催促杰克做这件事了，但一直没有下文。

凯西要做的工作比她意料的要困难一些。起初，她以为最简单的方法就是拿着会计部门编制的存货清单来与设备对号就可以了，可事情并非如此简单。清点过程中凯西发现许多设备已经丢失了，她于是决定检查一下购货凭证，搞清楚究竟是哪些设备丢失了。但是，她拿出那些购货发票一看，就知道其中一定有问题，随即告诉了麦克。麦克告诉我，最近花园树丛公司的业务正在快速扩大。杰克是这个公司聘用的第一位信息技术部经理，以前他们都是把这项工作外包的。随着公司业务的不断扩大，他们感觉需要有一个人专门负责信息技术系统的工作。麦克和珊迪刚刚开了第三家零售店，公司网站的点击率随之大幅增加，他们正在设法寻找一些技术解决方案，来应对存货管理和网上销售方面产生的压力。在他们面试前来求职的杰克时，感觉他好像具备公司需要的专业技能。

杰克进入公司不久，公司的一栋小型综合办公楼着火了，起因似乎是电路方面出了问题，纯属一次意外事故。但是，由于公司的几台电脑以及备份系统都在这栋楼里，这次火灾给公司在技术方面带来了很大的麻烦。所以，在杰克刚上任的前几个月，他的主要工作就是修复、更新和重新安装这些基础设施。麦克接到过杰克提交的数额异常大的购货订单，他想是火灾导致了这些额外的支出，就批准了这些购货申请。

我花了一些时间向麦克、凯西和公司的律师了解公司及其所在行业的情况，有时一个案子往往是与某种特定的业务联系在一起的。我还向他们了解了公司使用的邮寄和网上订货系统，询问了杰克的办公地点，得知就是凯西现在的办公室。我心里暗自思忖,刚才在找会议室的过程中所看见的办公区域与其他部分完全隔离开来,在这种布局之下,员工很容易从事一些私密的活动而不被发现。

然后,凯西叙述了她对设备存货的盘点结果。她在查找一个服务器的时候发现了第一个疑点。她知道公司所有的服务器都不是从清单所列的厂家购买的,因此她查核得更仔细了,结果又发现了很多丢失的设备。麦克和凯西发现,这个服务器和其他丢失的设备都是从“电子世界”购买的,这是杰克以前的工作单位。麦克要求凯西挑出电子世界的所有发票,核实所购设备是否还在。

凯西让我看了一些发票并解释了其中存在的问题。她提醒我们,计算机设备,尤其是硬件设备上都有产品的序列号码,供应商通常都把这个号码写在发票上,但公司从电子世界购买的设备上都没有序列号码。我接着指出了另一个问题:这些凭证上面只是写明了设备的报价而已,并不能说明公司确实购买了这些设备。然而,公司的会计部门已经向电子世界支付了货款,麦克也在这些大额发票上签了字。

凯西和麦克还发现了一件更奇怪的事。报价单上写明销售员的名字是玛丽,还有她的电话号码。麦克递给我一份员工信息表,是杰克在进公司时填写的,这张表上填写的紧急联系人也是玛丽·蒙哥马利,电话号码也一样。掌握了这些情况之后,我知道舞弊调查是在所难免了。

§调查开始§

与公司管理人员的会面结束后,我便开始了正式的调查工作。我开始利用计算机寻找本案的当事人。我首先在网上查阅了杰克·加莱戈斯的公共记录,没有发现他受到过刑事诉讼,但发现了一起民事诉讼,被告的姓名和出生日期都和杰克的一样。这个案子发生在几年前,起诉理由是欠债不还。

然后,我把注意力转向了电子世界。我发现这家公司不在公共电话号码簿里,显然它不是一家依赖散客的零售企业。接着,我查阅了在州秘书处登记的公司名录的公共记录,发现电子世界是在五年前注册成立的,经营活动比较活跃,但公司的声誉不是很高,这种情况通常表明公司没有按时提交年度纳税申报单,或者是拖欠了税费。

最后,我发现公司的主要办公地址和发票上所列的街道名称不同,在州秘书处登记的地址好像是在一个居民区,发票上填写的地址是在卡米诺·诺特街,州秘书处的公共记录上登记的是奥克兰街。公司的联系人列了两个人,一位是玛丽·凯恩,另一位是阿瑟·福尔摩斯,公司董事的名单只列了玛丽一个人。

玛丽是电子世界的董事,可报价单上的销售人员也写着"玛丽",玛丽·蒙哥马利又是杰克的紧急联系人。虽然姓氏不同,但我还是决定进一步调查这些"玛丽"是否是同一个人。我搜集了当地税收办公室的记录,发现阿瑟·福尔摩斯是位于居民区的奥克兰街的一处房产的所有人,是一个民宅,而发票上列示的卡米诺·诺特街的房产的所有人是玛丽·凯恩。

现在我需要确定为什么这个叫玛丽的有不同的姓氏,她究竟和杰克是什么关系。我查阅了州法院的记录,我发现了他们的离婚诉讼文件,玛丽·蒙哥马利·福尔摩斯向阿瑟·福尔摩斯提出离婚,法院的最后决议书上显示蒙哥马利是玛丽的娘家姓,离婚后她改用娘家的姓氏。玛丽获得了电子世界公司的所有权,包括公司的资产和负债,公司的不动产位于卡米诺·诺特街,他们位于奥克兰街的住宅则归阿瑟·福尔摩斯所有。

我在网上进一步收集信息,希望能够发现杰克和玛丽到底是什么关系。我发现杰克酷爱古典轿车,还发现玛丽曾在20世纪70年代获得过堪萨斯小姐的桂冠。根据这些发现,我当时猜测玛丽和杰克是情人关系。当我知道了玛丽的大致年龄后,我改变了我以前的推测,他们之间可能是母子关系(后来发现事实果真如此)。

我在调查中没有找到答案的事情也够离奇的,杰克似乎从这个地球上消失了。他以前的电话号码已经无法打通,也没有登记新的电话号码,自从他离开花园树丛公司后就音讯全无了。他辞职已经三个月了,也从大家的视野里消失了三个月。如果警察想见他的话,也必须先设法找到他的下落,可我的身份是一个私人顾问,没有合法的权力要求他站出来接收问询,我也无权进入司法部门的数据系统来查找他的下落。

几天后,花园树丛公司把与杰克有关的全部资料都给了我,包括他进行的设备采购,还有凯西编制的存货盘存表,上面列示了公司已经付款但找不到实物的设备。凯西还提供了从会计部门拿到的佐证材料，主要是电子世界开出的商品报价单和已付讫的支票。

在对这些信息进行分析的时候，我发现报价单上号码的组建方式都是一样的：前两位数字代表年份，第二对数字代表月份，第三对数字代表日期，后面还有两位数字。比如，一张日期为 2007 年 6 月 5 日的报价单的号码就是 07060502，我还想不出最后两位数字是什么意思。其中有 9 张报价单的编号和订购单的号码相同。订购单的编号应该是由购货方确定的，报价单的编号则是由销货方确定的，这两个号码是不可能相同的。我还发现了两张报价单，其签发日期相差半个月，但编号却一模一样。

这些已付讫支票给我透漏了其主人的线索，其中有十二张签发给电子世界的支票，背面都有手写的"电子世界"的字样，在背书处还有一个签名。我把玛丽·蒙哥马利在离婚协议书上的签名和支票上的签名作了比较，发现两者的字体非常相像，我相信如果案子需要找专业笔迹鉴定师鉴定的话，一定能得出肯定的结论。

我还发现了一张签发给电子世界的支票，背书人却是杰克·加莱戈斯，还有三张支票没有背书签名，只有支票账户号码，这些数字的笔迹和杰克在求职申请表上的字迹一样，尤其是他书写的"5"，看起来很像"s"。

通过将购货佐证资料和盘亏设备进行比较，我和凯西认为这些交易存在三种问题，具体到设备上的问题包括：

1. 从电子世界购进的设备不在公司；

2. 从电子世界购进设备的价格高于正常的市场价格；

3. 购进设备的生产商不是报价单上所列的厂家。

所有的问题交易都存在第一类问题，一半的问题交易存在第二类或第三类问题。综合分析之后我们确定，从电子世界购进的设备大约有价值 26 000 多美元的设备不在公司。

§请告诉我们客观事实§

麦克和莱尔打算对杰克提起刑事诉讼。在完成了初步的分析后，我认为到了与法律部门取得联系的时候了，以便明确我们还需要做什么调查。我给当地警署最好的白领舞弊调查员杰里·马丁内兹侦探打了电话，和他交流了我的调查结果，包括我的发现、对花园树丛员工的面询以及我的分析和调查。他对杰克·加莱戈斯和玛丽·蒙哥马利之间的关系很感兴趣。

经常和马丁内兹合作的一位县检察官是个白领犯罪专家，我们相信这会增加我们成功起诉嫌疑人的可能性。这位专家告诉我，要将案子提交给县检察院的大陪审团审理，还需要做一些准备，其中有两件事尤其重要：(1)附有案情简要说明书的一套清晰的证据材料，(2)警方对嫌疑人的问询。因为我已经搜集了很多资料，所以第一项内容比较容易完成。但是，由于我找不到杰克，就只能由警方出面来做第二件事了。

回到办公室后我立即着手给马丁内兹侦探写报告。首先，我对已搜集的材料进行了复核，从中找出那些可证明杰克构成盗用公款罪名的要素：

1. 将公司财物归为已有；
2. 侵占的资产具有价值；
3. 贪污者被授予资产管理权；
4. 具有实施舞弊欺骗所有者的主观意图。

我的案情说明书重点放在案子的事实方面。我首先提供了花园树丛公司的联系方式和嫌疑人杰克最后留下的地址，接着陈述了我的调查结果，包括有关电子世界公司和玛丽·蒙哥马利的资料，每个事实我都附上了相关证明文件，包括电子世界开具的、花园树丛公司已付款的全部发票（或称报价单）和已付讫支票的复印件。

我把案情说明书和所有的佐证材料一并放进一个文件夹，寄给了马丁内兹侦探，同时将副本给了花园树丛公司，他们需要利用这些资料向保险公司索要员工忠诚保险赔款。

马丁内兹侦探收到资料后给我打了电话，说他将把资料交给检察官，如果他们需要我提供更多的帮助他会联系我。他说，有了这些资料，他确信他们可以给嫌疑人定罪。

两个月后，我收到了陪审团的传票，通知我第二天出庭为花园树丛公司的案子作证。我把这个消息告诉了花园树丛公司，他们颇感惊讶，没想到案子进展得这么快。他们要我出庭结束后立即向他们通报最新的消息。

我又给马丁内兹侦探打了电话,他告诉检察官要求他出庭陈述案子的基本信息,我的任务是到庭准备回答陪审员的具体问题。他预计我们两个人的出庭时间加在一起不会超过30分钟。

第二天早上,我穿上了自己最好的西服去了法院。在陪审团所在的外面大厅里我遇到了马丁内兹侦探,直到出庭作证时我们俩一直在交流案情。他告诉我他一直将我的案情报告放在他的办公桌上,为的是向受害者说明像样的起诉材料是什么样子的,我对他的赞美之词感到很欣慰。

这时,法庭的门开了,马丁内兹侦探被邀请出庭,他用我准备的案情报告做案情陈述。他在陪审员面前的陈述大约持续了20分钟,我在外面大厅里来回走了20分钟。他出来后我便被要求进去作证。

陪审团的成员围坐在一个大房间的会议桌前,房间的光线很好,会议桌周围可容纳20多个人。工作人员安排我坐到长桌子的一端。陪审团主席是一个有着一头黑色卷发的中年男子,我一边回答他关于存货清查方法的问题,一边跟他进行眼神交流。

我可以看出这些陪审员已经在一起工作一段时间了。我回答了他们的问题,大都是关于存货清单中出现的一些计算机专业术语。10分钟后我便回到了大厅,和马丁内兹侦探一起等待等陪审团的裁定,期待他们裁定针对杰克·加莱戈斯盗用公款的起诉成立。他们的裁定果真如此。

不走运的是,尽管我们成功地提起了诉讼,但没有找到杰克·加莱戈斯。又花费了一个多月的时间才找到他的下落,他接受了提审。六个月后,加莱戈斯的律师代表他出庭,这个案子还在进一步审理中。

§ 经验与教训 §

这个案子告诉我们,个人信息档案里可能包含非常重要的信息,甚至是可以引起一起诉讼案件的信息,但令人吃惊的是,这些信息常常被忽略。我常常可以通过雇员提供的存款资料来发现他们窃取公司资金存入私人账户的事实。这个案例还告诉我们,雇员的紧急联系人和前任雇主的信息和银行的信息同等重要。

§防患于未来之建议§

1. 员工背景审查

在本案例中,对杰克进行犯罪背景审查是无济于事的,因为他没有被指控犯罪的记录。然而,假如给他的前任雇主打一个电话,可能就会有助于了解杰克是怎样一个人。如果再跟他的前任雇主电子世界的人见个面,可能就会取得更多的信息以便决定是否雇佣他,至少,公司可能对与他的前任雇主之间的采购业务进行更认真的审核。

花园树丛公司一直没有让杰克提交专业资格证书。虽然麦克曾经要求他提供,但没有给出期限,以至于杰克在不提供专业资格证书的情况下工作了那么长时间。在杰克声称自己参加了一个继续教育课程但又拿不出出席课程的证明时,麦克才又向他索要专业资格证书,这次杰克不得不辞职了。如果公司从一开始就坚持要他提交专业资格证书,杰克很可能就去其他地方找工作了。

现在,花园树丛公司对所有的求职者都要求提供以前的就业单位、工作期间和督导人员的联系方式。求职者只有在提交申请、简历和上述资料的前提下才会被考虑。

2. 检查付款凭证

在花园树丛公司,没有人仔细核对过给电子世界付款的凭证,也没人注意到电子世界开具的只是报价单而不是支票,无人发现杰克实际上是从一个小供应商购买的大量 IT 配件。公司没有相关规定,要求采购时要多看几家报价单或进行价格比较选择。

经过此案后,麦克开始认真地审核购货发票,他不仅要查看采购人员的姓名缩写和付款申请单,而且要确定发票是真实的。麦克还要向员工询问很多关于订购业务的问题,还要确定供应商有良好的声誉和合法的资格。

3. 开展舞弊防范和报告教育

花园树丛公司已经有意识地建立了一套防舞弊安全网。现在他们开始教育员工,让他们了解欺诈是怎样发生的,发现了舞弊时该如何报告。

他们已经建立了内部报告机制,员工可以直接向麦克和莱尔报告。如此一来,花园树丛公司的每一位员工都加入了反欺诈系统,大家都知道麦克决不会放任欺诈行为。

通过改变公司的聘用政策和沟通方法,花园树丛公司可以做到对全体员工了如指掌。如果在杰克应聘的时候公司就有这些系统的话,他们就不会深受其害了。

16

捞“外快”的姐妹

The Skim Sisters

亚当·K.伯文

艾伦·罗瑞和约瑟芬·罗德里格斯从小就是形影不离的好朋友。这对儿时的伙伴就像两姐妹一样一起长大,他们的家都住在佐治亚州亚特兰大市郊,两家只隔着三个门。她们都出生于中产阶级家庭。艾伦的爸爸开了一家小企业,妈妈是个老师。约瑟芬很小的时候妈妈就去世了,爸爸工作很辛苦,常常要靠加夜班来维持生活。所以,约瑟芬经常在罗瑞家吃晚饭,偶尔还跟着罗瑞一家出去度假。

后来,艾伦上了大学,约瑟芬走上了工作岗位。尽管她们选择了不同的人生道路,但是关系依然很亲密。她们两个经常聊天,一起出去玩,甚至还约定将来一定让孩子像她俩一样一起长大。艾伦毕业后就跟一个大学同学结婚了,约瑟芬自然就是她的伴娘。

艾伦成家以后,她们俩之间的关系更亲密了。几年后,当约瑟芬结婚的时候,艾伦在她负责前台工作的酒店为约瑟芬举办了结婚典礼和喜宴,约瑟芬对此感激万分。艾伦自始至终对自己帮助有加,她希望能报答艾伦对自己的恩情。

婚后不久约瑟芬就怀孕了。眼看着家里又要多一口人,她就想在当地找一份收入更高的工作,一份可以为准妈妈提供需要的保健福利的工作。这一次,艾伦又一如既往地挺身而出,在自己工作的酒店为约瑟芬谋到了一个客房服务员的职位。这份工作虽然薪水不高,但晋升机会很多,福利待遇也好,还有医疗保险。艾伦还承诺,约瑟芬生完孩子可以回到酒店继续工作。约瑟芬很感激艾伦。艾伦对自己胜过朋友,简直就像姐妹一样。

和艾伦在一个酒店工作了几个月之后，约瑟芬就生孩子了。为了感谢艾伦这些年来对自己的照顾，约瑟芬和丈夫给女儿起名叫艾伦。六个星期后，约瑟芬就回到酒店工作了。她以前的主管——客房管理经理已经辞职了。艾伦正在物色一个自己可以信赖的人担任客房管理经理，便让约瑟芬担任这个职务，薪水要比现在高得多。

对艾伦的好意约瑟芬也是异常的感激，但考虑到这个职务责任重大，孩子又小，她就犹豫了。艾伦硬是说服她接受了这个工作。

"我会像以前一样帮助你的！"艾伦向她承诺。

面对好友如此慷慨的帮助，约瑟芬有些不知所措。

"我仅仅才有几个月的工作经验，她为什么会把这么重要的工作交给我呢？"约瑟芬感到很奇怪。但是，约瑟芬又非常急于回报艾伦一直以来对自己的帮助，为了艾伦，她愿意做任何事情，这才是一个姐妹应该做的。

§闪光的东西不一定是金子§

位于佐治亚州亚特兰大的怡东酒店是一家典型的国内战争前的南方酒店，从1859年开始它就作为一家企业存在了，往来于亚特兰大的中上层度假者都喜欢住在这里，也是很多商界人士下榻的地方。最近几年，酒店还成立了市场营销部，负责招徕商务客户来酒店开会，也接待举行婚礼的客户。酒店的新增业务在结婚一族当中引起了轰动，于是，酒店管理层在1989年决定建一个15 000平方米的会议婚宴接待中心来承办大型的典礼活动。

1994年，怡东酒店经过一番大的装修改造之后，被普来梅财产有限责任公司收购。普来梅财产公司是一家酒店管理公司，总部设在南卡罗莱纳州的查尔斯顿。建筑工程队花了几个月的时间对酒店进行装修，整修拱形天花板、落地窗、餐厅，还有215间客房。装修工程完工后，酒店赢得了富丽豪华的美誉。客人一走进酒店，迎面看到的是15英尺高的红木大型圆柱优雅地从石灰华地面升起，支撑着流光溢彩的天棚。到处都是花冠式的装饰线，华贵的墙纸和名贵的地毯。

怡东酒店客房的装备十分考究，最突出的特色是埃及棉亚麻做的床被，很昂贵。客人可以免费享用高级浴皂、洗发液、润肤液。酒店的商务中心装有电脑和传真机，顾客入住后也可以工作。餐厅为每位顾客提供免费早餐，午餐和晚餐的食品非常丰富。

普来梅公司还给怡东酒店带来了经验丰富的酒店管理人员和客房管理团队，使怡东酒店得到了很大的提升。我是在1994年被聘为酒店总经理的，其余员工的招聘是在我的监督下完成的，接下来又对酒店进行了装修。我还雇佣了一位年轻漂亮的女大学毕业生来负责前台工作，她叫艾伦·罗瑞，学的是酒店管理专业。酒店很快就在来亚特兰大旅行的人们中间赢得了很好的口杯。1995年夏季，怡东酒店还在《今日旅行》杂志上刊登了长达15页的专栏报道，正好为第二年的亚特兰大奥运会做了一次宣传。

1999年，怡东酒店的盈利达到有史以来的最高水平。装修前酒店每年的入住率约为53%，装修后惊人地上升为92%。客房的平均价格是每晚225美元，酒店的年收入超过了1 600万美元。对此普来梅公司感到满意，作为总经理的我感到满意，住店的客人们也很高兴。

我开始放手让下属们打理日常的经营活动，我对我的团队充满信任和信心，我相信他们可以处理好任何事情，而我则把主要的精力放在销售和开发大客户市场方面。总公司为我们确定了2001年的入住率达到95%的目标，我下定决心一定要达到这个目标。酒店的条件这么好，加上优秀的管理团队，我对实现目标信心十足。

§她清扫客房为哪般§

作为怡东酒店的总经理，我要负责酒店的全部运营工作。直到1999年的秋天，怡东酒店的运转都是一帆风顺，每周我照例要在办公室里待上一两天，处理一些常见的顾客反馈意见、员工事务和供应商方面的工作，其余的大部分时间我都是花在了市场营销、销售和酒店的未来发展上。虽然我的行程不定，但不在酒店的时候每天早晨我都要给部门经理们打电话，做到随时掌握酒店的运转情况。1999年10月份的一个周四的早上，我用手机给酒店的前台打电话，那时我正在外面出差为酒店开拓市场。

接电话的是艾德加·赖利，他是一名年轻优秀的前台接待员，那段时间他总是上早班,因为他晚上要去当地的一所大学听课。我要找前台主管艾伦·罗瑞说话,他说艾伦生病没来上班。我一面有点替艾伦担心,一面继续询问酒店的情况。艾德加说从早上到现在一直有一位先生往前台打电话找艾伦,他大声嚷着他的退款的事,还要求酒店的主管给他回个电话。艾德加打开酒店的电脑记录试图找到这位先生,但记录上根本没有他的记录,他从来没有在怡东酒店住过。

显然,这位先生有问题需要解决,我也一直将让客人满意作为我的首要任务,我决定给他回个电话。我记下了他的姓名和联系方式就和艾德加结束了通话。我开车去加油站加油。那一年亚特兰大的冬天非常寒冷,汽车挡风玻璃上一直有寒霜,即使在车子里呼气也能看到白雾。在加油站的服务员出来给车加油的时候,我拿起手机给那位先生打电话。

电话接通了,他的嗓音尖锐但说话轻柔,我告诉他我是怡东酒店的总经理,“前台接待员告诉我,你有些问题需要我们解决,能跟我讲讲具体情况吗?”我说。

“是这样的,我在前台登记入住,接待我的是经理艾伦,我付了760美元现金,住三个晚上,但是有两天都没看见客房管理员来服务,就好像我不存在似的。”他回答道。

竟然有顾客没有得到客房服务,我深感困惑,就继续追问下去。“先生,你和前台说了这件事吗?”我问道。“当然说了,每天都说,但是他们总是说电脑里没有我的记录,他们会让经理给我回电话。”他答道。

“她给你打电话了吗?”我问。

“是啊,后来是打了。然后客房管理部经理约瑟芬来打扫了房间。他们承诺给我一些退款的,但我一直没有拿到,我认为至少应该给我部分补偿金。”他说。我答应他一定把这件事查清楚,给他一个圆满的答复,然后就挂了电话。

加油站的服务员给车加满油后,我又打了一个电话,这一次是取消我的一次市场推广约见。刚才那位客人所讲的事情让我很是想不通,他是酒店的客人,为什么电脑里没有他的登记资料呢?为什么他的房间两天没人打扫,为什么客房管理部经理要来亲自打扫他的房间呢?客房经理一般不打扫客房的,除非是人手实在不够的时候,但是自从我接管酒店后就没出现这种情况。

我开车回到酒店后就直奔办公室，打开电脑开始查看酒店的会计记录，的确，记录上确实没有显示这位先生在怡东酒店住过，现金核算系统也没有显示那天发生了现金交易。我感到迷惑不解。莫非那位先生在胡闹？

我几乎要放弃这件事情的调查了，忽然觉得该去看看客房服务记录。打开酒店的客房服务系统后，我发现有 198 套亚麻床上用品和浴巾清洗完毕，已经从洗衣部转到客房部，其中有 13 套是由约瑟芬清洗的，但是酒店的会计系统显示那天清洗的亚麻床件是 185 套，那么，多洗的床件到哪里去了呢？要么是洗衣房搞错了，要么是有的客人没有被登记入账。不管是什么原因，我都要追查到底。

§客房住人了没有§

我不是一个喜欢翻旧账的人。我知道，查明此事的最好突破口是确定此事是否真的发生了。要确定酒店是否有未登记的客人的最快办法是从电脑的会计记录上拉出空房间的清单，然后亲自查看每个空房间。我的办公室在怡东酒店的二楼，很小，我从这里可以到达酒店的周转客房。利用终端机，我做出了一份空房的报告清单。

酒店一共有 215 间客房，那个周四有 179 间住了客人，有 5 间客房已经分给酒店的员工使用，用以完成清洗地毯、刷油、修理等工作。那么还剩下 31 间客房是空的。我从办公室出来穿过了大厅，走过电梯拐了一个弯就到了清单上的第一个空房间：106 号房。我把主管的钥匙插了进去，门开了，里面没有住客人，被子叠得很整齐，地毯上还有客房服务员上次用吸尘器打扫过的痕迹。

我接着去了 110 房间，同样的动作，同样的结果。我继续检查了所有的空房间，都没有住人的痕迹。对此我并不感到惊讶，因为我有一个一流的工作团队。这时我想，或许是那天他们把床件的数目清点错了，我想那位投诉的先生也一定搞错了，他可能是弄错了酒店或者是想对怡东酒店敲一下竹杠。总是有这样的人，找些莫名其妙的理由打电话抱怨要求赔钱。

"是的，肯定是这样的，那个人在撒谎，他想欺骗怡东酒店。"我想，

"我竟然被这样的人耍了！我竟然会听信那个根本没来过怡东的人的一派胡言,因为追查荒唐无聊的事情而取消了那么重要的约会！我继而又想,也好,问题搞清楚了心里踏实,总比日后留下遗憾要好。"

"也许我今天下午应该重新安排市场推广约见,"我一面心里思忖着,一面往办公室走。在二楼电梯口的拐角处,我看到了客房管理部经理约瑟芬·罗德里格斯。她正弯腰从服务推车下面取床件,吸尘器就放在旁边,接线散乱地躺在地板上,好像刚刚用过。我注意到她正在打扫的房间号是218。

我的大脑快速地转着,我知道自己最近在哪看到过218这个号码,"是在哪份报告上?"我一时搞不清。经过约瑟芬身边时,我们像往常一样寒暄了几句,我问她那天为什么打扫卫生。

"你们缺人手吗?"我问。"是的,先生,最近有几个女孩生病请假了,我只好临时补充一下空缺了。"她答道。

"好样的,约瑟芬,你真是一个好员工。"我夸奖道。可是她看起来却有些紧张,我想一定是工作负担太重的缘故,继续朝办公室走去。

明媚温暖的阳光透过玻璃窗照进了我的办公室,窗外是酒店的庭院和花园,还有一个水池。在这种碧空万里、阳光灿烂的日子里,我非常愿意打电话联系业务。我迫不及待地打电话约人,准备走出办公室与人会面,把有人窃取酒店资产的忧虑抛到了脑后。我在办公桌旁坐了下来,找到放名片的盒子,我要找的名片都整整齐齐地放在那里。

我用右手拿名片,左手开始拨电话号码。在我把听筒放在耳边的时候,眼睛扫视了一下桌面,一眼便看到了眼前的一份维护申请。按照规定,要想占用一间空房就必须填写维护申请,先要递交到前台办理手续。申请上要写明正当的理由,还要有两位管理人员的签字。

在这张申请单上签字的是艾伦·罗瑞和约瑟芬·罗德里格斯,占用房间的理由是日常大扫除。这是一个很平常的理由。大扫除包括清洗地毯和床上用品,粉刷墙壁和维修空调。总公司要求每间客房每年都要大扫除一次。因为酒店共有200多间客房,所以,每过一段时间就有几间客房要进行大扫除。

常规的大扫除都是由总公司雇佣的外部保洁公司做的,酒店的任何人员都不得参与客房大扫除,这也是母公司对酒店实施年度检查的一种方式,目的是确保酒店的每一间客房都得到了正常的维护。奇怪的是,这张申请单上写的大扫除房间是218,但我刚刚还看见约瑟芬·罗德里格斯在那个房间打扫卫生。

几件事碰到了一起。我站起来走出办公室,来到了二楼的走廊。看着走廊的那头,想起10分钟前我就是在那里看见约瑟芬打扫218房间的。我的心跳不由得加快了,突然意识到自己虽然刚刚路过那里但对发生的事情却没有反应过来,"这种事我已经发生过多少次了呢?"。现在,约瑟芬已经走了,我穿过走廊直奔218房间,插入了我的钥匙。

红灯闪亮,告诉我这个钥匙无法开门。出现这种状况只有两种可能性:一是前台冻结了这个房间,二是房间里有人把门反锁上了。我10分钟前检查空房时钥匙还好使,现在却突然打不开了,只剩下一种可能性——里面有人,在218房间里。

我敲了敲门,没有回应。我又使劲敲了一次,听见有人在里面喊道"稍等,我马上就来。"是一个女人的声音。我等待着。

"会是谁呢?"我心里想着。我听见里面拉开门闩的声音,然后门把手转了一下,门开了。一位高个子的30岁出头的女士站在我的面前。我朝屋里看了一眼,见床上放着一台手提电脑,纸张散落在床上和地板上,房间里弥漫着新鲜的除臭剂味道。

"不好意思,女士,打扰了。"我礼貌地说,"我是酒店的总经理,我只是想亲自问一下,您在这里住得还满意吗?"

"是的,非常好。"她答道,"我对这里的住宿条件非常满意,我下次再来亚特兰大一定还住这里。"我开始询问她具体的旅程细节。她是周一傍晚入住怡东酒店的,没有提前预订房间,要住四个晚上,入住时已用现金付了账,是艾伦·罗瑞给她办理的登记手续,约瑟芬天天来给她打扫房间。

我对这位女士对酒店的赞赏道了谢,为打扰她休息表示了歉意,然后就离开了。我接着又查看了酒店会计系统中所列的另外四间空房,发现每个房间都住了一位或多位客人。每到一个房间,我都自我介绍说我是酒店的总经理,询问他们住宿的情况,为他们光顾本店表示感谢。我想让客人感觉我只是在进行礼节性的走访。

我与这些客人对话的内容大体相同。他们都是上周入住怡东酒店的,都是艾伦·罗瑞接待的,都是用现金付的账。他们是按照每晚115美元的标准付的房费,比酒店的标准收费少了100美元,这就是说,酒店因现金流失而损失了收入,这些顾客却因此占了大便宜。我猜想,可能由于房费的降低,客人没有得到和其他房间相同的服务,所以才有人抱怨。

我现在已经掌握了足够的资料将我所担心的事情向总公司报告了,我需要等待上级关于下一步调查的指示。没过几天,总公司的内部审计小组和一位舞弊调查员便来怡东酒店报到了。具有讽刺意味的是,艾伦陪着他们来到我的办公室,我对调查组表示欢迎,艾伦脸上的表情告诉我:她该为自己的行为负责了。

§自食其果§

我与审计小组的初次会面一结束,他们就对酒店的会计和客房管理记录开始了审查。他们的调查目标之一是确定这起欺诈案例是怎样发生的,被攫取的现金是多少。另外一个目标是确定该舞弊案在酒店已经持续多久了,经济损失是多少,牵涉的人有多少,谁参与了此事,这些都是调查组需要查清的问题。

审计小组进驻酒店的第一天,艾伦和约瑟芬就知道她们的阴谋暴露了。随着调查的持续,每位员工都接受了调查小组的面询。因为已掌握的证据表明艾伦是这起案子的主谋,所以调查组首先问询了约瑟芬。谈话刚开始不久约瑟芬就哭了,她交代了舞弊的所有细节。

艾伦强迫她加入了这个骗局。约瑟芬承认,她打扫那些未登记的房间,艾伦每周多付给她100美元现金。艾伦利用了约瑟芬欠她的人情债强迫她加入了这个阴谋。约瑟芬想让女儿住上像自己幼年梦想过的那样的房子,但又不想像她父亲那样天天晚上加班来赚钱。

约瑟芬在她的招供书上签了字,此外还有大量的证据。艾伦被叫来接受面询,调查员问她的问题非常尖锐,都是关于空房间和未登记的客人的问题。

"我什么都不知道。"她声称。

当调查员拿出约瑟芬签字的招供书时,艾伦说她一直在暗中调查,搜集证明约瑟芬从酒店窃取现金的证据。当然,证据证明情况并非如此。

艾伦终于承认了自己的欺诈行为，在自己的招供书上签了字。

"我感觉如释重负。"她边说边叹了一口气。

艾伦交给调查员一本日记账，上面记着没入账的现金。她持续作案已经一年多了，也就是在怡东酒店的前任客房管理部经理辞职前不久。艾伦坦白说，前任客房部经理拒绝参与她的阴谋，所以被她找借口辞掉了。艾伦安排约瑟芬当了客房管理部经理后，她的计划就得以实施了。

在十四个多月的时间里，艾伦共从怡东酒店窃取了大约 95 000 美元。为了引诱顾客使用现金结账而不是用通行的信用卡结算，她给客人提供了折扣价，一般都是打了 50% 的折扣，高额折扣吸引了更多的个人用现金结算，也就给了她更多的贪污机会。

作为酒店内部控制的一部分，总公司和我都要对前台业务的关键比率指标进行分析，我们发现前台的现金流入量一直保持稳定，这是因为在那段时间，酒店的销售额增加得很快，因此艾伦才能利用酒店收入的增加来掩盖她的贪污行为。一开始的时候，她作案的数额也很小，一般一周也就一两位客人不登记，所以才没有被发现。

后来，艾伦变得更加贪婪了。东窗事发的时候，她每周故意不登记的顾客超过了 10 人，约瑟芬已经无法在履行自己职责的同时完成打扫房间的工作。正是艾伦的贪婪害了她自己。约瑟芬无法完成打扫房间的工作时，客人自然就会投诉，麻烦的是，他们还不仅仅向这两位偷钱的姐妹投诉。

两个人都被怡东酒店开除了，案子被转给了律师，最终移交给了法律部门。在审判前，约瑟芬和地方检察官达成了协议，在审判艾伦时她将出庭作证，作为交换条件她将免受监禁。最终，约瑟芬被判处三年缓期徒刑，向总公司赔偿 10 000 美元。艾伦被判处五年有期徒刑，同时支付了超过 100 000 美元的罚款。

§ 经验与教训 §

通过这次调查，我学到了很多预防和侦查欺诈行为的方法，更重要的是，我对审查员工背景的重要性有了更深刻的认识。在审判艾伦的过程中，人们发现她以前曾因涉嫌欺诈遭到另一家酒店的开除，这是一个非常重要的事实,如果我之前了解这一情况的话,肯定不会聘她做怡东酒店的前台经理。

我还认识到,在存在过度信任的环境下欺诈行为更容易发生。作为酒店的总经理,我过多地把精力放在了销售和市场推广上面。尽管我每周都会花上两天的时间在办公室处理事务,但酒店运营的大部分工作还是由艾伦来完成的,她就有机会利用,更确切地说是滥用了我对她的信任来实施欺诈。我一周仅花一两天的时间来处理酒店的事务是远远不够的,艾伦深知这一点,并且利用了这一点。

适当的职责分工对于预防舞弊的发生是至关重要的。因为艾伦负责前台工作,当一名员工不能来上班的时候,她有责任在岗,这就导致了她经常一天上两个班次,一周至少有五天是这样。酒店要接待那么多入住的客人,她就有充分的机会实施欺诈活动。因为前台一个班次只有一名员工值班,所以艾伦就不需要跟酒店的其他员工周旋。

强制性的休假或休息有助于早日发现欺诈行为,艾伦的作弊就是在她生病在家休息期间被发现的,可她很少休病假,倒很热衷于替他人值班。如果以前就要求她度假或者每周让她休息几天,就可能早些发现她的弊行。员工都应该被安排定期放假。

在将我的怀疑向公司领导做了汇报之后,他们要求我保密。后来我才明白这样做是很重要的。在案子的调查过程中,调查员在怡东酒店花费了大量的时间来确定艾伦是怎样藏匿赃款的,藏在哪里。在对银行记录进行分析后得知她在银行开了一个独立的支票账户,她把贪污的钱都存到了这个账户上,然后再转到她开的几个投资账户和个人贷款账户上。

如果艾伦早早地知道了针对她的调查行动,她就会转移现金,调查员就会难以找到赃款了。好在她只花掉了大概一半的赃款,所以,除了罗瑞的赔偿金外,普来梅公司追回了其余的赃款。

我还认识到,为员工和顾客开设一个举报热线也很重要。本案中,对服务不满意的未登记的客人只能向前台投诉,更准确地说是向艾伦投诉。如果开通一个独立于前台的举报热线,舞弊就可能更早地被发现。

§防患于未来之建议§

基于从艾伦和约瑟芬一案中获得的经验与教训,怡东酒店对其控制政策和程序进行了一些调整，增加了以下措施：

1. 背景审查

酒店在招聘一些敏感职位的员工时，都要对求职者的背景进行审查，尽管这样做的成本很高，对有些组织来说甚至是无法承受，但在预防欺诈过程中的潜在收益要比成本高得多。

2. 职责分工

某些职位的适当分工是很重要的。现在，怡东酒店的前台总是有两个人在值班。因为前台接待员实行轮班工作制，所以一周之内极少发生相同的两个人一起值班两次的情况。当客人入住登记时，一位工作人员收款，另一位工作人员要对收取的现金进行核对。交班时，两位工作人员要分别对本班次的现金收入进行清点，然后一起放入酒店的保险柜。

另外，酒店的前台经理一周最多只能顶替一次前台接待员的工作，由于员工生病或度假造成前台接待员岗位空缺时，要首先考虑从接待员中安排补充人员，然后再考虑让经理帮忙。在必须由经理补充接待员工作的情况下，第二天总经理要对当天的所有现金收入活动进行审查。

3. 安置监控设施

普来梅公司还给酒店的前台安置了小型的内置监控器。这种系统已成为很多酒店的必备之物，一旦有抢劫发生，系统可以记录案发的过程。另外，这种价格相对低廉的系统还可以监控顾客登记入住的过程，一旦需要查核某些业务的情况，该系统的录像带可以为经理人员提供独立的资料。

4. 强制休假

员工要按规定休息或使用自己的假期，这是一项重要的控制措施，怡东酒店现在就是这么要求自己的员工的。在某个员工要度假的前半个月，他要向另一位接替的员工进行岗位培训。这样做不仅有助于提高员工的各项工作技能，而且还会在每个工作岗位上都增加一双审查的眼睛，有助于预防和发现欺诈。

5. 开通举报热线

每个公司都应该开通员工或顾客的举报热线。怡东酒店的欺诈案平息后，总公司就找了一家外部机构，专门为员工和顾客提供举报热线服务。所有的欺诈报告都要直接报给总公司,而不是报给每个酒店,以确保每一项舞弊报告都得到恰当的调查。

6. 其他措施

总公司仍然要求每间客房都要一年进行一次大扫除,只是总公司现在要通过远程网络审查怡东酒店的客房使用记录,决定进行大清扫的房间和时间。这种决定大清扫的房间和时间的方式可以有效地防止类似本案欺诈事件的再次发生。

闲置客房的管理是酒店和其他提供住宿服务的机构所面临的独有风险。老到的作弊者知道,对于酒店来说,发生窃取现金的事件是不涉及清点丢失物品的,所以,极容易发生让顾客住进空置的房间、偷偷地打扫房间、把现金收入中饱私囊的现象。怡东酒店现在规定,一位不负责前台工作的经理要亲自对停止使用进行维护的房间实施检查,另外,每周都要对空置房间进行一次抽查。

预防欺诈的最好方法就是管理者要经常出现在企业,留意发生的情况,参与日常的管理活动。如果公司的管理者能一贯倡导遵守企业道德规范,发生欺诈行为的可能性就会大大降低。在一个管理层高度重视并在企业内外强力推行道德准则的组织里,欺诈者很难找到舞弊的机会。

17

没有免费的午餐

No Such Thing as a Free Lunch

苏珊娜·科金斯

23岁的帕蒂·克林顿已经有个五岁的儿子了,整日为生活而奔波。她很少提到孩子的父亲,很显然她并没指望他能抚养孩子。大家对于她的家庭背景知之甚少,只知道她是一个年轻而聪明的人,在为能过上体面的生活而努力着。

帕蒂向家庭健康医疗中心申请前台助理的职务,尽管她没有医疗方面的工作经验,但她乐于学习。她那悦人的笑容和举止让办公室经理露西·格林相信她很适合这份工作。

在接受面试的时候,帕蒂坦承她的工作经历不多,但她认为那是因为她和孩子的父亲之间持续的不和谐关系造成的。她说她现在可以专心工作了,并准备在医疗机构助理的位置上开始新的职业生涯。

在医疗中心开业的时候,理查德·斯蒂夫医生就看到了提供高级医疗看护服务的发展前景。他在一个交通便利的地方找到了一处一楼的办公套间,然后自信地将自己的名字写在了两扇门上。

在一切准备就绪后,斯蒂夫医生的医疗中心开始营业了。不久,他的预约便爆满了,他和工作人员都大喜过望。没想到生意会这么火爆,露西便急于再招些员工来帮忙。很快,工作人员就从两人增加到六人。为患者安排就诊检查、开出处方便成了医疗中心的第一要务,患者对他们的满意度也很高。

§午餐时分的盗窃者§

斯蒂夫医生的诊所有个规矩,到了中午,其他人员去吃午饭的时候,新来的员工要在诊所值班。日复一日，每每到了吃午饭的时候，除了医生，别人都出去吃饭，就剩下帕蒂独自照看前台。

不久，她便露出一些可疑的举动。首先，露西注意到帕蒂的着装有了很大变化。

“桑德拉，你注意到帕蒂最近经常穿一些新衣服吗？她怎么能买得起呢？我都没有钱买那么贵的衣服，而且我还结婚了，有两份收入。”她问保险办事员。

“我已经注意到了，”桑德拉隔了好一会儿才回答，“她在午饭期间还常常给她儿子买一些昂贵的玩具”。

桑德拉拿着三明治探过身子轻声问：“你觉得她有没有可能从诊所偷钱？”

两个女人决定暗地观察。她们不打算跟医生说这些，因为目前还只是怀疑。

露西和桑德拉没有等很久。碰巧的是，就在那个星期的一天，一名患者就拿着一张斯蒂夫诊所寄来的账单来到诊所。道森太太为自己的账单感到很烦恼，账单显示她的欠付金额为 50 美元。“我不欠诊所的钱，我已经付了 50 美元的现金给前台那位姑娘了。”她解释说，随后又出示了收据。道森太太还说，在付款的时候前台的小姐没有主动给她开收据，“我坚持要了一张”，她说。露西赶紧道歉，将收据复印了一份，向道森太太保证不会再让她为那张账单付款了。

那天下班后，露西找到现金收据簿，试图找出那张单据的复写联。收据薄是那种在空白处填写的格式。在右上角的空白处，填写收据的人要用手写填入一个号码，但这一栏总是空着的，诊所并没有执行为收据编号的程序。于是，露西又开始查看收据的日期，要根据日期来找到那张收据，但也没找到。她开始仔细检查收据本有没有缺页，也没有发现有缺页。能不能还有一本收据簿呢？这是有可能的啊，因为从办公用品店可以买到收据簿。

接着，露西又找来了保险文件夹，想找到道森太太的表，看看是否有 50 美元付款的记录，或者是发生了什么差错。令她感到奇怪的是，她发现向保险公司收款的书面文件竟然不在文件夹中。于是，她又拿出总登记簿查找道森太太的名字。她将名单浏览了三遍，却没有找到任何表明保险公司已为道森太太的医疗费付款的记录。

第二天早上，露西悄悄地和桑德拉碰了头，向桑德拉询问了积压的未收保险款的事宜。桑德拉肯定地说，所有的文件资料都已交给保险公司了。因为现金日记账不是在这里记录的，她们无法检查上面是否有这笔收款记录。但是，她们检查了那天的患者签名单，只粗略地一看，就发现在道森太太前后有两个患者没有与保险公司相关的活动记录，也没有向保险公司提交的书面材料。到此，她们觉得应该告诉斯蒂夫医生了，但她们两个人谁都不愿意告诉医生这样的事。斯蒂夫医生是一个慷慨和善的人，是一位受人尊敬的医生，更重要的是，他对下属员工是那么的信任，他会受不了这个打击。斯蒂夫对自己的员工很负责，他在许多场合说过："我的成功会在你们的工资单上反映出来。"露西和桑德拉也认真地思考了这件事会对她们有什么影响，因为，保证办公室和保险事务的顺利运作是她们的责任。

几个小时后，她们来到了斯蒂夫的办公室，把她俩的发现告诉了他。他震惊不已地问道："怎么会发生这样的事情呢？"

她俩都没有说话。过了一会儿，斯蒂夫说："完全违背了我做人的原则，我要向警察局报告。如果她是无辜的，我是不会控告她的。"

§艰难的调查§

不久，我接到了侦探杜安·兰斯福特的电话，他问我能否去和他一起对这个案子进行审查。杜安·兰斯福特是接受我们舞弊审核师协会的邀请，来参加为期一天的舞弊研讨会的三名当地警察之一。作为当地注册舞弊审核师协会的主席，我决定把让当地执法人员参与我们的专业培训作为本年度的目标之一。我们知道，警察精于给嫌疑人戴上手铐将他们逮捕，但他们对舞弊审查却知之甚少。

杜安·兰斯福特告诉我，斯蒂夫医生早上去见了警长，警长指定他负责此案。兰斯福特身材魁梧，身穿一件白衬衫，系着蓝色条纹的领带，唯一能表明他的警察身份的便是他腰带上闪亮的警察徽章。第二天，我们一起来到了斯蒂夫的办公室。我们最先见到的是露西。很显然，她觉得自己对此事负有很大的责任。在与我们交谈的过程中，她不止一次地说：

“在聘用她的时候,我应该更仔细地审查她的推荐信。”

我们请她详细地为我们介绍诊所办公室一天例行的程序。开始是早上的预约环节。当患者来到诊所后,会拿到一张签到表,上边要求填写的信息包括日期、名字、到达的时间以及所属的保险公司。在表的旁边有一栏,当患者被叫入检查室接受诊察时就在此栏填上对号。

“几乎所有的患者都是在约定的时间看医生的,很少有没有预约就来看病的人。”露西解释说。

接下来,我想了解从患者预约开始到就诊结束这段时间里留下的信息。我问露西,患者预约就诊时间表是在电脑里还是在记事簿上,她说,所有的预约都是用铅笔手写在记事簿里。我又问她,预约是否被转入一张总表,那样就会有助于我确定每位患者的付款方式,露西告诉我唯一有患者名字的列表是由负责预约的办事员填列的,患者将在前一天接到电话,提醒他们预约的时间到了。

兰斯福特侦探已经将他们收款的方式告诉我了。我和露西一起将收款的过程检查了一遍。露西告诉我,收到的钱款就放在前台下边的一个纸盒子里,根本没有现金收入记录。我问她多长时间清点一次现金,多长时间到银行存款一次。

她说:“随便什么时候。”忙的时候一天都没有时间去存款,他们就会等到有人有空的时候再去存款。我查了一下存款单,发现有时两次存款的间隔达到五天。

他们处理现金的态度竟然如此随意。我问露西,他们有没有对现金收据簿与放在纸盒子里的现金进行核对呢?露西说她们只是把盒子里的钱点一下,然后就按照清点数填写存款单,从来没有将现金收据薄和实际收到的现金进行核对。

她解释说:“有些患者不要现金收据。但是,一式三联的保险表上有付款的信息,第三联,也就是黄色的那一联是给患者的。如果患者用现金付款的话,办公室留存的那一联也能看到。”但是,我从这些表格中没有发现用现金付款的记录。

我快速地查看了现金收据薄,发现他们使用的是普通格式的、没有编号、一式两联的收据。超过一半收据的字迹无法看清,交易核准人签名的地方没有签名。露西解释说,第一联的这个位置通常是盖上斯蒂夫医生的印章。这样一来,要确定是谁开的收据是不可能的。

解释完他们处理现金的方式之后,露西觉察到了我很震惊。她继续解释说,那个放现金的纸盒子对他们来说就像是一个零用现金库,在诊所举办临时晚会时,甚至斯蒂夫都经常从里面取钱买比萨和饮品。

接着,我们又和桑德拉进行了交谈。她说诊所的登记程序非常简单,患者登记并提供了保险信息后,一式三联的保险费表就填好了,然后放在每个患者的文件夹里,然后交给前台办事员,再由前台办事员转交给护士。医生诊疗过后,护士又将全部资料交给前台办事员,由前台办事员计算收费总数,收取应由患者支付的部分,一般是从 15 到 75 美元不等的款项。如果患者不符合保险扣除条件,他们就需要支付全额费用,从 150 到 500 美元不等。偶尔会遇到没参加保险而需要付现金的患者,但比较少见。

随后,患者的文件夹被放进一个手提的塑料箱里,桑德拉按日取出资料,将它们输入保险公司付费系统。我问桑德拉每天是否将应收费的就诊患者和预约登记的患者进行核对,她从眼镜上方看着我,说:"没有,我们从未觉得有那个必要。"

露西帮助我们弄清了诊所办公室员工的值班时间表,她给我们看了每个人在前台工作的时间。我和兰斯福特对这个时间表进行了仔细的研究,发现帕蒂每天有一个半小时到两个小时的时间在前台收款。因为午餐时间是她在前台值班的,所以那段时间她的工作没有任何人监督。帕蒂和医生每天吃午饭的时间相同,所以在帕蒂午休期间也没有患者就诊。露西还告诉我们,如果有谁有事需要出去一下,帕蒂总是乐意主动替他们照顾前台。

现在我们已经可以肯定,帕蒂有机会也有意图从诊所偷钱,所以决定对每天的患者签到单和保险收费单进行彻底的核对审查。我们收集了过去六个月的每个工作日的资料,设计了一张工作表,将患者的签到表与向保险公司的收费表进行核对。

完成了这项工作后,事实渐渐清晰了起来。每周都有几位患者在诊所登了记但名字却没有出现在保险收费表上。每当我们发现这样的患者,就把他的资料从文件夹里抽出来,以确定保险收费表没有落在里面。在我们确定这些患者的保险收费单确实不在后,就开始给他们打电话,核实他们在签到的那天是否在斯蒂夫医生的诊所就诊,我们确认好几个人的确在斯蒂夫的诊所接受了诊疗。谢天谢地,他们大都同意向我们提供他们手中的那一联保险收费表。

我们的推测是,帕蒂在销毁了这些患者的保险收费表之后又把文件夹放回了原处,她是可以自由出入资料室的。虽然诊所规定患者进去就诊和结束诊疗出来时都要做记录,但这一规定并没有得到有效执行,所以现在已无法确定是谁、出于什么目的动了患者的处置记录表。

我们的调查表明,那些确实看了医生却没有保险收费表的患者,都是在帕蒂单独在前台值班的时候就诊的,缺失的保险收费表都是在上午十一点到下午一点之间发生的。

斯蒂夫医生使用了专业的工资核算服务,因此,员工工作的天数和时数有完整的记录。员工的工作时间表都是由员工填写并签名的,办公室经理手中掌握着详细的时间表和出勤记录。我们为帕蒂每天的工作时间制作了一张表,又将缺失保险收费表的日期和时间做成一张表,我们把第二张表做成透明的,然后将这张透明的表放在帕蒂的工作时间表上,发现两者完全吻合。尽管我们为制作这两张表费了很大的劲,但它们很有说服力。毫无疑问,我们的怀疑对象没有错。

兰斯福特还要再实施一个步骤,他将每个员工的工作时间表都填入一张大表,这样就可以确定,在那些没有保险收费表的患者就诊期间,除了帕蒂其他员工都不在前台。

§ 结果还好 §

我们将调查结果与斯蒂夫医生和露西进行了沟通。兰斯福特侦探对他们说,他觉得我们已经掌握了足够的证据以盗用公款罪起诉嫌疑人。第二天,在帕蒂来上班的时候兰斯福特侦探已经在等她了。他把她带到了一个小房间,告诉她诊所的一些现金不翼而飞了,想让她到警察局去谈一谈。她同意了,我们一起驱车来到了警察局。

兰斯福特侦探事先已经同意,不在诊所里采取激烈的行动。他给帕蒂提出的要求必须让她感到是“肯定而有帮助的”,他必须取得她的信任,以保证在她的情绪不受刺激的方式下对她进行询问。因此,在诊所里他没有使用手铐，也没有出现逮捕的场面。

他们一到警察局，兰斯福特侦探就把帕蒂带到那间粉红色墙壁的审讯室。虽然我不在场，我却能想象出当时的场景——一位年轻苗条的女子坐在一个严肃的警官面前，坐在一个经过特别设计、足以摧毁嫌疑人的心理防线的房间里。后来兰斯福特侦探在给我叙述审问经过时没有告诉我多少细节。帕蒂否认自己和这件事有关系，他便让她一个人在房间里待了二十分钟，让她好好想想。兰斯福特回来的时候带来了我们编制的表格。

“我告诉她，我们有证据证明诊所丢失现金的时间都是她在前台单独值班，听到这些话她哭了。”他说。接着帕蒂向侦探坦白了自己的行为。在她刚到斯蒂夫医生诊所的办公室工作时，感觉每个人都友好并且乐于助人。工作了一个月后，每到午饭时间同事们就都出去了，只留下她一个人在前台工作。帕蒂说她以前从没有偷过东西，直到有一天，她儿子要去参加一次学前野外郊游，需要 20 美元，她从诊所拿了钱，随后意识到她必须销毁患者的保险收费资料。

帕蒂说那次偷钱之后的几个星期她没有再干。后来，她又开始从诊所拿钱。为了隐瞒证据，她把患者的保险收费表折叠起来放进手袋，回到家里再行销毁。有些患者索要现金收据，她便出去买了相同的收据簿。

她的胃口变得越来越大。帕蒂说，她发现没人注意到钱少了，也没有人过问。她就继续从钱盒子里拿钱。那天道森太太带着账单来到诊所，她意识到自己忘记销毁她的保险收费表。她交代结束后，在书面的供词上签了名。一周后，兰斯福特侦探给我打来了电话，告诉我帕蒂在供词上签字以后找了个律师，声称自己是被迫承认的，她声称侦探对她进行了恐吓，胁迫她在供词上签了字。

在接下来的几个月里，我没有听到兰斯福特侦探的音讯。当我打电话问他案件进展情况时，他出声地笑了。

“哦，我不得不经历一些挫折，但我们又把她逮捕了。猜猜我们逮捕她的时候她在哪儿？”

“在哪儿？”我问。

“在另一家诊所！”他说，“这一次，我们带着逮捕令，给她戴上了手铐，把她送进了监狱。”

因为是初犯，帕蒂被判缓刑、提供社区服务、罚款并退还全部赃款。她的家人帮她偿还了她盗用的公款。斯蒂夫诊所向保险公司提交了部分缺失的保险收费表并附上一封说明信，借此可以追回75%的损失。帕蒂贪污的金额估计在2 500到3 000美元之间，应收保险公司付款额达15 000美元。

§经验与教训§

通过帮助调查此案，我认识到执法人员熟知法律和财务犯罪的调查技巧是非常重要的。就连检察员们也说，虽然他们比较了解法律知识，但对舞弊仍缺乏足够的了解，难以应对日益增加的欺诈案件。

本案中，医生在尽心尽力地提供医疗服务，事实上，他把全部的注意力都放在了诊疗患者方面，以至于忽视了诊所业务的关键领域，即财务活动，而财力是支撑诊所为患者提供最佳服务的必要条件。不管你从事什么行业，都应该了解自己所面临的欺诈风险以及如何防范这种风险。

在开办诊所阶段，斯蒂夫医生的开办费用主要是花在了购置高级的医疗设备、办公用具以及最先进的医疗信息系统上。在财务管理方面，他却只建立了一套粗线条的记录和凭证，只有一个家人为他处理会计业务。他的财务管理系统根本没有预防贪污的措施。

§防患于未来之建议§

1. 建立明确的现金收取及存储程序

诊所应该建立并记录现金收入日记账，记录的信息应包括金额、日期和客户的姓名。存放现金的箱子要上锁。除了对现金进行清点对账以外，在其他任何时间都不得以任何理由从箱子里拿走现金。每天都要进行现金的清点和对账，因为一旦出现了差错，检查一天的业务要比检查一段时间的业务要容易得多。如果员工知道单位要执行这一程序，这本身就可以使那些有欺诈企图的人止步。还有，办公室里不应该保存大量的现金。

2. 记录小额现金的支出

诊所应该建立一定额度的小额现金基金，以应付日常的小额开支，如工作人员聚会。从小额现金基金中开支的购买业务都要保留有效的收据,至少一周要清点对账一次。在商品采购环节,诊所应尽可能地使用支票、订购单或获得的信用。

3. 完备的现金收据

我建议诊所使用事先印好的、带有编号、单位名称、地址和电话号码的现金收据,还要定期检查收据的复写联。收据的作废要经过一定的程序,包括应经过授权人员的审批。

4. 营业初期应密切关注会计核算

任何刚开业的店铺都要高度重视会计工作,这一点十分重要。皮质的沙发和明亮的灯光可以营造一个轻松舒适的候诊室,确保诊所的现金和其他资产处于严格的会计系统和舞弊防范措施的保护之下更重要。依靠家庭成员或朋友来建立会计核算程序可能是靠不住的,涉及会计记录和现金的管理问题,还是应该向有经验的专业人士求助。

另外,在开业初期就应该有长远的发展规划。在本案例中,病人的快速增加使医生和他的员工措手不及,没有为业务的扩大做好必要的准备。现金收入环节的管理混乱造成了保险收费表的缺失,其后果不仅表现为现金的丢失,而且诊所的整个就诊记录系统都被破坏掉了。可见,小型企业应安装最新的软件程序以便为业务的扩大做好准备。

18

道德败坏的管理员

The Dirty Custodian

保罗·J. 哈维

在一般人看来,阿特·迪克逊是一个工作努力、简简单单的中年人,从不穿显眼的服装,也不开奢华的轿车。多年来他一直租住在一套很简朴的公寓楼里。他单身一人,也不热衷于社交活动。

只有熟悉阿特的几个人知道他是个赛马爱好者。他曾在他们面前炫耀自己曾经在当地的赛马场上赢过大赌注,对自己曾经是获得国家批准的拳击赛赞助人的历史深感荣耀,他旗下的拳击运动员的不俗战绩给人留下了深刻的印象:胜 21 场、平 4 场、输 2 场,曾经 19 次将对手打倒在地。也只有少数几个人知道,他在洛杉矶完成了严格的司法专业培训,曾经是一位后备的县行政司法副长官。

阿特给人的感觉是整天都在努力工作。他不仅担任联合学区的保洁监督员,还是一家大型医院的合同工,在那里也担任保洁监督员。他有两份工作,又成功地管理过一个拳击赛手,生活方式又很简朴,人们一般不会想到阿特会成为一个偷窃巨额公款的嫌疑人。

实际上,阿特在应聘联合学区的保洁监督员时已经重案在身。早在 20 世纪 80 年代,他在担任一家公司的财产管理经理期间就曾经被指控偷窃前雇主的巨额财产。遗憾的是,他以前的这些劣迹却不为人知。

联合学区包括将近 20 个学校和几个非教育机构,共有 18 000 多名学生,几百名教师、行政管理人员、文员和保洁管理员。

这个学区在其所在的州是出了名的少数民族居民集中的落后的贫困学区,它实际上已入不敷出,教育水平也很差。在得到了州政府给予的用于学校现代化建设的 2 700 万拨款后,该学区的情况才有所好转,但遗憾的是麻烦也随之而来。虽然该学区承诺要用拨款完成其中 16 所学校的硬件改造，但学区本身能否继续运转下去却令人怀疑。县教育局聘用了格雷格·理查德担任财务顾问，负责监督和控制学区的财务工作，他要和那位脾气暴躁、办事风格直截了当的督学打交道。这个学区共有居民 11 万人，学区管理机构里难得安宁。裙带关系、任人唯亲，以及对财务问题的漠然态度让这个学区每况愈下。

十月的一天，我接到了警长的电话，他通知我、我的队长和他一起到市政长官办公室报到。我在警察局已经干了 22 年，从事舞弊调查也有 16 年了，并在半年前拿到了注册舞弊审核师的资格证。这个学区对我来说并不陌生，我已经去那里执行过多次调查任务了。

这次会面饶有趣味。参加会议的有市政长官、警长、我们的队长、理查德和新来的督学。我们讨论的焦点是学区面临的财务危机，其背后可能隐藏着犯罪问题，所以他们请求警察局提供帮助。理查德是一位退休多年的学校校长，是我所见到的最聪明的人之一，他向我们介绍了他发现的情况。在使用校区现代化建设专项拨款的过程中，大部分工作都是由通过项目经理确定的外部承包商来完成的。但是，他发现用于服务方面的开支巨大，尤其是替补保洁员的开销。从学区的组织机构图来看，学区一共有 35 到 40 名正式的保洁员，替补保洁员不超过 3 个。一般情况下都是正式的保洁员在工作，替补保洁员只是在有人生病或受伤的时候才临时接替他们的工作。在学校进行装修改造的过程中，他们也帮助做一些场地清理工作。

在上一个学年中，用于替补保洁员方面的开支达到了 16 万美元，理查德说这么大的数额是很不正常的。如果按照每小时工资 9.25 美元来估算，假设三位替补保洁员一个月出满勤工作 208 个小时，他们一年的工资大概需要 7 万美元。但实际情况是，第一季度用于替补保洁员的支出已经有 32 万美元之多，照此估算，替补保洁员的成本每年将超过 120 万，这个数字是预算分配额的四倍还多。

为了核实这一反常现象，理查德与阿特的上司进行了沟通，他证实阿特确实是雇佣了 7 个而不是 3 个替补保洁员。阿特当天还和理查德说他需要再找几个替补保洁员，以便应付因为校区改造工程而增加的大量工作。理查德认为他的解释是经不起推敲的。阿特放话说自己在赛马场上赢了很多钱,而且他赞助的职业拳击手也给他带来了可观的收入。理查德觉得阿特讲这些事情是不正常的,除非他是在为自己最近获得的巨额财富做铺垫。与阿特交谈之后不久,理查德就得知阿特刚买了一辆豪华型摩托车,价值 4 万美金。更耐人寻味的是,卖方对摩托车并没有保留留置权,显然他是以现金付款的。

理查德查了一下工资记录,结果发现替补保洁员既不是 3 个也不是 7 个,而是 77 个! 他再仔细一看,每个替补保洁员的工资都让人吃惊,最令人惊讶的是,他们当中的大多数人一周工作 40 多个小时,还没有人拿加班工资。他们上班的时间大大超过了正常的工作时间,但却无一例外地只领正常工作时间的工资,没有人拿任何形式的额外补贴。

随后,理查德检查了多份人事部门在册的替补管理员的求职申请表,发现大多数人都是经过阿特的初步审批进来的,只有几个人经过了正常程序获得校方董事会的批准。看起来在聘用替补管理员时只要阿特同意就行了。

最后,理查德又和薪酬部的两个忠诚度很高的雇员进行了沟通。他们告诉理查德,每到发工资那天,学区办公室就会异常忙碌,所以他们决定将工资支票发给督导员,由督导员转交给他的下属员工。他们说,一年来每个月发工资的那一天,阿特都会在早上 9 点钟过来取走一大摞支票,薪酬部的人都很感激他,当然,这也正中阿特的下怀。

理查德将目光转向我,说他已经不露声色地进行了大量的调查,他认为这其中很可能包藏着一个正在实施中的重大的薪酬舞弊阴谋。根据目前已经掌握的情况,我也认为应该对此事展开调查。

§ 虚构的工资单 §

令我高兴的是,我得到了继续调查的许可,让我烦恼的是,大家无不希望这项工作早已完成,也就是说已经刻不容缓了。现在需要处理的事情太多了,尤其是涉及许多法律方面的问题。有人调侃让我去参加弱智测试,因为在目前的情况下,即使是一个弱智的人也能看出来阿特在犯罪,直接去逮捕他就可以了。许多法律方面的理论都可能适用于目前的情况,但它们都要求找出嫌疑人的主观犯罪意图,有些法律还要求提供嫌疑人知情程度的证明，每条法规都涉及一些必须一一加以证明的要点。虽然几十万美元被滥用的事实是明显的，可单凭这一点还不足以证明罪名成立。也有可能存在受托责任严重履行不当、工作疏忽大意、会计核算马虎、监管的疏漏等问题。按照加利福尼亚州的法律规定，这类问题属于民事调整的范畴，不涉及刑事犯罪。我所要做的就是要证实有人触犯了刑法，而且要证据确凿。

我利用时间区间来了解工资发放的规律和嫌疑人的行为表现。在前六个月，工资结算日都是25号，支票的发放总是在下一个月的10号，一个非节假日的周五。在我开始调查的时候11月25号已经过去了，下次发工资的日子应该是12月8号，这样我就有两周的时间去搜集证据，实施调查计划。

第一项工作是收集一切可以获得的书面证据。根据我的经验，如果不及时拿到这些证据，它们就可能不翼而飞再难寻找。在接下来的几天里，我从学区办公室把相关人员的人事档案和工作记录都搬了出来，有些甚至是在午夜之后进行的。督学帮助我从市教育局找到了前几个月的工资发放支票存底。

第二步，我把所有信息都输入到一个工作底表里，包括姓名、地址、电话号码、社会保障号码、出生日期和紧急联系人。有了这些信息，我就可以从警察局的档案中索取关于摩托车、被捕情况、犯罪记录和证人等记录。在这些记录中，一些人使用的姓名、地址、社会保障号码和出生日期等信息与他们的就职记录存在着不一致。有严重犯罪前科的人是不会在学区找到工作的，很显然，这些人在求职的时候雇主并没有对他们的背景进行必要的审查。

我的这份工作底表显示了一些共同点，有几个嫌疑人登记的地址相同，其中有两个人在不同时间因为同一辆车而收到了警察签发的传票，一个据称在他申请工作前一年已经去世了，但工资发放支票显示他以两个化名继续拿到了几个月的工资。另一个虚构的雇员和他的妻子每个月都有两份工资，一份是以真名领取的，另一份是以化名领取的。

我把工资支票按姓名、支票号码、提现的地点和背书信息进行了归类。我发现，已兑现支票上面的信息对于我确定支票在何时、何地、由何人以什么方式兑现很有帮助。资料显示，许多嫌疑人是在同一时间、同一地方提取的工资。许多银行会采集客户的照片和支票的图像,这是非常宝贵的证据。大部分工资支票都被兑现了,只有一小部分被存入了银行,这一点符合虚构工资支付的规律。

阿特聘用的员工没有经过学区董事会的批准,他们的人事档案中都没有 1-9 类表,只有几个人填的是 W-4 表。阿特在他们的求职申请表上签了字,上面都有他的姓名字头的缩写。将这些申请表与合法的员工信息表进行对比,不难看出它们是伪造的。

之后,我又将前六个月的工资记录表和工作时间记录都输入另一张工作底表中,在对他们按照工作时数进行分类后,我又有了一个重大的发现。除了几个名字以外(后来证明他们是真实的员工),其他的嫌疑人都是按每周工作 40 多个小时发放工资的,他们的工资都是整数(没有半小时的情况),每个月的工资总额都一样。理查德之前就已经发现,虽然他们一周的工作时间超过了 40 个小时,但也没有按加班工资标准支付工资。阿特审批了每一张工作时间记录表,因为上面都有他的签字。

现在,我需要来证实我的发现。因为我手上掌握着几十个可能的嫌疑人,他们当中一定有人愿意与我们合作又不妨害这次调查。我决定对一个名叫莱恩·帕伍兹的年轻女子进行询问,她只收到过几份工资支票,并且没有犯罪记录。一天傍晚,我和我的搭档来到了她家。她打开房门后,我看到几个小孩在客厅里玩。我以常用的警察用语跟她打招呼:"你好,莱恩,我们是警察,可以和你谈谈吗?"她说,"我知道你们想问什么,进来谈吧!"此刻我知道,阿特·迪克逊的命运将要被改变了。

莱恩说她已经预料到警察总有一天会来询问她在学区的"工作"情况。她说,一个开理发店的男人说服她填写了一份虚假的求职申请表,她只知道那个男人叫 T 先生。而后,在每个月末到来之前她必须填写并提交一份工作时间记录,然后在下个月的 10 号左右,她就会收到一张支票,她将支票兑现,留下大约 200 美元,其余的(一般是 1 000 多美元)交给 T 先生。根据她提供的情况,我可以确认那位 T 先生的身份,而且可以确定他是以两个不同的名字在接收支票,另一个人就是他的理发店的雇员。莱恩还提供了该居民区的另外几个人也参与了阿特的阴谋的信息,这几个人的姓名与我事先确定的名单相符。她证实,这些人根本没有在学区工作过,包括她自己在内。

我们应该为提起诉讼准备材料了。显然,阿特是该项阴谋的主要人物,是他将虚构的员工加入了学区的员工薪酬表。T 先生是另一个参与者,所以他也上了名单。

我们召开了一个逮捕计划会议,参加会议的只有队长和一位警佐,擅长秘密行动的缉毒监视小组也参加了会议。我们没有让其他相关人员参加会议,因为知情人越少,行动计划在实施前暴露的可能性就越小。我获得了搜查阿特的住宅和摩托车以及 T 先生的理发店和轿车的许可证。

11 月 8 号,监视小组发现阿特早上 5:30 离开了公寓,便跟踪他去了几个学校,看见他取了支票后开车出了城区。他与三个女子见了面,把装有工资支票的信封交给了她们。就在这个时候他被逮住了,我正好赶到看到了这一幕。

那三个女子是母女关系,她们承认自己没有权力领取这些支票,也确认她们从来没有在学区工作过。她们的说法与莱恩说的一致,不同的只是她们是直接从阿特手里拿到支票,已经持续了好几个月了。每次拿到支票后,她们都收下 200 美元,其余的全部交给阿特,每张支票大约交给阿特 1 000 美元。

我们搜查了阿特的车,在前排座位上发现了 12 月份的工资支票,已经过仔细的分类,真实雇员的支票为一小捆,虚构雇员的支票为另一捆,比真实员工的数目大得多。我们还在虚假雇员列表上方发现手写的“已付、未付”的字样,很显然是阿特在记录谁拿到了支票,什么时候向他支付了属于他的份额。

同一天,我们搜查了阿特的另外一辆轿车和住宅,还搜查了 T 先生的理发店,找到了价值 6 万多美元的非法工资支票。我花了 1 个半小时对阿特进行了问询。他承认自己在该项舞弊计划中大概获利 15 万美元,T 先生大约拿了 25 万美元。阿特还承认他是整个计划的主谋,这一点对我们的调查来说是非常重要的。我们逮捕了 T 先生。

§ 真相大白 §

在接下来的 7 个月的时间里,我追查到了 70 多位虚假雇员,在结案前对他们一一进行了询问,没想到他们大都很配合。他们的情况大同小异——和阿特或者T先生很熟悉，在他们生活遇到困难的时候，阿特或者T先生说服他们参与了这个阴谋。他们很多人都认为他们是因为生活贫困才被阿特选中参与他的欺诈计划的。

学区对阿特提出了民事诉讼并获赔15万美元。法院冻结了阿特的银行账户和奢华轿车。

我们又将案子提交到了地区检察院，要求给予刑事诉讼立案，有难度的工作这才开始。负责本案的检察官既聪明又能干，我们一起对大量的证据材料进行了整理和标注。为了证明我们的发现，我们复制了问询录音的书面记录。案子的材料准备得很周密。

在审判接近尾声的时候，检察官播放了阿特认罪的录像带。被告的辩护律师提出了反对意见，称阿特是在没有律师的情况下被迫接受问询的，但反对无效，我们的视频证据发挥了关键的作用。在阿特出庭作证时，表现出他才是我们最好的证人。在被问及他在录像带中的说法和证词不一致时，他说他没有撒谎，只是在被捕后接受问询的时候提供了一些不真实的信息。一个小时后，陪审认定他所有的罪名成立。

阿特被判五年监禁，然后是三年的假释期。

其他参与者，包括T先生，因为参与此阴谋和在调查中发现的其他罪行，均被单独起诉。

§经验与教训§

每个案子在结束时都要对它进行认真的总结，从开始到结束的各个方面都需要进行总结，我们总是可以从中学到有用的东西，使我们在未来的工作中受益。

1. 及时行动和保密

在本案中，及时行动和保密都是必要的，也就是要尽量缩短抓捕之前的时间，并且要控制参与案件处理人员的数量。每个工资支付日的到来和结束，也就意味着6万多美元的损失要发生，所以，处理此案的最好时机就是工资支付日，可以在嫌疑人作案的时候当场将其抓获。在小城市或者小型公司，消息传播得非常快，很快便人尽皆知了。因此，在抓捕前花的时间越多，泄密的可能性就越大。知道案情的人越少越好。

2. 媒体的影响

如果一个公众单位发生了舞弊案件，需要认真考虑事件应如何曝光的问题。在本案中，阿特被逮捕后，整个学区似乎都炸开了，大家都想知道发生了什么事情，为什么会这样，各政治机构也纷纷开始行动。经选举上任的学区官员因事先不知悉逮捕的消息而愤怒，媒体的宣传报道也会对解雇阿特的过程产生影响。学区的管理层甚至认为，在法院判决之前不应该解雇阿特，可以让其带薪离职。还有更重要的，我发现学区里还存在其他的犯罪行为。我最不愿意看到的是，检举揭发舞弊者对他们的意见能否得到妥善的处理心存疑虑。我还认为，在调查的关键阶段获得搜查许可令是很有益处的，这样可以避免事件的恶化，过早地走漏消息只会妨害调查，也可能引发另外的调查。

3. 问询案犯

问询案犯环节的要点是做好充分的计划。阿特总算认罪了，他的供词也被认定为有效证据。我事先确定了要提问的问题，并为他的各种反应做了预案。我很庆幸我们对问询的过程做了录像，在阿特宣称他是在没有律师在场的情况下被迫认罪的时候，录像资料在陪审团面前发挥了关键的作用。控制问询过程是很重要的，我在问询阿特时很注意给他足够的时间回答我的问题，尤其是在他要说谎的时候，没有什么比罪犯的谎言能更快地揭穿他自己的罪行了，尤其是在陪审团可通过大屏幕看到罪犯说谎的情况下。

4. 证据的处理

在此类案子中，证据的数量很大，因此必须对它们进行系统的归类、复制并保证它们的安全。在目前条件下，最好的处理系统是数码设备，尽管我们在本次调查过程中无法实现。在大型案件中，数码音频、视频记录、拍照、文件扫描等都可以发挥巨大的作用。在进行案件调查时，最好是使用人们常说的垂直系统而不是水平系统来整理资料。所谓垂直系统就是按顺序整理和保管证据资料，将它们放在明确标注的文件夹里，再自上而下置于文件箱里。而水平系统则是把资料凌乱地放在文件箱里，需要的时候再去查找。

在记录调查结果或复制其他资料时，首先要为所需要的所有文件建立一个“主文件夹”，要认真清楚地复制每一份证据，缩小法律文件的尺寸,使之和信纸一般大。以后如果复印这些资料时,这个主文件夹就可以作为原件,想复制多少套都可以保证较高的质量。在这次调查中我们通过这种方法省去了繁杂的证据归类的麻烦,节省了很多的时间。

不要忘记了那些简单的电子工作底表,只要你的电脑不死机,你的工作成果不丢失,它们的作用可太大了。在本案中这种情况发生过两次,这使我认识到及时备份所有的电脑数据就可以避免由于电脑突发故障导致资料丢失的情况。

§防患于未来之建议§

"缺少内部控制……某人凌驾于内部控制之上……人手不够,无法进行职责分离……我们一般不进行员工背景审查。"这些话听起来就好像坏掉了的电唱机不断重复同一个乐段一样,经济犯罪调查人员听得太多了,于是我们必须像牧师布道一样不厌其烦地向他们反复说明内部控制的重要性。

在阿特被逮捕之后,督学向全体员工发布了一项指令,张贴在学区办公楼的门口和各个学校,要求不论是谁,只要发现舞弊欺诈的行为,都要立即报告,向我或督学报告。如果有人违背了这项指令,将被学区解雇。

尽管这种方法很老套,但是很有效。在接下来的三年里,因各种欺诈犯罪被逮捕的员工有几十人,许多线索都是来自员工的匿名举报。

由于此案的发生,我们对学区在人事、薪酬支付及会计政策方面建议进行如下改革:

1. 所有应聘人员都要采集指纹信息,审核有无犯罪记录,然后才能提交给教育委员会审批。

2. 只有获得教育委员会批准的应聘人员才能开始工作并加入员工名册和员工薪酬核算系统。

3. 没有督导人员的书面批准,任何员工都不能加入员工薪酬核算系统,被批准加入员工名册的人员必须要有完整的个人信息资料(I—9 表、W—4 表、雇员申请表、犯罪记录审查情况、董事会审批记录)。

4. 所有的工资支票都要由学区办公室发放,或者是由各个学校的校长或其指定的人员发放。

5. 为非专业岗位分配的预算要按月进行审查。

19

音像游戏

The Video Game

卡洛斯·L.霍特

乔·戴特莫及他的家人已经开始熟悉和喜爱他们的社区,这里的军事基地就是他们生活的中心。尽管这里被归类为偏远而闭塞的地方,但这个大型的基地就坐落在这个拥有四万人口的小镇里。这个基地住有近一万名官兵和差不多同样数目的家属,小镇的许多居民都在基地里找到了工作。在小镇生活有很多好处,如新鲜的空气、较低的犯罪率和一般来说比较低廉的生活费用,住房也非常便宜。由于许多当地居民的生活与这个基地息息相关,整个社区对基地的军事活动全力支持,大家的爱国主义情绪颇为高涨。每年的七月四日都有一些庆祝活动,包括大规模的焰火表演,还有乐队、食品和军事展览。在这里,基地的最高长官要比镇长更有威望。

乔是一个已婚的军队退休人员,担任一家音像租赁店的经理已经五年了。他的工资再加上退休金足以使他在这个小镇上过着舒适的生活。他被选为经理是因为他看上去比较稳重、工作投入并且对服务部经理萨缪尔的旨意言听计从。

§支持部队§

美国的军队也有更友善、更温和的一面,这里大家是指部队兴办的"道义、福利及娱乐(MWR)"服务公司。这个公司提供的服务包括:家庭咨询、有组织的体育俱乐部、财务规划、托儿所、高尔夫球场、保龄球中心和许多商业经营活动。公司下面经营的企业包括六个便利店、四个餐馆、一个大型的加油站、汽车修理和租赁中心、两个理发店、一个美容沙龙、自动售货机业务、影片录像带租赁和一个叫做 PX 的大型零售店。这些服务机构加起来每年可创造超过 4 800 万美元的收入，利润直接回馈于社区，用于如健身房、青少年发展项目及居民重大的家庭事务等方面。

这个音像店从事的是特许经营和直销经营的混合业务。承包人负责购进和提供电影音像制品及设备，MWR 公司的员工负责经营音像店，销售收入的 1% 直接归承包人所有，剩余部分归 MWR 公司所有。承包人是一个残疾人，住在很远的地方，很少亲临音像店。他通过邮寄的方式把音像制品发送到店里，并定期与有关人员沟通。他还给音像店提供了软件和独立的计算机系统，曾亲自开发软件并将其改造为适用于音像租赁业务的软件。音像店要编制月报并寄送给他。音像店可以将老电影带子出售，收入在承包人与 MWR 公司之间五五分成。

MWR 公司的新主管达芙妮·尹格瑟，上任后很快就开始实施自己的经营改革计划，她感觉自己的改革很成功，可以提高为广大的顾客群体服务的效率，实现基地指挥官的愿望。大家都认为，MWR 公司在许多方面都做得相当出色并得到了许多嘉奖。然而，达芙妮属于激流勇进型的性格，从来不满足于现状。

她的团队成员都很能干。担任企业营运部主管的露丝·巴德是一个刚刚退役的军官，全心全意地投身于为军队成员及其家属提供服务的工作中。如果有谁需要某个产品或服务，她将确保该产品或服务以最便捷最低廉的方式送达。在一些特殊情况下，她甚至不惜赔本给低级别的军人家庭提供生活必需品。他们的牛奶、孩子用的尿不湿、配方奶粉及儿童用品的定价最多只超出成本的 5%，干洗及裁剪服务的定价也仅能收回成本，新发行的电影在基地电影院是免费的，洗车仅需 50 美分。

露丝工作团队中的另一个重要人物是服务部经理萨缪尔·华盛顿。他负责干洗店和裁缝店、美容美发店、电影音像租赁、自动售货业务、电话中心、洗车业务、所有的特许经营权转让及几个其他的小规模服务企业。萨缪尔工作非常努力，有的时候一周工作七天。若有人请他帮忙他从不拒绝，所以他的日程总是排得满满的。他已在 MWR 公司工作 10 年多了，现已接近花甲之年。他的愿望是继续在这里工作下去，根本没有退休的打算。露丝对音像租赁店的效益一向不满意，她认为这个店的经营效率不够好，这使得萨缪尔常常需要为自己辩解。关于音像租赁店的经营状况露丝曾询问过萨缪尔多次,他每次总是说出一些理由,解释为什么销售额没有达到预期水平或成本为什么高于预期。萨缪尔还经常借用该店的经理乔常用的托词,但这些说辞在露丝那里似乎只能起到暂时的安慰作用。

在这期间,我曾经被委派为 MWR 公司的合同事务主管人,同时仍在军队中任职。在这之前,我曾担任过会计主管并刚刚取得了注册内部审计师资格。达芙妮让我接手 MAC(Management, Analysis and Control)办公室的工作,职能包括管理、分析及控制事务。在那段时间,我忙于收集资料并准备制定一套新的内部控制制度。达芙妮要求我设计一种预警方法来识别和评估公司的风险领域,要求 MAC 对公司所有的经营活动都进行定期和不定期的检查,重点放在经营效率、效果和舞弊侦察方面。我和我的两个助手刚要开始我们的工作,服务部经理萨缪尔便把我的注意力吸引了过去。

"霍特长官,我这里有一些你可能感兴趣的信息",萨缪尔说道,"不久前,音像店的一个员工跟我说了一件发生在一个顾客身上的怪事"。

§无可推卸的责任§

一个名叫马文·巴克的士兵到音像租赁店来支付他欠交的租金。他的名字被列在 MWR 公司按月向每个营区第一警官递交的名单上,这个名单上列的都是那些有无效支票、欠交电影录像带租金、欠交图书费以及具有其他债务的 MWR 公司服务对象的名字。第一警官就欠交租金事宜同巴克取得了联系,巴克便很快到音像租赁店支付了他的租金。由于几周后巴克将转到别的营区,所以他决定注销他在该店的账户。没过多久巴克发现他的收据不见了,便又回到音像店。那天,营业员文迪·帕内尔值班,她打印了一份巴克的账户信息清单,发现巴克的最后一笔业务是收到了一笔退款。音像店一般是没有退款情况的,所以她无法理解账户上的这笔业务。任何想要退款的顾客都需要请萨缪尔来处理。需要退款的情况很少,只有当顾客为其丢失的录像带付了赔款、尔后又送还了录像带的时候才会出现退款的情况。

由于那天经理乔休息,文迪便把这件事告诉了萨缪尔,萨缪尔又把这事告诉了我。我先是问他文迪这个人说话是否可信,他说文迪看上去是一个诚实、名声很好的大学生。然后,我打电话让文迪将那笔奇怪业务的复印件送过来,并提醒她对这件事要高度保密。我把 MAC 的全班人马召集起来,讨论各种可能的情况,最终决定与文迪面谈看她是否可以提供更多的信息。我们下一步需要审查音像店向 MWR 公司提交的日营业报告及相关的凭证,尤其需要关注与退款相关的任何蛛丝马迹。

那一天的晚些时候,文迪给我看了相关客户账户的打印单。正如前面所说的那样,士兵巴克的账户上最后一笔业务是收到退款,金额为 131.69 美元。这个数字看上去不太正常,但我还是放开思路做出了几种推测,可能是出于某种正当的动机来调平账户,使存货与账面相符,或者是其他不合标准但并非故意的处理结果。这笔退款是在两名临时雇员值班的那个晚上要结账的时候登入账户的。我让文迪去查一下前几天的最后一笔业务看是否有更多的退款,这一次文迪给了我另外几个有退款的打印单,退款的情形同前面提到的一样,情况很相似,每笔退款都是晚上的最后一笔业务,并且数额都是介于 20 美元到 200 美元之间。从工作时间表及工时卡可以看出,没有一位员工在发生退款业务的那些晚上都值班。因此,我和我的同事们断定,要么是多位员工参与了此事,要么是乔本人所为。我们感觉不能再继续进行秘密调查了,因为我们需要询问所有的员工,审查去年全部的账簿和会计记录,全面审查资金、销售额及存货的状况。我们认为在这次调查期间,不能让乔待在音像店里,因为如果此事与他有关,他有可能毁灭证据并影响我们与其他员工的面询工作。

§ 绕越系统 §

在我最近一次与达芙妮会面时,我告诉她我希望将乔调离经理职位,直到调查结束,期间让露丝代理他的工作。不用说,达芙妮和露丝都不愿听到可能有人舞弊行窃的消息,达芙妮要求尽快查清事实的真相。她在一周后即向基地的最高长官汇报了存在欺诈行为的可能性,这给我留下了深刻的印象,同时也激发了我们 MAC 小组尽快揭露事实真相的斗志。根据我以往的经验,领导在听到坏消息之后的第一反应是将大事化小,常常延误调查的时机。

就在等待落实乔的调离岗位事宜期间，我们了解到音像店的承包人在将近两年以前就已经提供了新的硬件和软件，但音像店至今没有安装。使用中的系统只能保存每个客户账户最近三次的交易和最新账户余额以及在顾客手中的所有录像带。若想查看某个顾客的最近三次业务以外的业务，就必须将音像店每天的业务记录按顺次查看，寻找每一笔属于那个客户的业务记录。

与此同时，我的 MAC 小组成员在查看每日业务报告和计算机打印单的过程中又发现了一些令人惊讶的结果，那些退款在电脑业务记录打印单上并不是分别显示的，如果单看某一天的记录，无法确定本日是否发生了退款。由电脑系统生成的每日业务报告是由承包人设计的，显然，在他设计这些报告的时候并没有征询舞弊审核师的意见，这个系统无法反映异常的交易。负责音像店日常记账工作的簿记员说，自从她几个月前进入 MWR 公司后，音像店每天的报表余额都准确无误，她也曾觉得这有些奇怪。她知道在一周的七天中有五六个员工使用同一个现金收款机，居然一点差错没有，令人不可思议。在 MWR 公司下属的四十多个店铺里，甚至连图书馆在内，没有一家单位达到如此精准的水平。

我们决定，由我和萨缪尔在星期四音像店开始营业前向乔送达带薪离职的命令。我们小组还特地吸收了一名计算机专业人员。那天早上八点半我们到达音像店，把这个坏消息告知了乔。萨缪尔向乔要回了音像店的钥匙并问他身上是否还有属于音像店的其他东西，他回答，“没有了”。看到事情败露，乔好像很吃惊，但他没有提任何问题，也没有试图阻止我们的行动，我想这本身就说明了一切。我注意到当乔把钥匙递给萨缪尔的时候他的手在颤抖。我们打算在掌握了一些情况之后再传讯乔。我们已经意识到，这位经理可能永远也回不来了，他除了随时递交辞呈之外别无选择。

乔走了好一会儿，他最亲密的同事、自命为副经理的莎莉来了。据大家所说，莎莉和乔看上去是一对行为怪异的人，但是二人都很强烈地护着对方。不出所料，莎莉马上就提出了一连串的问题，发生了什么？为什么乔不在音像店里？她的问题好像没完没了。她一再地说“你们这样做完全没有必要，这里的一切都很正常”。我们告诉她这只是一次常规的审计，但莎莉还是不依不饶。令人惊讶的是，那天她还坚持上完了一天的班。第二天，她迟到了五分钟，还说她把什么东西忘在了车里。几分钟过后她回来了，说她要辞职。莎莉离开后再也没有回来，她甚至在过了几周后才和 MWR 公司联系，询问她最后一张工资支票的事。

§诚实代替不了控制政策§

MAC 小组的成员很快就发现音像店根本就没有防止舞弊的任何程序和政策，新来的员工只要按照老员工的指点做就行了，这些规则都是经理乔口头表达的，有时候也贴在墙上。音像店没有书面的闭店程序，每日终了关门的过程非常简单，晚上十点钟关门，处理完最后一位顾客的业务，取得电脑打印单并清点现金。乔或莎莉在第二天早上填制上交 MWR 公司的每日营业报告，然后填写存款单并将现款送交财务中心。

根据店规，每一位员工都可以为顾客开立一个新的账户，但账户的注销只能由乔来做。乔掌握着一份六个月以上没有业务往来的账户清单，他在“有时间的时候”便把它们注销。文迪说，乔不时地让她随机地检查他们的几千个账户，找出那些最近没有发生交易的账户，然后把这些账户列成清单交给他，他把这份清单放在现金出纳机的下面。在我们“接管”音像店的那天上午，我便找到了那份只有一页的账户号码清单，发现其中大约一半的姓名和号码已被划掉，似乎已被注销了。我决定审查其中的一些账户看看能否发现什么线索。我们发现每个账户号码都已经被配给了新的客户，最有意思的是每个新顾客的初始交易都是一笔大额的退款。进一步分析后，我们发现实际上所有的退款都是在新顾客开立账户的前一天发生的，然而退款仍显示在该客户的账单里。我已经让我们的电脑技术人员安装新的软件和硬件，并把账户数据全部转入新的系统。

在我们把退款交易的时间和金额录入工作底表并将其与员工工时表进行比较后，显而易见只有一个人与退款相关，那就是经理乔。正如我们前面所看到的那样，所有的退款都是每晚的最后一笔交易，都是在晚上十点前的最后的几分钟内录入的。每当有退款发生的时候，乔在第二天准会在店里，没有一笔退款交易发生的第二天乔不在店里工作，交易是用不同的收款员的身份号码录入的。

我们的假设开始成形了。乔总是在前一天晚上的销售账上记入退款，记入的账户必定是他打算注销的。他知道这些账户被注销后号码将被再次用于新的账户，由于他们的系统只显示每个账户最近三次的交易记录，而在很短的时间里记入的虚假退款可能就远远不止三笔，所以客户很可能永远也看不到退款。乔在每天上午填报每日营业报告时必须打印一份新的系统报告，他会销毁原来的那份系统报告，将“退款”的现金从保险柜里拿走，留下准备存款及找零的现金数额。在他离开岗位的那一天，乔还没来得及打开保险柜。由于我们确实在前一天晚上的销售单上发现了一笔200美元的退款记录，又没有在垃圾桶或其他地方找到原始的系统报告，我们断定那张报告肯定还在乔本人那里。当然，当我们清点现金时，发现多出了200美元。

在对每笔记录进行检查后，我们将所有的退款重新录入了工作底表，事态更加清晰了，这个退款的计谋已经持续了一段时间，并且已采取了相应的措施来掩盖。首先，只有倒退八个半月的交易才能被看到，并且这些月份的某一个月是没有记录的，这可能是乔为了掩盖舞弊行径已经尽他所能清除了一些数据记录，他开始动手的时间是一月份。我们只能追溯到到五月份，七月份的数据整个不见了。我们猜测，可能是乔搞错了月份，不小心把7月份的数据整个清除了，也可能是因为该月份作弊的数额太大而有意清除的。七个半月的退款合计是13 264美元，都是每天的最后那笔交易。在225个工作日中，有140天发生了退款，我们有理由相信那些丢失数据的月份也会有类似的退款情形。

通过对一些特定交易的分析可得出下面有趣的信息：

日期	交易的顺序	时间	交易
11月3日	165 166 （共166笔业务）	晚上10:05 晚上10:01	1.9美元的租赁费 102.2美元的退款
11月5日	93 94 （共94笔业务）	晚上9:53 上午10:00	5.3美元的租赁费 100美元的退款
12月15日	216 217 218 （共218笔业务）	晚上10:09 晚上10:01 晚上10:02	1.9美元的租赁费 50美元的退款 3.24美元的退款

这些交易表明,交易的号码与交易的发生时间顺序不相对应。很明显,录入交易的人当时正犯懒或者是心不在焉,他没有做到所有的退款都是在最后一笔正常交易之后录入,舞弊者粗心地用了晚上十点和晚上十点零一分这样的时间,他认为音像店在晚上十点关门,因此十点以后不会有其他的数据录入了(因为一般情况下音像店在晚上十点以后就没有什么生意了)。十一月五日的交易记得更为粗心,居然把晚上十点写成了上午十点。

到此我们仍然不清楚交易的时间是如何被修改的。使用电脑程序的一个好处就是交易的顺序号码是不会写颠倒的,如果不是这一点,舞弊者就会把记录做得让人们觉得退款交易是发生在一天内的某个时刻,而不是都发生在每天结束的时候。另一个蹊跷的地方是,如果作弊者调整了时间以便把退款记录在晚上,那么这个调整时间的人不可能是在那天晚上上班的人,夜班员工是没必要重新调整时间的,他们可以在闭店之后立刻登录交易。因此,时间和号码顺序错乱给我们提供了一条很有价值的信息。最后一点异常是那笔数额仅为 3.24 美元的小额退款,很有可能是作弊者在录入了一笔 50 美元的虚假退款后,觉得有必要回过头来把账弄平,尽管他有时候也使用一些带零头的数字以免使虚构的退款显现出来,看起来他记入该笔小额退款的目的是为了让账面和现金达到准确的平衡,会计人员此前已经告诉过我们音像店的现金总是精确无误的。除了经理,谁还会关心音像店的账簿记录是否平衡呢?我们推测,乔原以为只要他做到账簿记录平衡就不会引起他人的注意了。

§失踪的电影录像带§

我们一个接一个地与其他六名员工进行了面谈。在所获得的信息中有这么一条:多年以前,每天晚上关门的时候都要备份电脑数据,按月将数据传给承包人。大约三年前,乔宣布说以后备份数据的工作就由他来完成,最后,他说没有必要再备份数据了。我们还得知了一件有趣的事:有一天晚上,莎莉让一个同事送她回家,莎莉下车后,这个同事想借用一下莎莉房间的电话。同事在打电话的时候,注意到在莎莉的客厅地板上堆放了约 30 几个尚未开封的电影录像带,和店里出租的那些带子非常相似。由于怕被误解,那个同事从未向莎莉问过此事。还有一条信息最令人吃惊:几乎每个雇员都说,有时候他们在下午或晚上清点现金时发现有短缺,可乔每次都说后来又找到了。就在我们“接管”音像店的前五天,有一个值晚班的员工短缺了130美元,她为此很是忧虑。为了证明自己的清白,她从电脑中打印了两份系统报告,并把其中的一份带回家保存。第二天她给乔打电话汇报情况,乔安慰她不要担心,一切都正常,短缺的现金已经找到了。值得庆幸的是,她还保留着那份系统报告,并把它交给了我。我拿着报告只看了几秒钟,就知道乔就是我们要找的作案者。

两天之内电脑专家就已将新的软件安装完毕,账簿的数据也都转入了新的系统。这个系统的运行速度很快,而且具有很多新的功能,包括能够识别与每个账户相关的所有交易而不仅仅是最近三次的。通过实验我们了解到,要想把一笔当前发生的业务在其他时间录入,可以重新设定电脑的时钟,系统就可以彻底关闭然后再重新启动,电脑时钟就会重新回到正常的时间,然后系统又会关闭后再启动。在这个系统下颠倒交易的顺序号码是不可能的。可惜我们的电脑专家无法恢复已被删除的七月份及五月份之前的数据。

与承包人的交谈给了我们很多启发。他说乔已经有一段时间没有给他提供备份数据了。他要这些数据不仅是为了核实营业额以及他的分成,也是为了掌握哪些影片出租的好、哪些不好。他对于经营情况的了解仅限于他与乔之间不多的沟通,所以,他对音像店的经营管理几乎是盲目的。他认为乔在有意地躲避他的电话。从三四年前开始,音像店给他寄送的备份数据光盘越来越少,最后根本不寄了。他照例每周向音像店寄发新影片,他认为军人会喜欢的电影,他有时一部影片提供好几份录像带。乔已经好久没有向他提交存货清单了。他对乔没有安装新的电脑系统感到很恼火。承包人说,乔最初收到新系统的时候显得很高兴,但随后就开始找借口不用这个系统。乔最初对电脑和软件似乎颇为熟练,后来又表现得不那么明白了,对此他感到不解,他怀疑乔在装聋作哑来敷衍他。承包人答应给我们寄一份他去年为音像店提供的影片清单,我们很快就收到了这份清单,经过与音像店现有的存货清单进行比较,证实了我已经产生怀疑的一个事实,很多新影片都不在音像店,实际上,电脑数据显示这些影片从来就没有被出租过。据统计,总计有300部不同的影片,其中有的影片有多套录像带不在音像店，显然是被盗走了。因为每部电影都有几套录像带，我们计算了一下，丢失的录像带实际上超过了 1 500 多个。所有的员工都认为，莎莉是唯一的决定一部新电影什么时候开始出租的人，这一事实再加上有人看到她客厅地板上的电影录像带，说明她有一些不可告人的行为。我们几次给她打电话、去她家里找她，都没有找到她。

§一个比较圆满的结局§

我们对这起行窃舞弊已经得出了结论，整理了调查报告及相关证据后，我和达芙妮对这些资料一起进行了研究。达芙妮与刑事调查局取得了联系，并向部队最高长官汇报了调查的最新进展情况。刑事案件调查人员需要一些时间来了解事情的经过。至此，我们已经掌握了足够的证据来与乔对质，让他供认自己的罪行。在他走进调查人员办公室的时候面色苍白而且非常害怕。在检查人员就事实与他进行初步核实的时候，乔竟然只承认他从音像店拿走了很小数目的现金，说他只有几次分别拿了 5 美元到 20 美元，在他的整个任职期间加起来也不到 100 美元，强烈地否认其他的指控。在我给他看了他的工时记录与虚构的退款发生的时间是多么吻合之后，他的否认变得越来越不可信。

接下来，我们给他看了顺序颠倒的交易记录，这倒使乔感到很震惊，我猜想他从没有意识到自己留下了这么多的破绽。我们还给他看了每一位员工宣过誓的陈述书，并选读了其中的一些段落。乔在听到一些事实后非常恐惧，好像被子弹击中一样。随着审讯的继续，他沉默下来。最后，我决定出示同一天晚上交易记录的两份不同的系统报告，其中一份报告的销售收入比另一份多 130 美元。销售额低的那份报告正是乔送交财务中心的那份，有他的签名和存款单，当天的营业报告显示账实平衡无误。

我按下早已准备好的录像机的播放键，让乔看了那天晚上大约十点半的时候员工离开音像店的监控录像，然后将监控录像一直快进到第二天早上乔来到音像店的地方，这样就可以让他看到从员工离店到他到达音像店的这段时间没有其他人进入音像店，直到他拿着每日营业报告、做了手脚的电脑打印单和存款离开音像店之前也没人进入音像店。

我告诉乔，地方检察官认为那天晚上不可能有人在员工离开音像店后又进店录入130美元的退款交易并打印一份新的电脑报告。我指着那堆有大约30本录影带问他是否想一本一本地看一看。这时候，他开始征询他所面临的选择。最后，他决定递交辞呈并签署了一份声明承认从音像店盗窃了13 264美元。我们告诉他，坦白认罪然后等待法庭的传唤，要比按律被强行进入私宅抓捕要体面的多。他声称自己对电脑文件为什么会被清除一无所知，他在那几个月里也没有记入虚构的退款。尽管没有一个人相信他的话，我们还是决定接受他的认罪书。在对电脑记录进行法务鉴定之后，我们总会向DA办公室提供一些额外的信息。乔坚决否认他对丢失录像带的任何具体情况知情。

两名刑事案件调查员曾多次试图让莎莉过来接受问询，但每次均遭到她的拒绝，她不是啪的一声摔掉话筒就是当面把家门关上。我们得到的唯一信息是在她家的停车场有一个贴了好久的出售录影带的传单，传单上虽然没有名字，但上面的电话号码正是莎莉以前的手机号码，当然，这个号码现在已经打不通了。因为找不到其他线索，我们放弃了追查莎莉和丢失的录像带之事。后来我们估计那些丢失的录像带价值达40 000多美元。

乔很快找到了一名律师，并对已经承认的事实翻供，还试图尽量减少自己的其他罪行。法务鉴定的结果除了证明有人使用了专门的软件来清除电脑记录外，没有提供其他有用的信息。地方检察官让我对该起舞弊案的手法、程度及数额出庭作证，乔也认罪伏法了。他被判处六个月的拘役，归还13 264美元，承担开庭审理费和罚款。军方的法官还给乔·戴特莫下达了一项指令：除了接受医疗服务外，他不得再进入军事基地。在我们这么个偏远的地方，这项处罚颇为严厉。

§经验与教训§

这个案例给我们带来的最惊人，也是最基本的启示就是缺乏适当的内部控制的后果。在这个音像店的经营活动中，对交易处理过程没有任何检查程序，也没有形成书面的规范。承包人设计的软件和系统报告漏洞百出,在应用之前没有对其是否存在缺陷进行任何检查,因此,乔一发现软件及系统报告中的缺陷,便开始最大限度地利用了这些缺陷,他知道无论是萨缪尔还是远在异地的残疾承包人,都不可能发现他的阴谋。萨缪尔公务缠身,不可能有足够的时间来对音像店进行监控,期间也没有对音像店进行审计或检查,导致乔可以为所欲为很长一段时间。他成功地删除了除最后几个月之外的全部电脑文件,只留下了盗窃 13 264 美元的证据,而他盗用的金额实际上可能达到 60 000 多美元。乔承认他每个月都带着妻子去他最喜欢的赌场两次,在那里他可是出了名的。像其他的贪污犯一样,他的舞弊案也符合由唐纳德·克莱塞博士所提出的经典的“舞弊三因素论”:不可告人的需求、机会及借口。乔不可告人的需求就是他的赌博恶习;他的可乘之机是系统软件的缺陷和缺乏监督。在他供认罪行的时候,他说过自己工作的时间远远超出了正常的上班时间但从未索要报酬,这就是他给自己的所作所为找的借口。

§防患于未来之建议§

1. 技术要不断更新

乔使用的软件已经过时了,正是由于软件的不够先进,乔才可能很容易地在电脑上重新设定时间,使他虚构的退款好像都发生在每日营业结束后。另外,系统报告无法显示退款的信息,这个计算机程序是有缺陷的。用来核算资产的软件应该经过严格的检测,包括检查其风险管理功能,应有专业人员的认可。

2. 职责分离

员工应接受多岗位的培训以便进行岗位轮换,这种措施可以避免此类案件的发生。在本案例中,乔·戴特莫独自一人负责系统报告和注销账户,他和他可能的同党莎莉负责编写每日营业报告,填写存款单,将现金送交财务中心,在这个过程中,没有人在旁边监督他们是否诚实。所有的经营活动都必须受到监督,但萨缪尔负责的业务部门太多,以至于他无法充分地履行监督的职责。另外,所有主要的交易程序都应有书面的规范,应对交易处理过程进行检查,建立标准化的交易程序可以方便他人进行检查。

3. 突袭式审计

在本案例中,尽管电影录像带属于承包人的资产,但是 MWR 公司对其负有保管的责任。实施实物盘点可以揭露录像带的丢失现象,实施一次审计就可能发现许多管理上的缺陷,发现可能存在舞弊的迹象。

另外,每日实现的现金收入应在当日交存,如果当日不能送存,也应在当晚报告应送存的金额。如此一来,即使修改了前一天的销售额,要改变存款额也是相当困难的。最后,应培训会计人员,让他们知道对非常规的事件应予报告。在本案例中,如果那位会计人员早一点向 MAC 办公室报告音像店令人难以置信的从不发生现金溢缺的事实,对音像店的审查可能早就进行了。

20

拿生命做赌注

Bet Your Life on It

霍华德·B.格罗布斯坦　约书亚·R.迪波

身高只有五英尺的塔萨尼·弗无论走到哪里都不会引起他人的注意。她一头棕色的短发，皮肤比较黑，右脸颊上长了一颗黑痣。每当塔萨尼默默地停在位于新泽西的一家社区赌场的门口，便会有许多商人和赌场的员工和她打招呼，他们都把她看做是这家赌场一位宝贵的老主顾。这些年来，她用她的赌场交易卡在赌博中投入了一百万美元。对于一个没有什么家族背景且家庭年收入不到八万美元的人来说，一百万美元可是不小的数字。但是，如果下赌注不必花自己的钱，钱就不是什么问题了。

塔萨尼是一个简单的人。结婚前她生活在泰国，过着普通的生活。正是由于她是在这样一个生活方式下长大的，所以她不穿昂贵的衣服，开的车只是一辆普通的四门进口小轿车。她对任何人都是那么的真诚，从不炫耀自己。她生活中的唯一奢侈就是沉迷于赌博，也正是赌博将她引入了深渊。

她和她的丈夫是在三十年前结的婚，那时她只有20岁。移居美国后，夫妻俩为儿女们建起了一个温馨的家，尽他们所能把家庭生活安排得很好。塔萨尼的身份是一个常住美国的外国人，持有绿卡。

她的家庭勉强可以算是比较殷实的中产阶级，尽管他们不是非常富有，但也不能说是勉强度日。塔萨尼在卫生保健行业有一些生意，但都不太成功。但是，除了她的赌博坏习惯外，没有其他大的财务负担困扰她。

塔萨尼在纽约特别活动基金会供职已将近十年了。她的犯罪行径暴露后，她在同事中的美好形象随之黯然失色。她的同事不仅高度评价她的专业技能，而且还认为她是一个非常随和体贴的人。几年来，塔萨尼在会计部门内部换了几个岗位，最后负责应收账款的核算，她的职责范围主要包括：接收支票、接收从所有部门及收发室送来的现金、为收到的现金编制存款单然后存入基金会的银行账户。除了这些工作，塔萨尼还同时负责接收银行对账单并编制银行存款余额调节表，这个安排带来了不幸的后果。

塔萨尼所在的会计部门在基金会大楼的最高层。她与其他的会计人员在同一间办公室工作，其中包括位置离她最近也是她好朋友的格洛里亚·理查德森，她负责应付账款的核算。你一进到她们的办公室，就会注意到塔萨尼与格洛里亚办公桌的明显不同。格洛里亚的办公桌可以用整洁有序来形容，而塔萨尼的座位就好像刚刚被室内飓风袭击过一样，成堆的纸张在她的桌子上杂乱地放着，这种归档方法大概只有塔萨尼自己知道。她的文件架和抽屉里塞满了未完成的凭证、折折巴巴的发票以及无数的私人纪念物（如照片、信件、银行结算单、存款单以及与她所从事的其他商业活动相关的文件）。

听到塔萨尼被捕的消息后，格洛里亚比单位里的任何人都更加感到惊讶，她说："塔萨尼非常和蔼，每当我感到失落的时候她总是伸出援助之手，我不相信她会干出这样的事来。"她的很多同事都赞同格洛里亚的看法。看来塔萨尼确实是一个受人爱戴和尊敬的老雇员。

§繁忙的基金会§

纽约特别活动基金会坐落在曼哈顿艺术与文化区的中心地带。它的最初目的是为音乐演出、歌剧表演及专门展览提供举办场所。基金会在它的主舞台区安装了完全达到声学标准的现代剧场设施；对于展览者和表演团体，基金会提供售票、饮料销售、维持秩序及保安等辅助服务。基金会在它的赞助商和广大的纽约市民中赢得了很好的信誉和形象。基金会是一个非盈利组织，其优越的地位吸引了一些专门的展览商，还有一些国内大型的表演团体，经常会有一些精彩的演唱会和经典的戏剧表演在这里举办。

基金会每年的经费在六千万美元以内。在过去的几年里她得到了很大的发展，增加了一个八千万美元的顶尖级的艺术展览厅。大型的工程项目通常都需要经过一系列繁杂的程序，其会计部门的业务量也因此大大增加。增加的业务活动和大量的交易为塔萨尼掩饰其弊行提供了机会。

基金会有将近 150 名全职员工，董事会由 20 名社会名流组成。尽管演出和展览紧凑的档期和高频率给员工带来了很大的压力，但他们对基金会的组织文化还是颇感认同，不论是普通员工还是董事会成员，都在坚持不懈地为提高自己的业务水平而努力。基金会在实现成为一个优秀的特别活动基金会的目标方面表现非凡，它先进的经营哲学将它提升到了一个以盈利为目的的企业无法达到的境界，在自己的业务领域成为与众不同的佼佼者。

基金会的收入主要有四个来源。第一个来源是企业和社区的捐赠，一般以支票的形式付给基金会。第二个来源是外部组织为使用基金会的设施所支付的支票，基金会往往会代表那些外部单位利用基金会的设施来组织实施各种活动。第三个来源是表演和展览的门票收入，这些收入是通过售票处、个人购票、电话购票和售票公司取得的，多半是以刷信用卡或支票的形式收款，也有一些现金收入。第四项收入来自于在表演和展览过程中只收现金的酒吧，这笔收入的数额有时是很大的，与表演或展览活动的时间有密切的关系，如果赶上人多的周末，收入可达 20 000 美元。除此之外，基金会还可以从活动组织者给予的优惠价格中获得部分佣金。

在过去的五年间，基金会的上述收入全部都要经过塔萨尼之手。

§黑色星期二§

十月份的一个星期二，早晨的天气有些寒冷，科林·列兹尼克像往常一样来到了办公室。他热爱自己的工作，在基金会财务经理的职位上已经做了两年了，表现出了很强的工作能力。在这之前，他做了几年基金会的会计主管。注册会计师目前正在基金会进行年度财务报表审计，在他看来，基金会的会计工作井井有条，所以审计工作进行得很顺利。会计公司的合伙人鲍勃·罗斯负责基金会的审计工作，十多年来，鲍勃一直在精心维护审计人与基金会之间的关系。尽管对于一个全国性的会计公司来说基金会只是一个较小的客户，但是能为这样的基金会服务所带来的荣耀是保留这样一个客户的价值所在。审计小组成员以为他们已经对审计工作做了周密的计划，对审计的内容已经了然于胸，结果却是，这个似乎具有代表性的星期二充满了令人不快的惊讶。

基金会的会计主管赫伯特·克洛维茨是基金会的会计部与外部审计师之间的主要联络人，为此他不断地向下属塔萨尼和格洛里亚转达为审计师提供需要的标准文件的要求。塔萨尼已经接待过四次财务报表审计了，这一次，在这个星期二的早晨，她像往常一样将装有一年的银行对账单的银行存款调节表资料交给了审计小组的项目经理苏珊娜·奥尔特加。

苏珊娜带着塔萨尼送来的材料去了董事会会议室，他们被安排在那里进行审查活动。她指定一名小组成员来审查年末银行存款余额调节表，并将账簿记录和银行存款余额与相关的原始凭证进行核对。一位正在审查银行对账单的审计组成员叫住了苏珊娜，“请你来看一下好吗？也可能是我想错了，但这对账单上有些数字看上去有点不正常”。

苏珊娜闻听之后也弯腰和那位注册会计师一起仔细查看对账单。经过一阵仔细的琢磨，她回答说：“我想我明白你的意思了。”她用手指指着对账单上的计算部分，即期初余额减掉当期支付的款项加上当期存入款项等于期末余额部分，“期末余额看上去好像有点不大对劲，好像可以摸到边缘，有点像是后来粘上去的”。

她随即又将对账单拿到灯光下查看，那位会计师点头表示同意苏珊娜的看法“这个数字的确是后粘上去的”。

苏珊娜很清楚这一发现的严重性，一种非常糟糕的感觉向她袭来。顺着自己的预感，她马上指示一名审计员审查卷档里的其他对账单的余额，看其中有无与类似的情况。与此同时，苏珊娜做了一个审计负责人在遇到异常情况时该做的事情，她打电话将此事向负责基金会审计项目的合伙人鲍勃做了汇报。

就在苏珊娜在电话里向鲍勃说明情况的时候，那位会计师匆匆地走了过来打断了苏珊娜的电话，仅仅用了几分钟，他就从三个月前的对账单中发现了一模一样的期末余额。此刻，苏珊娜的心里已经明白，他们是真的遇到麻烦了。

午饭过后不久鲍勃就来到了基金会，他亲自检查了对账单并了解到基金会是由塔萨尼负责编制银行存款余额调节表的，他决定找塔萨尼问清事情的真相。

鲍勃让她在会议室的桌子旁坐下，然后开始向她提问："在这张银行对账单上我们发现了异常的情况，好像从三个月前开始，这个余额就被人剪了下来然后又补上了新的数额。你知道这是怎么一回事吗？"他的询问没有得到坐在桌子另一边的塔萨尼的回应，所以他进一步直截了当地说："塔萨尼，在向科林和赫伯特报告此事之前，我真的需要明白这里到底发生了什么，我想让你帮我了解为什么银行对账单会被以这样的方式进行了修改。你是否知道为什么有这种事发生？"

"不知道。"塔萨尼回答。

鲍勃知道他从塔萨尼口里是得不到什么信息了，决定让她先回去，然后直接去找会计主管赫伯特。

鲍勃一开口向赫伯特发问，立刻就知道他对此事全然不知。是他负责对塔萨尼编制的银行存款余额调节表进行审查并在上面签字的，现在竟发生的这样的事，赫伯特感到非常震惊。鲍勃知道该把此事告诉科林了。

科林来到会议室后，室内的气氛紧张起来。鲍勃马上将有疑问的对账单给科林看了，对发生的问题向他做了尽可能详细的解释，天底下是没有什么让人快乐的方式来宣布坏消息的。鲍勃从科林的面部表情可以看出他此时的心情。科林转身离开会议室，说："我得好好问问塔萨尼。"

科林和赫伯特回到了办公室，科林把塔萨尼叫了过去。她站在科林面前，科林问她："为什么银行对账单上的这个数字是粘上去的？"塔萨尼低下了头，她流下了眼泪。她什么都不用说了，科林知道她盗窃了基金会的资金。科林问："你贪污了多少？"

塔萨尼用袖子擦了一下眼泪，深吸了一口气，小声嘀咕地告诉了科林一个灾难性的数字："不少于150万美元"。

又过了十五分钟，科林才从震惊中缓过神来，想到要采取措施来减少基金会的损失。他首先打电话给基金会的会长和董事会主席，告诉他们这个欺诈事件是他遇到的最难处理的一件事。然后又给基金会的律师打了电话，律师建议他应该与警方取得联系，并就此事向警方提交一份报告。随后，纽约警署派人来到基金会，从员工手里带走了几份对账单，给塔萨尼戴上了手铐并将她带走了。基金会上下都为之震惊。

§展开调查§

塔萨尼被捕两天后，我们来到了基金会的外部法律顾问加里·韦斯特的办公室，就我们是否适合担当调查塔萨尼舞弊案的法务会计师征询他的意见。除了我们三个人，科林和基金会的会长也在场。加里·韦斯特是一个严肃、不苟言笑的诉讼专家，他可以毫不留情地批评我们的专业水准及相关经验而不会因此感到歉意。加里花了一个小时对我们进行询问，最后他认为我们是调查这类舞弊案件的最适合的法务会计师。

于是，基金会聘请我们来查清塔萨尼舞弊手段及涉案金额，基金会可以根据我们的调查结果向保险公司申请理赔。保险公司要求基金会提供有关损失的性质及金额的支持证据，以便获得保险单规定的保险额。另外，保险公司还要在申报损失后的90天内提供所要求的证据。但实际上我们并没有这么多天的时间，因为基金会的章程要求在四十五天内提交审计后的财务报表，当审计小组发现了欺诈问题后，他们暂缓了手头上的审计工作，等待对舞弊行为的法务调查结果。因此，事实上我们只有五周的时间来完成调查，然后基金会的审计人员才能结束审计工作。

因为事件紧迫，我们第二天就开始了调查。我们来到基金会的第一件事就是与科林会面。科林对这些天来发生的事情感到非常震惊和失望，他觉得在自己的眼皮底下发生这么严重的盗窃行为，是他对基金会及其董事会的失职。他还有一种被欺骗了的感觉，他是多么信任这个老员工啊！

科林向我们介绍了基金会的基本情况，说明了塔萨尼与基金会其他人的工作关系，提供了她常接触的员工的名单，描述了她的性格和每天例行的事务。科林还解释了他作为财务经理与塔萨尼的工作关系，详细说明了塔萨尼与她的直接上司、基金会的会计主管赫伯特的工作关系。科林的主要职责是监督基金会的战略制订和财务工作，还负责那个造价达几千万美元的展览大厅建设工程的财务方面的事务，会计核算和总账方面的工作则主要依赖赫伯特去进行监督。他们俩每周正式会面一次对财务活动进行审查，但每天都会探讨关于基金会会计工作的眼前及长远问题。

与科林的交谈使我们掌握了很多情况，实际上，他为我们描绘了一张基金会在正常情况下的运作程序图。随后我们便开始向赫伯特了解情况。他是一个满脸沧桑的人，稀疏的银发好像从来就没有整齐过。他对基金会的日常运作承担着至关重要的职责，他掌管基金会的分类账，同时还负责监督应收和应付账款工作。赫伯特也是基金会银行存款余额调节表的主要复核人。我们与赫伯特的谈话一开始，就知道他对那些重要的会计职能缺乏控制。我们了解到，赫伯特每隔几个月才对分类账进行一次详细的审核，他也承认他每月对银行存款余额调节表只是做了很简单的审核。当科林了解到他的会计主管并没有如他期望的那样恪尽职守后，他感到十分失望。

赫伯特提供的最有价值的信息是他对会计部门人员分工情况的介绍。根据他的解释，基金会收到的全部资金，包括捐赠收入、酒吧收入、门票收入、组织活动所得或优惠价格所得，最终都要经过塔萨尼之手。几乎每一天，塔萨尼都要走过几条街到银行亲手将款项存入银行。她来往银行如此频繁以至于许多银行员工都和她非常熟悉。基金会的存款存根就锁在塔萨尼办公桌的抽屉里，这些凭证完全在她一个人的掌控之下。

赫伯特的介绍使我们明白了塔萨尼掌握了多么大的权力。但是，当赫伯特说到作为应收账款管理员的塔萨尼不但承担了多种职责，甚至还独自负责编制银行存款余额调节表的时候，着实让我们吃了一惊。我们到此完全明白，塔萨尼实际上完全掌控了基金会的现金收入业务，从现金进入基金会，到现金被存到当地的银行，再到编制银行存款余额调节表。赫伯特的亚当之果开始卡在他的喉咙上，在他讲述这个柔弱的女子手中掌握了基金会如此大的权力时，这个苦果好像在膨胀，令他倍感痛苦。

那天的晚些时候，我们又约见了应付账款管理员格洛里亚·理查德森和基金会酒吧的老板马里奥·埃尔南德斯。这两个人经常与塔萨尼接触，了解他们与塔萨尼在工作和生活上的日常联系是非常重要的，我们的调查是以所有的当事人都有可能成为同犯作为假设的。我们采用的是排除的调查策略，即不断缩小怀疑对象的范围及作案方法。通过与科林、赫伯特、格洛里亚及马里奥的交谈，我们可以肯定地将他们排除在同犯之外。当然,在收集到塔萨尼作案的全部证据之前,我们对所做的估计还不能百分之百地肯定。

完成了首轮的面询之后,我们对塔萨尼的工作地点进行了彻底的检查。她的小隔间的桌子上可真是一团糟。纽约警署的警察首先来到了犯罪现场,对塔萨尼的抽屉进行了彻底的搜查。经过调查负责人的授权,许多凭证已被作为调查证据取走。科林和赫伯特将塔萨尼的一个抽屉指给了我们,里面装满了各种银行记录,包括银行对账单、注销的支票、存款单和银行存款余额调节表。我们看不出这些文件有什么明显的归类方法,所以就依据凭证的种类和日期开始归类整理。因为目前我们仍不知道塔萨尼的作案手段,只好对银行对账单和存款单进行系统的审核,以查找异常的交易或其他证据。我们也对注销支票进行了审查,确定有无向不正常的单位或个人开出的付款支票。我们知道,审计人员得到的银行对账单疑被改过,我们就把寻找这方面的证据作为突破口。我们的调查工作不久就有了进展。

我们发现,同一时期、同一账户的银行对账单不止一份,每份对账单的期末余额都不相同。对账单看上去是合法的,上面印有彩色的银行戳记,背面还印有银行的一些信息。随后,我们又找到了与不同的银行对账单相对应的银行存款余额调节表,银行存款余额调节表的各个方面与相应的银行对账单都一致。看着这些凭证,我们无法确定哪个是真实的,哪个是经过篡改的。我们知道,向银行索取对账单原件对我们的调查来说非常重要,我们需要拿到一套可靠的记录。

第二天早晨,科林在基金会的当地开户行安排了一次会议。毫无疑问,这家银行对基金会的账户非常熟悉,一方面是因为基金会的存款余额始终很大(最近由于大规模的扩建,余额更大),另一方面是因为基金会在所在的社区广受尊敬,甚至银行都为能够为基金会提供服务而感到荣幸。我们见到了银行的副行长亨利·琼斯,他非常随和,表示愿意尽自己所能为基金会提供帮助。我们告诉亨利,我们需要近三年的完整的银行对账单,包括所有的存款单、注销支票和其他附件。鉴于节约时间的考虑和我们还不知道塔萨尼开始舞弊的时间,我们要求银行先提供最近期间的银行记录,然后逐渐往前追溯。为了保证资料的真实性,我们还要求银行将这些资料直接交给我们调查小组,因为我们不能完全排除其他基金会工作人员串通舞弊的可能性,所以这一点非常关键。

那天,我们还让科林安排了一次会议,这一次是与最早发现舞弊的人见面。我们来到了基金会外部审计师所在的事务所。我们坐在明亮的花岗岩会议桌旁,对面是鲍勃和苏珊娜,他们详细地为我们介绍了最早发现舞弊的经过和对审计工作的影响。基金会的财务报表要对这次舞弊事件进行披露,还要记录损失的金额,审计人员还需要对此次舞弊系塔萨尼一人所为有一定的把握。关于舞弊是如何实施的,鲍勃和苏珊娜不能给我们提供什么帮助。

结束了与审计人员的会面后,科林又带我们乘坐地铁来到了第一警察广场,会见负责此案的侦察人员。结果证明,这次会面不论对我们还是对侦察员都是非常富有成效的。我们向纽约警署提供了我们表示怀疑的各种银行对账单及银行存款余额调节表的复印件,他们则让我们看了他们在逮捕塔萨尼时从基金会取走的经过篡改的银行对账单,还有一些有助于向塔萨尼提起刑事诉讼的其他文件。警察认为他们已经获得了起诉塔萨尼的足够证据(包括塔萨尼的认罪书),但还是没有确定塔萨尼是如何作案的,我们也不知道。

经过两天紧张的工作,我们已经掌握了本案的背景和相关情况,可以开始调查塔萨尼是如何作案以及涉案的金额。我们已经知道,塔萨尼对银行对账单进行了篡改,并编制错误的银行存款余额调节表来掩盖她的违规行为,但她是如何将现金盗走的呢?在她的认罪书中,她承认她操纵了基金会收到支票的时间,这是什么意思呢?她不能给我们提供更多的信息。她的外国人身份表明她有出逃的可能,所以被关在一个监狱的小牢房里。还是科林对此案的一些看法给了我们宝贵的启示,将我们引向正确的方向。他的猜测是,塔萨尼可能利用了那些以各种目的向基金会付款的支票来掩盖她侵吞公款的行为,如捐款的支票、举办活动的支票等,但她是如何完成掩盖侵占的款项的呢?假如她侵占的是捐款的话,有没有可能她故意少报捐款额呢?在对基金会的财务活动进行审查时,是否有人发现了其他的舞弊信号呢?答案很简单,由于塔萨尼一个人控制了多项会计职能,加上主管赫伯特的疏于监督,使她得以通过操纵财务报告来有效地掩盖她的非法行为。

我们在塔萨尼的办公地点对银行记录进行了更为彻底的审核。在检查会计记录时,我们发现了一项关键的证据,这一证据使我们对案情和基金会的会计记录和财务报告有了更深的认识。我们开始将基金会的存款单进行比较,发现一些附在银行对账单上的存款单没有银行出纳员在完成存款后盖上的戳记。在塔萨尼的办公桌上的一堆纸里面,我们还找到了同一天的另一套存款单,这些存款单表明,支票上的金额大于实际存入银行的金额。两套存款单的另一个重要差别是,这一套存款单上面有银行出纳员加盖的戳记,说明这些存款单上的金额才是真正存入银行的款额。我们终于抓住了要害。

至此,调查才开始揭开了案子的一角,问题的要害就是塔萨尼控制了进入基金会的全部资金。捐款是装在信封里寄到塔萨尼手里的,在塔萨尼拿到现金之前,没人对这些捐款进行记录,也没人将它们与捐款人申报的捐款数进行核对。塔萨尼还会收到展览商或表演组织交来的支票,酒吧前一天晚上的现金收入由酒吧的经理清点后交给塔萨尼,由她存入银行,优惠价格收入也是一样。塔萨尼填写存款单,将款项送存银行,接收银行的月度对账单并编制银行存款余额调节表。

这位老到的应收账款核算员将捐款和活动项目的支票隐藏起来。因为她还可以收到来自酒吧和优惠价格的现金收入,塔萨尼将应送存银行的现金换成金额相等的支票,以便使存入的款额与酒吧和优惠价格销售报告相符。到了月底,塔萨尼通过在银行存款余额调节表上粘上所需要的期末余额数字来保证其与银行对账单相符。她作案的过程是这样的:剪掉以前期间的对账单的期末余额剪贴到近期的对账单上,并将改过的对账单用彩色打印机进行复制来制造假象。塔萨尼必须这么做,因为她在总分类账中记录的交易和金额是正确的,这就避免了审计师在审核总分类账及明细报告时发现问题。在五年多的时间里,实际的银行存款与总分类账记录的现金的差额已经超过了150万美元,塔萨尼称之为"插入数字",她贪污的款项被她说成是由未兑现的支票和在途存款造成的差额,而赫伯特却没有发现。由于建设工程引起的大量存款以及由此给会计部门带来的压力,塔萨尼很容易将自己大量侵吞公款一事掩盖了起来。

搞清楚了塔萨尼的舞弊手法之后,接下来就应该设法查明并报告舞弊的涉案金额。我们手中待查的另一类书面证据是根据附在基金会的每日存款清单后面的存款单复本编辑的,通常情况下每天的存款都不止一笔。我们对过去三年中的每一张存款单的副本都进行了检查，特别关注上面没有加盖银行戳记的存款单。由于塔萨尼已销毁了许多送交银行的存款单的副本，我们很快就找出了那些有疑问或伪造的存款单。我们采用的方法是，记下基金会保存的存款单副本上的现金及支票的金额，将这一金额与从银行取得的相应的存款单上的金额相比较，确定存款单副本上的存款额与银行对账单的存款额的差额。结果表明，存款单副本上的现金数额超出实际的银行存款数额正好等于她侵吞公款的数额。

为了在有限的时间里将这些差额有条理地加以整理记录，将我们收集到的大量的信息理出头绪，我们用微软数据库软件设计了一个专用的数据库应用系统。在这个系统中，我们用界面形式来记录从基金会的资料和银行记录中获取的相关信息。通过将高科技的方法应用于相对低层次的凭证审核工作，我们调查组做到了以高效率的方法来记录必要的信息，同时，通过使用复式记账原理和一些数字加总的核对，将发生数据录入错误的风险降到了最低限度。通过使数据库应用系统的界面屏幕具有自动反应功能，减轻了数据录入过程的工作量，大大地提高了我们调查工作的效率。

我们在三周的时间里一共检查了近三年来的 1 539 张存款单。基金会获准的保险索赔金额为 100 万美元，我们确定并记录下来的累计差额将近 105 万美元，所以在保险索赔额上几乎没有回旋的余地。查清了这样一个数字，我们也就实现了预定的目标。

§锒铛入狱§

从基金会的角度来看，我们帮助他们以最好的结果解决了一件非常令人不快的事件，基金会的大部分损失可以得到补偿，塔萨尼也将为自己的罪行接受法律的制裁。

我们向基金会提供了一份详细报告，分析了塔萨尼的作案过程。我们查明了超过 100 万美元的失窃金额，为基金会的保险索赔提供了依据。我们的调查结果有助于司法部门增加对此类案件的了解，促使基金会采取了措施以防止此类事件的再次发生。

基金会的董事们也认识到了起诉一个白领员工欺诈犯罪的难度有多

大。地方检察院能够立案吗？有足够的证据定罪吗？对嫌疑人的判决与罪行的严重程度会相配吗？尽管后面的事情还存在如此多的不确定性，基金会还是坚持对塔萨尼提起刑事诉讼，表明了他们决不姑息这种欺诈行为的立场。

塔萨尼被控的将近30项罪名成立，包括巨额盗窃、贪污公款和计算机犯罪。她被判处入狱十年，刑满后将被立刻遣送回泰国。她被判归还从基金会贪污的款额并加罚10%的利息。但是，让她归还这些钱是不太可能的事，赃款已被她在赌场上挥霍一空。

塔萨尼的犯罪行为影响了很多人。她不仅断送了自己的未来和家庭，还暴露了作为会计主管的赫伯特的监管不力，他也丢掉了在基金会的工作。

§经验与教训§

这次调查让我们经历了前所未有的挑战，也为我们提高自己的询问和组织能力提供了一次绝好的机会。在调查工作开始之初，我们花了几天的时间对基金会各个层次、各个业务领域的人员以及银行的相关人员、会计师和法律人士进行了访谈。与侦察人员的约见尤其令我们兴奋，他们让我们感觉到我们为这起刑事案件的侦破工作提供了非常有价值的帮助，我们更好地领会了与人面对面地沟通的技巧，也更加清楚地认识到，恰当地利用面询技术可以获取很多有用的信息。

我们在本次调查中的第二个重要的收获是对调查工作的组织和书面证据的管理。通过向银行索取第三方的记录，我们获得了一整套无懈可击的书面记录。加上从基金会收集的各种书面资料，我们需要整理、甄别的资料非常之多。通过利用微软数据库软件开发的专用数据库应用系统来审核和记录各种凭证的内容，大大地提高了我们的工作效率和效果。我们建立了数个文件夹，系统地保存了基金会大量的原始凭证，与总账账户保持着核对索引关系，每个数据库记录都有索引，可以立即在文件夹中找到对应的书面凭证。在保险公司对我们的调查报告和调查结果进行检查的过程中，这种参考索引系统发挥了非常重要的作用。

我们取得的另一个经验是，在调查中善于发现可能的线索是非常重要的。如果我们没有认识到存款单上缺少银行戳记这一细节的重要性，也就是案件的要害所在，我们的调查工作就不可能那么快地取得进展，也不可能在那么短的时间内就查明涉案的金额。我们相信无论采用什么调查方法，最后的调查结果应是一样的，但在调查伊始我们就有了这种意外的发现的确是值得庆幸的。

§防患于未来之建议§

虽然我们关于塔萨尼舞弊案的调查报告并没有为基金会提供亡羊补牢的良方，但它的确为基金会指出了其会计工作的薄弱环节，他们也认识到了这些缺陷，科林已经采取了几项会计控制措施来防止舞弊的再次发生。

1. 职责分离与轮换

现在，基金会已经对现金管理职责进行了分工，下面提到的任何一项职责都是由不同的员工来执行的，包括：接收和打开银行对账单、编制银行存款余额调节表、接收收款支票、编制存款单、将款项送存银行。关键的会计人员实行岗位轮换也是非常重要的，这样可以保证任何一名员工都没有机会在某个会计领域掌握所有的权利。

2. 检查银行存款余额调节表

基金会已经建立了严格的银行存款余额调节表审查程序，对在途存款和未兑现支票尤其要进行严格的审查。

3. 强制性假期

基金会还实行了强制性的假期制度，这一措施可以使公司在员工离岗期间有机会发现可能存在的舞弊。

4. 用押运服务来运送现金

最为有效的控制很可能是最容易实施的。现在，基金会使用运钞车将收入的现金送存银行。